소명과
/
순종 사이

소명과 순종 사이

저자 프레더릭 하워드 테일러
역자 임종원

초판 1쇄 발행 2022. 9. 1.

발행처 도서출판 브니엘
발행인 권혁선

책임편집 김지연
책임교정 조은경

등록번호 서울 제2006-50호
등록일자 2006. 9. 11.

서울특별시 송파구 백제고분로28길 25 B101호 (05590)
마케팅부 02)421-3436
편집부 02)421-3487
팩시밀리 02)421-3438

ISBN 979-11-90308-81-6 03230

독자의견 02)421-3487
이메일 editorkhs@empal.com

북카페 주소 cafe.naver.com/penielpub.cafe
인스타그램 @peniel_books

도서출판 브니엘은 독자들의 원고를 설레는 마음으로 기다리고 있습니다.
위의 이메일로 간단한 기획 내용 및 원고, 연락처 등을 보내주십시오.

도서출판 브니엘은 갓구운 빵처럼 항상 신선한 책만을 고집합니다.

소명과 / 순종 사이

하나님을 품은 사람 허드슨 테일러의 영적 비밀

프레더릭 하워드 테일러 지음 | 임종원 옮김

브니엘

| 프롤로그 |

이처럼 훌륭한 기독교 고전을 다시 읽으면서, 나는 45년 전에 읽었을 때만큼이나 깊은 감동을 받았다. 이 책은 오늘날과 같은 후기현대사회를 살아가는 우리 세대에게도 여전히 필독서이다! 이처럼 놀라운 주님의 종이 모든 시대에 걸쳐서 가장 훌륭한 선교 기관 가운데 하나를 시작하기 위하여 걸어갔던 발자취는 정말 놀라움을 금치 못할 정도이다! 우리는 여기서 가장 험악한 상황을 헤쳐 나가면서도 그리스도 안에서 누릴 수 있는 것들에 관한 생생한 이야기를 읽게 된다. 예를 들면 '완전하신 하나님의 길'이라는 제목을 달아놓은 중요한 장을 한 번 살펴보라.

"하나님의 은혜로 54년 동안 사역한 이후에, 나 역시 이 위대한 진리가 우리 각자의 삶 속에서 개인적인 현실이 될 수 있으며, 그렇게 되어야 한다고 확실하게 말할 수 있다. 물론 이것이 다양한 사람들에게서 다양한 방식으로 이루어질 수 있지만, 우리 믿음의 발걸음 속에서 영적 성장을 보여주는 어떤 실체가 있다고 한다면 그런 일은 누구에게나 반드시 일어나야 한다."

이 책을 읽는 사람 가운데 일부에게는 허드슨 테일러가 한쪽 극단으로 치우쳤다는 인상을 줄지도 모르겠지만, 하나님이 새롭고 독특한 일을 탄생시켜 시작하시려고 할 때 종종 극단적으로 보이거나 실제로 극단적인 사람들을 선택하여 그런 일이 일어나도록 하신다는 것은 역사적인 사실이다. 오늘날 사람들은 흔히 재정적인 부분에서 너무나 느슨하고 부주의하게 살아가는데, 허드슨 테일러가 돈을 어떻게 다루었는지에 관하여 읽어보면 매우 유익할 것이다. 어떤 사역을 수행하는 데 필요한 돈을 다루는 방식에서 서로 다른 길을 따랐던 다양한 선교 기관에 대한 테일러 선교사의 평가를 눈여겨보는 것은 굉장히 멋진 일이다. 조지 뮬러와 맺은 중요한 관계 역시 또 다른 교훈을 던져준다. 고아원 사역을 위하여 아주 많은 모금 활동이 필요했던 조지 뮬러가 허드슨 테일러에게 상당히 많은 액수의 돈을 기부하는 방식에 관하여 배우는 것도 아주 고무적인 일이다. 오늘날 이 시대에 다양한 선교 단체 사이에서 모금과 관련하여 일어나는 여러 가지 현상을 살펴보는 것 역시 굉장히 멋진 일이다.

"위험성이 아주 높은 지역으로 사람들을 보내서는 안 된다고 강력하게 말하는 세력들이 있다. 그래서 문제가 있거나 사람들이 죽임을 당할 경우에 신속하게 사역자를 빼내게 된다. 나도 가끔씩 그런 결정을 내려왔기에 그런 결정을 내리는 사람을 판단하는 데 있어서 주의를 기울이고 싶기는 하지만, 오히려 복음 전도 팀이 날마다 위험한 상황을 헤쳐 나가는 이야기를 읽어보면 굉장히 겸허하고 숙연한 마음을 경험하게 된다. 맞다. 중국내지선교회는 선교 역사에서 다른 어떤 기관보다 더 많은 순교자를 낸 선교 단체이다. 확실히 모든 사람은 이처럼 훌륭한 본보기를 통해서 많은 교훈을 얻을 수 있을 것이다.”

그로부터 130년이 지난 시기에, 모든 시선이 중국에 쏠려 있는 지금 여기에 우리가 살고 있는데, 사실 역사상 가장 놀라운 교회 성장이 일어나고 있는 현장이 바로 중국이다. 조만간 이 중국 땅에서 예수 그리스도를 따르는 사람이 7억 명을 넘어설지도 모른다. 다른 사람들은 더 많은 숫자를 제시한다. 전 세계적으로 중국 사람들은 가장 흥미진진한 이상에 넘치는 교회를 개척해왔다. 수많은 사람이 지금까지 중국내지선교회를 비롯하여 여러 다양한 선교 기관에서 일해왔는데, 중국내지선교회는 이제 해외선교회(OMF)가 되었으며, 오늘날에도 가장 탁월한 선교 단체 가운데 하나로서 거의 어디에서나 활동하고 있다. OM 국제선교회 역시 이처럼 엄청나게 많은 중국인 사이에서 하나님의 놀라운 일하심을 통하여 커다란 혜택을 누려왔다. 당연히 오늘날 중국에서 진행되는 일들은 중국의 모든 지역에 복음을 전하기 위하여 온갖 위험을 무릅쓴 이 놀라운 사람 허드슨 테일러 선교사와 수많은 개척자에게로 거슬러 올라갈 수밖에 없을 것이다.

“우리가 이와 같은 책들을 읽고 나서, 심지어 오늘날까지도 중국과 전 세계에 너무나 많은 미전도 종족이 여전히 남아 있다는 사실을 그대로 받아들이고 곧이곧대로 믿기란 참 힘들다. 50년 전에는 전 세계 인구의 절반이 전혀 복음을 들어본 적이 없다고 말했었지만, 오늘날에는 전 세계 인구의 대략 20% 정도가 그렇다고 말한다. 이건 하나님께 충분히 감사할 일이기는 하지만, 사실은 오늘날 인구의 20%란 50년 전에 50%를 차지했던 인구와 거의 비슷한 숫자이다. 그렇다. 우리에게는 오늘날의 허드슨 테일러와 그의 아내 마리아 같은 헌신

된 선교사들이 절실히 필요하다. 마리아 선교사는 자녀 가운데 한 명을 출산하다 목숨을 잃었으며, 자신을 온전히 하나님께 드렸다."

허드슨 테일러와 함께 동역하도록 일으키셨던 일단의 사람들 역시 하나님이 일하고 계셨던 것을 이해하는 데에 동일하게 중요한 부분이다. 각 민족은 저마다 다르며, 오늘날에는 각자 자기 땅에서 선교 사역을 감당할 수 있는 수많은 교회와 성도로 넘쳐나는 나라도 상당히 많다. 그러나 이런 나라에서도 흔히 다른 나라에 있는 사람들에게 도움을 요청하기도 한다. 주님을 위하여 떨쳐 일어나 개척자의 길을 달려가는 오늘날의 허드슨 테일러가 없이는 결코 복음을 들어보지 못하는, 적어도 40여 개 나라와 수백 개의 언어 종족집단이 여전히 존재한다. 만약 우리가 이 책에서 읽게 될 그리스도 중심적인 인도하심보다 우리 자신의 힘으로 선교 사역에 도전하려고 애쓴다면 목표에 훨씬 못 미치게 될 가능성이 높은 동시에, 아마도 심지어 그 도중에 엉망이 되고 말지도 모른다.

이 책을 다 읽을 때까지 늘 가지고 다니면서 가까이 두기 바란다. 그러면서 몇몇 중요한 부분으로 다시 돌아가 되풀이하여 읽기 바란다. 그런 다음에는 잠시 기도한 후, 여분의 책을 몇 권 구입하여 이 세대를 살아가는 다른 많은 사람에게도 나누어주도록 하라. 유감스러운 말이지만 요즘 사람들은 허드슨 테일러 선교사가 누구인지조차도 모르고, 심지어 지도에서 중국이 어디에 붙어 있는지도 찾아내지 못하는 경우가 수두룩하다.

조지 버워 _ OM 국제선교회 설립자

"
십자가를 사랑하는 사람들이 필요합니다.
그래야 우리가 지극히 사랑하는 주님을 알고
주님이 부활하신 능력을 알고
주님이 당하신 고난에 동참하는 법을
알 수 있게 됩니다.
이 세상 사람들의 생명을 살리기 위하여
우리는 자기 자신을 내어줄 준비가
되어 있어야 합니다.

"

누구에게나 열려 있는 비밀

추호라도 혼자서 염려하지 말라. 털끝만한 염려라도 그대에게는
너무 버겁다. 그 일은 내게 맡기라. 오직 나에게만 맡기라.
그대가 할 일은 단지 내 안에서 편히 쉬는 것뿐이다.

　　허드슨 테일러는 결코 속세를 떠난 은둔자가 아니었다. 오히려
추진력 있는 실행가였고 한 가정의 가장이었으며 많은 책임을 감당
한 사람이었다. 굉장히 현실적이었으며 끊임없이 변화의 삶을 살면
서 각양각색의 사람과 갖가지 상황에 처한 사람들을 만났다. 물론 삼
손처럼 힘이 장사도 아니었고 온 세상 짐을 혼자 짊어지고 가는 거인
아틀라스도 아니었다. 자그만 체구에 강인하지도 않은 체질이라 항
상 신체적인 한계 상황을 맞이해야 했다. 어린 시절에 경건한 부모
밑에서 자라기는 했지만 유년기 시절부터 누린 가장 커다란 자산이
라면 열여섯 살 무렵부터 독립하여 스스로 생계를 해결했다는 것이
다. 그래서 무엇이든 부지런히 일하는 사람이자 유능한 의사가 되었
다. 아이를 돌보고 요리를 하고 회계장부를 정리하고 병든 자와 슬퍼

하는 사람들을 위로할 줄도 알았다. 이처럼 일상생활에 충실한 모습 못지않게 전 세계적으로 뜻있는 사람들을 동원하여 대단히 모험적인 중국 선교 사역에 뛰어들게 하는 영적 지도력을 보여주기도 하였다.

다른 무엇보다 하나님의 약속들을 시험하여 가장 높은 경지에서 변함없는 영성생활을 유지할 수 있다는 사실을 모든 사람에게 증명해 보였다. 허드슨 테일러 선교사는 여태껏 아무도 만나본 적 없는 수많은 난관을 극복하였으며, 이 세상을 떠난 지 27년이란 오랜 시간이 지난 지금도 유산으로 남겨놓은 중국 선교 사업은 오늘날에도 끊임없이 이어지면서 성장하고 있다(테일러 선교사가 소천한 것은 1905년이었으며, 이 책은 1932년에 저술되었다. - 역주). 중국 내륙 지방은 거의 이 한 사람의 헌신 된 생애로 말미암아 복음에 문을 열었으며, 여전히 미전도 지역으로 남아 있던 곳곳에서 수많은 영혼이 그리스도께로 돌아왔다. 그리고 1,200명의 선교사가 아무런 사례도 약속받지 않고서 오직 모든 필요를 공급해주시는 하나님을 의지하여 나아왔으며, 한 번도 재정적인 도움을 호소하지 않았으나 전혀 빚을 지지 않았다. 또한 누구에게도 그 대열에 동참하라고 억지로 요청하지 않았으나 기도 응답을 받은 2백 명의 새로운 자발적인 사역자를 최근에 또다시 중국으로 파송한 선교 단체를 시작하게 되었다. 그것이 바로 허드슨 테일러 선교사의 믿음과 헌신을 본받고 싶어지도록 하는 요소들이다.

그렇다면 실제로 그와 같은 삶을 살았던 비결이 무엇이었겠는가? 누구나 얼마든지 이렇게 질문을 던질 수 있다. 항상 하나님과 동행하고 있었기 때문에 허드슨 테일러에게는 많은 비밀이 있었지만, 결국 현세적이든 영적이든 간에 모든 필요를 채우시는 '다함없는 그리스도의 부요함'에 단순하고 깊이 있게 의지하는 단 한 가지 비밀밖에 없었다. 그러므로 허드슨 테일러가 어떻게 이런 삶을 살았는지를 알아보고, 영적인 일에 관하여 단순하고 실제적인 태도를 우리 것으로 만든다면, 온갖 문제를 해결하고 무거운 짐을 가볍게 하여 우리 역시 하나님이 원하시는 최상의 영성생활을 향유할 수 있을 것이다. 허드슨 테일러의 성경이 곧 우리의 성경이며, 허드슨 테일러의 하나님은 곧 우리의 하나님이시기 때문에 우리 역시 허드슨 테일러와 같은 비밀과 성공을 얼마든지 바라고 향유할 수 있을 것이다.

당신을 온통 사로잡는 모범을 보여준 선조들을 기억하라. 평생 그 사람들을 붙잡았던 인생의 주제를 곰곰이 생각해보고 그들이 보여준 믿음을 본받으라. "하나님의 말씀을 너희에게 일러 주고 너희를 인도하던 자들을 생각하며 그들의 행실의 결말을 주의하여 보고 그들의 믿음을 본받으라. 예수 그리스도는 어제나 오늘이나 영원토록 동일하시니라"(히 13:7-8).

어린 시절의 영적 성장

네 시선을 예수님께 돌려 예수님의 경이로운 얼굴을 주목해보라.
그러면 주님의 찬란한 영광과 은혜의 빛 아래서 이 땅의
모든 근심은 홀연히 사라지리라.

그 모든 일은 낡은 창고에서 조용히 시작되었다. 어린 허드슨 테일러는 단지 거기에서 재미있는 것을 찾고 있었을 뿐이다. 엄마가 멀리 외출하는 바람에 집에 혼자 남아서 시간을 보내고 있었던 것이다. 집이 온통 텅 빈 것 같아서, 즐겨 찾던 오래된 창고의 구석진 곳에서 이야기책을 하나 찾아내고는 지루함을 잊기 위해 그냥 한번 읽어보아야겠다고 생각했다.

"그날 토요일 오후에 상당히 먼 곳까지 집을 떠나온 엄마는 집에 혼자 남은 아들이 특히나 마음에 걸렸다. 친구들과 헤어진 엄마는 아들을 구원해달라는 기도를 하려고 홀로 하나님께 나아갔다. 이렇게 여러 시간이 흘렀는데도 엄마는 여전히 무릎을 꿇고 있었다. 하나님이 자기의 기도를 들으시고 응답하셨다는 즐거운 확신이 마음에 홀

러넘칠 때까지 계속 무릎을 꿇고 기도했다."

한편 소년은 창고에서 조그만 책자를 읽으면서 차츰 진지한 이야기에 빠져들었다. 이윽고 "예수 그리스도께서 다 이루어 놓으신 일"이라는 문구에 마음을 빼앗기고 말았다. 성령님이 일하시는 이와 같은 신비를 감히 누가 일일이 다 설명할 수 있겠는가? 오랫동안 익숙해져 있었음에도 그다지 예사롭지 않게 여기던 진리가 마음에 전혀 새롭게 와닿았다. "왜 저자는 이런 표현을 썼을까?" 소년은 혼자서 질문을 던졌다. "왜 저자는 '예수 그리스도께서 죄를 대속하시고 화목제물이 되셨다'고 표현하지 않았을까?"

바로 그 순간 "다 이루었다"는 글자가 마치 밝은 빛을 받은 것처럼 환하게 빛났다. "다 이루었다고? 무엇을 다 이루었다는 거야?" '완전하고 영원한 속죄함'이라는 대답이 마음속에서 맴돌았다. "위대하신 대속자께서 모든 빚을 탕감하셨다. '그리스도께서 우리 죄를 위하여 돌아가셨으니, 단지 우리 죄를 위해서뿐만 아니라 온 세상의 죄를 위해서였다'"고 마음속에서 대답했다.

그러자 깜짝 놀랄 정도로 선명한 생각이 또다시 떠올랐다. "모든 일을 다 이루셨다면, 모든 빚을 탕감해주셨다면 도대체 나에게 무슨 할 일이 여전히 남아 있단 말인가?" 오직 한 가지 대답이, 단 하나의 생각이 소년의 영혼을 사로잡았다. '이제 내가 할 일은 아무것도 남아 있지 않다. 다만 무릎 꿇고 겸손한 마음으로 우리 구세주를 받아들이고 주님의 구원하심을 영원토록 찬양하는 것밖에 없다.'

그러고 나니 이전에 가졌던 의심과 두려움이 말끔히 사라졌다. 우리가 흔히 '회심'이라고 부르는 놀라운 체험이 현실로 나타나 소년의 마음을 평화와 기쁨으로 가득 채우기 시작했다. 단순히 우리 주 예수 그리스도를 이렇게 믿음으로 받아들이자 새로운 생명이 시작되었다. 왜냐하면 "영접하는 자 곧 그 이름을 믿는 자들에게는 하나님의 자녀가 되는 권세"(요 1:12)를 주셨기 때문이다. 그리고 새로운 생명이 가져온 변화는 엄청난 것이었다.

새로 발견한 기쁨을 엄마와 함께 나누고 싶은 간절한 마음에 소년은 외출에서 돌아오는 어머니를 맞으러 가장 먼저 달려 나갔다. "그래, 아들아. 나도 알고 있단다." 엄마는 아들을 얼싸안으면서 이렇게 말했다. "난 네가 말하려는 기쁜 소식을 학수고대하면서 2주 동안이나 들뜬 마음으로 보냈었단다."

얼마 후, 또 다른 놀라운 소식이 소년을 기다리고 있었다. 이 무렵, 자기 것으로 생각하고 집어 든 공책에서 여동생이 쓴 글을 보게 되었던 것이다. 하나밖에 없는 오빠가 회심하도록 하나님이 응답하실 때까지 날마다 열심히 쉬지 않고 기도하겠다는 내용이었다. 이 어린 소녀가 바로 한 달 전에 이와 같은 결심을 기록해두었던 것이다. 이에 대해 허드슨 테일러는 이렇게 기록했다.

"그런 분위기의 가정에서 자라나 그런 환경에서 구원받은 까닭에 그리스도인의 삶을 시작하는 순간부터 나는 성경의 약속이 굉장히 현실적이며, 나 자신을 위해서든 다른 사람을 위해서든 기도란 온전한 정신으로 하나님과 더불어 씨름하는 일이라고 느끼도록 자연스럽게 인도받았다."

이 오누이는 이제 새로운 차원에서 하나가 되었으며, 이제 갓 열일곱 살에 지나지 않을 정도로 어렸으나 다른 사람을 그리스도께로 인도하는 일에 전력을 다하기 시작했다. 이것이 바로 영적 문제에 관해 급격한 성장이 이루어진 비결이었다. 이 두 사람은 잃어버린 영혼들, 곧 멸망하는 자들에 대해 처음부터 주님과 같은 열정으로 불타오르게 되었다. 두 사람의 관심사는 단순히 '사회사업'을 펼치는 게 아니라 다른 사람의 영혼을 구원하려고 그 사람들을 위하여 살아가는 것이었다. 이건 어떤 우월감의 표현이 아니라 단지 우리 주 예수 그리스도에 대한 인격적이고 깊은 사랑에서 우러나오는 마음의 표현이었다.

주님을 향한 바로 이런 놀라운 사랑 때문에 사람들이 세월이 흘러도 옛 생활 방식을 고집하면서 실패할 뿐 아니라 하나님의 임재를 향유하는 기쁨을 잃어버리는 게 굉장히 안타까웠다. 왜냐하면 대다수의 그리스도인이 신앙생활의 기복(起伏)을 겪을 수밖에 없지만, 누구든지 기도를 게을리하고 하나님의 말씀을 제대로 섭취하지 않는다면 언제든지 마음이 냉랭해지기 때문이다. 그러나 허드슨 테일러의 초기 경험에서 가장 놀라운 사실은 최고, 곧 하나님의 최고에만 만족할 수 있었다는 사실이다. 그러니까 하나님의 임재를 생생하게 끊임없이 향유했다는 것이다. 하나님의 임재 없이 살아가는 것은 햇빛 없이 살아가는 것이나 마찬가지였으며 아무런 힘없이 일하는 것이나 마찬가지였다.

허드슨 테일러가 그렇게 어린 시절부터 주님에 관한 즐거움을 누렸다는 사실은 다음과 같은 회고를 통해서 더욱 명확해진다. 테일러는 하나님을 향한 깊은 갈망에 시간이 날 때마다 홀로 하나님과 만나기를 좋아했다. 자, 테일러의 고백을 한번 들어보자.

"내가 어떻게 기쁜 마음으로 내 영혼을 하나님 앞에 쏟아놓았는지
또렷이 기억하고 있다. 나를 위해 모든 것을 던지신 주님에 대해,
내 모든 소망, 심지어 구원받고 싶다는 소원조차도 내려놓았을
때 나를 구원해주신 주님에 대한 사랑을 거듭 되풀이하여 고백했
다. 나는 사랑과 감사를 표현하는 수단으로 주님을 위해 할 수 있
는 일이라면 무엇이든 가르쳐달라고 간청했다. 나 자신, 내 인생,
내 친구, 내 모든 것을 주님의 제단 위에 올려놓았을 때 내가 드
리는 제사를 받으셨다는 확신으로 내 영혼 깊숙한 곳에 찾아온
장엄한 느낌을 또렷이 기억하고 있다. 하나님의 임재는 이루 다
형언할 수 없을 정도로 생생하고 복된 일이며, 말할 수 없는 경외
감과 기쁨으로 하나님 앞에서 그대로 엎드릴 수밖에 없었다. 왜
냐하면 어떤 봉사 때문에 내가 받아들여지고 있는지 도무지 알
수 없었지만, 내가 내 것이 아니라는 깊은 내면의 의식이 나를 사
로잡았고, 그때 이후로 이와 같은 생각은 절대 나에게서 사라지
지 않았다."

만약 십 대 소년·소녀들이 너무 어려서 이런 영적인 체험을 할
수 없다고 생각한다면 우리는 큰 실수를 저지르는 것이다. 만약 마음
깊은 곳에서 그리스도의 사랑을 받아들이기만 한다면 우리 인생에서
주님께 헌신할 수 있는 가능성이 가장 높은 때가 바로 이 시기임을
잊지 말아야 한다.

믿음으로 내딛는 첫 걸음

우리가 가는 길에는 항상 우리 곁에, 우리 눈에 보이지 않는 그리스도께서
함께하실 것이다. 그러면 우리는 주님의 팔에 기대어 이렇게 물을지도
모른다. "오, 사랑하는 주님! 이제 저를 받아주시겠습니까?"

아무리 이렇게 하나님의 부르심을 받았다 하더라도 허드슨 테일
러는 완전한 인간이 아니었다. 은행 사무원이든 약국에서 아버지의
일을 돕는 조력자이든 간에 바쁜 일상생활을 영위하는 보통 소년일
따름이었기에 당연히 많은 유혹을 받기도 했다. 특히 활달한 사촌과
함께 방을 쓰게 되자 가장 중요한 것을 우선순위에 올려놓기가 어려
워져서 하나님 나라와 의를 먼저 구하는 기도 시간을 갖는 것도 쉽지
않았다. 그러나 테일러는 이와 같은 기본적인 신앙생활을 유지할 수
없다면 그건 실패이자 초조하고 불안한 삶일 수밖에 없으며, 영적으
로 굶주린 영혼은 주님 안에서 기뻐할 수 없다는 사실을 너무나 잘
알고 있었다. 이 세상에서 참된 영적 축복과 바꿀 수 있는 것은 아무
것도 없다는 사실을 배웠던 것이다.

"나는 주님을 보았고, 주님을 찾았고, 주님을 가졌으며, 주님을 원했다"고 하나님을 깊이 알고 있던 성숙한 그리스도인은 고백했다. 비록 이제 막 시작하는 정도에 지나지 않았지만, 이 영국 소년도 우리 주님이 채워주기를 기뻐하시는 복된 영혼의 굶주림과 목마름을 소유하고 있었다. 다윗도 그런 갈증과 갈망을 "내 영혼이 주를 찾기에 갈급하니이다"(시 42:1)라고 고백했다. "나의 영혼이 만족할 것이라"(시 63:5) "나의 영혼이 주를 가까이 따르니"(시 63:8)와 같은 고백도 그와 마찬가지였다.

하나님의 만지시는 손길이 전혀 새로운 방식으로 허드슨 테일러에게 다가온 것은 실패, 좌절, 갈망, 그리고 깊은 축복 같은 경험을 통해서였다. 어느 순간에 아무런 말이 없어도 그 손길을 알아차릴 수 있게 되었다.

가끔 인생의 막다른 골목에 이르기도 했다. 오직 하나님만이 구해주실 수 있는 곳에 도달했던 것이다. 그럴 때마다 하나님의 도움과 구원하시는 능력의 손길이 반드시 필요했다. 만약 하나님이 테일러 선교사를 위해 일하셔서 죄의 권세를 깨뜨리시고 그리스도 안에서 내적 승리를 거둘 수 있도록 인도해주신다면, 모든 세상적인 야망을 포기하고 어디든지 하나님이 지시하는 땅으로 갈 것이고, 하나님이 무엇을 원하시든지 주저하지 않고 기꺼이 희생할 것이며, 하나님의 손에 전적으로 자신을 내어드리는 자가 되기를 원했다. 만약 하나님이 그를 성별하셔서 타락하지 않도록 지켜주시기만 한다면 이것이 바로 허드슨 테일러의 마음속 깊은 곳에서 터져 나오는 부르짖음이었다. 먼 훗날 테일러 선교사는 그때를 기억하며 이렇게 기록했다.

"그 당시 나에게 임했던 느낌을 절대 잊을 수 없다. 이루 다 말로 설명할 수가 없다. 하나님의 임재 가운데로 깊숙이 빨려 들어가 전능자와 언약을 맺고 있다는 느낌이었다. 내 편에서 먼저 약속을 철회하고 싶다는 생각이 들기도 했지만 도저히 그렇게 할 수는 없었다. 누군가가 이렇게 말하는 듯했다. '네 기도가 응답되었다. 네 기도 제목이 받아들여졌다.' 그때 이후로부터 내가 중국으로 부르심을 받았다는 확신이 결코 나를 떠나지 않았다."

아버지의 기도 덕분에 어린 시절부터 너무나 잘 알고 있던 거대한 나라 중국, 심지어 태어나기 전부터 부모를 통하여 부르심을 받은 나라, 그 필요와 어둠이 멀리서부터 허드슨 테일러에게 자주 손짓했던 중국! 이 중국은 과연 허드슨 테일러의 인생을 위한 하나님의 목적이 아니었을까? 확연히, 마치 누군가 말하듯이 침묵 속에서 다음과 같은 음성이 들려왔다. "그러므로 너는 나를 위하여 중국으로 가거라."

바로 그 순간부터 허드슨 테일러의 인생은 이 하나의 거대한 목적과 기도를 일관되게 추구하였다. 왜냐하면 허드슨 테일러는 하늘에서 내려주신 비전에 불순종하는 사람이 아니었으며, 하나님의 뜻에 순종하는 것이 굉장히 현실적인 문제였기 때문이다. 그래서 곧바로 자신이 할 수 있는 모든 준비에 착수했다. 언제든 육체적인 고난을 받을지도 모르는 삶에 대비하기 시작했던 것이다. 맑은 공기를 마시면서 야외에서 더 많이 운동했고, 깃털 침대를 딱딱한 매트리스로 바꾸었으며, 식탁에서도 너무 많이 먹지 않도록 주의를 기울였다. 주일에 두 번씩 교회에 가는 대신, 저녁 예배를 포기하고 마을에서 가장 가난한 지역을 방문하여 전도용 소책자를 나누어주면서 오두막 집회를 열기 시작했다. 사람들로 빼곡히 들어찬 하숙집 주방에서 허드슨 테일러는 굉장히 환영받는 인물이 되었으며, 환한 얼굴과 친절한 말솜씨는 어디에서나 많은 사람에게 진솔한 메시지를 전할 수 있는 길을 활짝 열어주었다. 이 모든 활동으로 말미암아 더 많은 성경 공부와 기도를 할 수 있게 되었으며, 머지않아 우리를 '사람을 낚는 어부'로 만드시는 분은 하나님밖에 없다는 사실을 깨닫게 되었다.

또한 중국어 공부에도 열정적으로 빠져들게 되었다. 이 만만찮은 중국어 문법책은 20달러 이상, 그리고 사전은 적어도 75달러 이상의 대가를 지불해야 했다. 허드슨 테일러는 어느 하나도 쉽사리 구입할 만한 형편이 아니었다. 그러나 중국어로 번역된 누가복음 사본을 가지고 그에 상응하는 간단한 구절들을 끈기 있게 영어 성경과 대조하면서 600자 이상의 한자를 깨우치게 되었다. 이런 식으로 한자를 배우면서 직접 사전을 만들었으며, 그와 동시에 다른 언어도 함께 공부했다. 이에 대해서 테일러 선교사는 학교에 다니는 여동생에게 이렇게 편지했다.

"난 요즘 새벽 5시에 일어나기 시작했단다. 그러니까 반드시 일찍 잠자리에 들어야겠더라고. 내가 정말 중국으로 가게 된다면 이런 저런 공부를 열심히 해야겠지. 난 중국에 가기로 완전히 결단했고 내가 할 수 있는 모든 준비를 다 하고 있단다. 라틴어를 복습할 생각이며, 헬라어와 히브리어 기초를 배울 생각이고, 가능한 한 많이 중국에 대한 전반적인 정보를 수집할 생각이야. 지금 네 기도가 절실히 필요하단다."

약사 아버지와 여러 해를 보내면서 의학을 공부하고 싶다는 마음이 커진 나머지, 헐 지역에서 명성 높은 의사의 조수로 일할 기회가 생기자 전혀 주저하지 않고 그 기회를 활용했다. 조수로 일한다는 것은 정든 고향과 가족을 떠나야 한다는 의미이기도 했다. 그럼에도 처음에는 의사의 집에서, 나중에는 이모네 집에서 머무는 동안 이 젊은 조수는 여전히 멋있고 편안한 환경에 둘러싸여 있기는 마찬가지였다.

그리하여 새로운 삶의 여러 가지 요소 가운데 하나를 심각하게 고민하게 되었다. 하디 박사는 개인 생활비를 감당하기에 충분할 정도로 급료를 주었기에 허드슨 테일러는 자신에게 들어온 모든 소득 가운데서 십일조를 꼬박꼬박 하나님의 일에 드리고 있었다. 십일조를 의무이자 특권이라고 생각했기 때문이다. 또한 영적, 물질적 필요를 절실히 느끼고 있던 주변 지역 사람들에게 복음을 전하기 위하여 주일마다 시간을 드리고 있었다. 이와 같은 삶은 사람들에게 이런 질문을 불러일으키게 되었다. "왜 허드슨 테일러는 자신보다 다른 사람들에게 더 많은 시간과 물질을 나누어주면서 그토록 커다란 기쁨을 누릴 수 있었을까?"

그 도시의 변두리로 나가다가 조그만 공터 너머를 지나면 좁다란 하천이 흐르고 있는데, 그 양편에는 오두막집이 두 줄로 쭉 늘어서 있다. 빈민촌에 속하는 이곳은 별로 인기가 없는 지역이었으며 주변 이웃들에게 '드레인사이드'(Drainside), 곧 하수 구역이라고 불리게 되었다. 이 수로는 하천이라기보다는 단지 깊은 배수구에 지나지 않았기 때문에 드레인사이드 사람들은 바닷물이 만조로 높게 밀려들어오면 그곳에다 쓰레기를 함부로 버려서 썰물일 때 모두 떠내려가도록 했다. 왜냐하면 헐 지역은 항구도시였기 때문이다. 마치 콩깍지 속에 자리 잡은 완두콩처럼 오두막집들은 이 하수 구역을 따라 거의 1km 가량을 꾸불꾸불하게 늘어서 있었다. 각 집은 한결같이 출입문 하나에 창문이 두 개씩 달려 있었다.

허드슨 테일러가 샬롯가에 있는 안락한 집을 떠나 세 든 곳은 바로 이 조그만 오두막집 가운데 방 하나였다. 여주인 핀치 여사는 독실한 그리스도인이었으며, 자기 집에 젊은 의사 선생이 세 들어 살게 되었다는 사실을 대단히 기뻐했다. 말할 것도 없이 여주인은 창문 맞은편에 있는 난로를 잘 닦아놓고, 출입문에서 멀리 떨어진 구석에다 침대를 배치하는 등 그 방을 깔끔하고 편안하게 만들기 위해 최선을 다했다. 그리고 평범한 전나무 식탁에다 한두 개의 의자를 마련하여 가구 배치를 완성했다. 이 방은 겨우 1평 조금 넘는 조그마한 방이라 다른 가구를 들여놓을 수도 없는 형편이었다. 또한 이 방은 지면과 같은 높이였으며, 부엌에서 쉽게 문을 열 수 있게 되어 있었다. 창문에서는 '애주가의 팔'이라는 시골풍의 선술집이 건너다보였으며, 거기에서 흘러나오는 불빛이 깜깜하게 어두운 밤에 하천의 뭍과 물을 은은히 비추고 있었다.

그해 여름에는 어땠는지 모르지만, 허드슨 테일러가 보금자리를 정한 11월 말경에는 하수 구역의 풍경이 황량하기 그지없었을 것이다. 이처럼 변화된 환경에 더하여 허드슨 테일러는 자취를 할 수밖에 없었다. 병원에서 돌아올 때 변변찮은 재료를 사다가 끼니를 때우는 일이 허다했다. 발걸음은 늘 고독했으며, 저녁 시간은 주로 혼자 보냈고, 주일에는 주변 지역에서 전도하거나 험버 부둣가를 찾아오는 사람들에게 전도하면서 많은 시간을 보냈다. 허드슨 테일러는 그 시절을 이렇게 회상했다.

"불편하고 어려운 생활을 견디는 데 익숙해지도록 자신을 훈련하는 것과 내가 전하는 복음을 듣는 사람들을 도와주기 위하여 돈을 절약하겠다는 두 가지 목적을 가지고 살았던 까닭에 머지않아 나는 이전에 생각했던 것보다 훨씬 더 적은 비용으로도 충분히 살 수 있다는 사실을 발견하게 되었다. 버터, 우유를 비롯한 기타 고급 음식을 입에 대지 않게 되었으며, 가끔 다른 음식을 먹기는 했지만 주식으로 귀리와 쌀을 먹고살다 보니 아주 적은 돈으로도 생계를 충분히 꾸려갈 수 있었다. 이런 식으로 전체 수입 가운데 3분의 2 이상을 다른 목적에 사용할 수 있었다. 내 경험상, 자신을 위해 점점 더 적게 소비할수록 다른 사람을 위해 점점 더 많이 나누어줄 수 있었으며, 내 영혼이 점점 더 충만한 행복과 축복을 누릴 수 있게 되었다."

하나님은 절대 어떤 사람에게도 빚을 지지 않기 때문에, 여기서 이처럼 고독한 삶을 살면서 허드슨 테일러는 하나님을 열심히 따르는 사람에게 하나님이 무슨 일을 하시는지에 관해 배우고 있었다. 오늘날처럼 편안한 신앙생활만을 추구하는 상황에서 하나님이 얼마든지 사용하실 수 있는 사람이 되기 위해서는 그만한 대가를 충분히 지불해야 한다는 사실을 분명히 기억하는 편이 좋지 않겠는가? 누구든지 아무 대가 없이 그저 그리스도를 닮은 성품에 도달할 수는 없다. 커다란 대가를 치르지 않고서는 아무도 그리스도와 같은 일을 할 수 없다. "내가 마시는 잔을 너희가 마실 수 있으며 내가 받는 세례를 너희가 받을 수 있느냐"(막 10:38)라고 주님은 말씀하셨다.

태평천국의 난(1850-1864)이 무척 놀라울 정도로 확산되고 있었기 때문에 이 무렵 중국은 외부 세계의 이목을 불러일으켰다. 수많은 그리스도인이 기도하고 있었으며, 이로 말미암아 수많은 사람의 마음이 중국 복음화에 대해 적지 않게 흔들리고 있었다. 좌절이 찾아오고 장밋빛으로 가득한 계획들이 실패로 돌아가자 대다수의 사람은 도움이나 관심을 끊었다. 기도회는 점점 줄어서 아예 없어지고 있었으며, 선교사가 되려고 마음먹었던 후보생들은 다른 부르심을 좇아 마음을 돌렸고, 후원단체는 거의 하나도 남지 않을 정도로 전멸했다. 그러나 하나님이 사용하고 계신 사람들이 여기저기에 여전히 남아 있었다. 비록 가난하고 연약하며, 아마도 알려지지도 않고 중요하지도 않았지만 은혜로 말미암아 하나님의 목적을 수행하기 위해서는 어떤 희생이든 감수하겠다는 각오를 다진 사람들이 여전히 남아 있었다.

여기 하수 구역의 조용한 자취방에도 바로 그런 사람이 살고 있었다. 온갖 인간적인 한계에도 불구하고 허드슨 테일러는 오직 그리스도를 닮은 성품과 생애를 너무나 열렬히 살고 싶어 했다. 비록 얼마든지 피할 수 있는 시험이 계속해서 들이닥쳤지만 피하기보다는 오히려 자기를 비우는 십자가의 길을 선택했다. 그렇게 함으로써 무슨 공로를 세운다는 생각 때문이 아니라 단지 하나님의 성령이 그렇게 인도하셨기 때문이다. 그러니까 허드슨 테일러는 어떤 환경에서도 축복을 가로막지 않는 태도를 취하고 있었을 뿐이다.

"볼지어다. 내가 네 앞에 열린 문을 두었으되 능히 닫을 사람이 없으리라. 내가 네 행위를 아노니 네가 작은 능력을 가지고서도 내 말을 지키며 내 이름을 배반하지 아니하였도다"(계 3:8). "내게 광대하고 유효한 문이 열렸으나 대적하는 자가 많음이라"(고전 16:9).

이 시기에 허드슨 테일러의 전진을 방해하는 대적들도 분명히 있었다. 허드슨 테일러는 자기 인생에서 가장 많은 열매를 맺는 시기, 즉 자신과 다른 사람들을 위한 축복이 가장 풍성한 시기 가운데 하나로 접어들고 있었다. 그러므로 유혹하는 사탄이 늘 가까이에 머물러 있었다는 것은 전혀 이상한 일이 아니었다. 허드슨 테일러는 늘 고독했고, 사랑과 인정에 굶주렸으며, 순박한 청년으로서는 버티기 어려운 자기 부인의 삶을 살고 있었다. 사탄은 마치 이때를 노렸다는 듯이 잠시 허드슨 테일러가 최악의 삶을 살도록 우는 사자처럼 횡포를 부렸다. 그러나 아무리 그래도 결국 합력하여 선을 이루시는 하나님을 가로막을 수는 없었다.

하수 구역으로 이사한 지 몇 주가 지나지 않아서 아주 충격적인 일이 발생했다. 끔찍이도 사랑했던 여인이 그를 영원히 떠나기로 선언했기 때문이다. 2년이라는 긴 세월 동안 허드슨 테일러는 단 하루도 소망을 잃지 않고 계속해서 기다렸다. 불확실한 미래 때문에 다른 모든 것이 변하더라도 사랑하는 사람이 옆에 함께 있어 주기를 갈망하던 허드슨 테일러의 꿈이 이제 산산이 조각난 것이다. 중국 선교사로 나가지 못하도록 남자친구를 설득할 수 없다고 생각하자, 귀여운 얼굴과 사랑스러운 목소리를 가진 젊은 음악 교사였던 아가씨는 마침내 자신이 중국으로 갈 준비가 전혀 되어 있지 않다고 분명히 밝히면서 결별을 선언했던 것이다. 물론 아버지도 중국 선교사로 나가는 것을 동의하지 않으실 게 뻔할뿐더러, 자신도 선교사생활에 적합하지 않다고 느끼고 있었던 것이다. 비록 지극히 사랑하는 여인과 헤어지는 마음은 찢어질 듯 아팠지만 달리 어쩔 도리가 없었다.

그러자 유혹자 사탄이 속삭였다! "네가 하고자 하는 중국 선교 사역이 사랑까지도 포기할 만한 가치가 있기나 하단 말이냐? 다른 무엇보다 도대체 왜 하필 네가 중국으로 가야 한단 말이냐? 그런 이상적인 일을 감당하기 위하여 왜 거기에다 네 모든 인생을 쏟아붓고 희생해야 한단 말이냐? 이제 그걸 포기해라. 그러면 지금이라도 사랑하는 사람을 붙잡을 수 있단 말이야. 다른 모든 사람처럼 적당히 생계를 꾸리면서 고국에서 마음 편하게 주님을 섬기는 게 어떠냐? 다른 무엇보다 아직도 사랑하는 사람을 붙잡아서 충분히 그냥 행복하게 살 수 있단 말이야."

사랑에 호소하는 이런 유혹의 목소리는 허드슨 테일러의 마음을 여지없이 흔들어 놓았다. 그 마음이 갈대처럼 크게 흔들리는 순간이었다. 원수가 마치 홍수처럼 밀려들어 왔다. 이 젊은이는 슬픈 마음으로 멍한 상태가 되었으며 주님에게로 돌아가 위로받을 힘조차 잃어버렸다. 이처럼 계속해서 슬픔을 품고 있었지만 미쁘신 주님은 끝까지 버리지 않으셨다. 이때의 고통을 테일러는 이렇게 기록했다.

"병원 진료실에 혼자 남아 떠나가는 여인을 생각하니 내 마음이 녹아내리는 것 같았다. 그러나 서서히 하나님 앞에서 완전히 깨어지고 겸손해지게 되었으며, 하나님의 놀라운 사랑과 임재로 깊이 나아가게 되었다. 하나님은 '깨어져 회개하는 마음'을 멸시하지 않으셨으며, 내 삶에 진리로 임하셔서 축복해달라는 부르짖음에 응답해주셨다.

그렇다. 하나님은 나를 겸손하게 하셨으며 내가 누구인지를 보여주셨다. 실망과 슬픔으로 가득한 고난의 시기에 도움의 손길을 펼치심으로써 하나님은 따뜻한 사랑을 친히 드러내셨다. 그리고 비록 내가 시험 당하는 중에도 내 감정을 짓밟지 않으시고 나로 하여금 찬송할 수 있게 하셨다. '내 영혼이 여호와를 즐거워함이여 그의 구원을 기뻐하리로다'(시 35:9).

이제 나는 구세주의 사랑 안에서 행복하다. 나는 모든 것에 대해 하나님께 감사할 수 있다. 심지어 과거의 가장 고통스러운 경험조차도 하나님께 감사할 수 있다. 앞으로 닥쳐올 모든 일에 대해서도 아무런 두려움 없이 하나님을 신뢰할 수 있다."

더 큰 믿음의 발걸음

하나님의 변치 않는 사랑을 의지하는 자는
아무도 움직일 수 없는 반석 위에 집을 짓는 자이다.

훗날 희생적인 요소가 부족하지 않았던 인생을 뒤돌아보면서 허드슨 테일러는 "나는 아무것도 희생하지 않았다"고 말했다. 이 말은 진심에서 우러나온 말이었다. 자기가 희생한 것에 비해 너무나 많은 보상을 받았기 때문이다. 누구든지 하나님과 흉금을 터놓는 관계를 맺는다면 포기에 따른 보상을 반드시 받게 된다는 점을 분명히 깨닫게 되었다. 하수 구역에서 겨울을 보내며 아주 명백하게 이 사실을 체험했다. 단지 겉으로 뿐만 아니라 깊은 내면에서도 허드슨 테일러는 겸허히 하나님의 뜻을 받아들이면서 자신에게 최선이자 최고로 보이는 사랑, 자기 삶의 일부로 자리 잡고 있었던 사랑, 그리스도를 따르는 것을 방해할 수도 있었던 사랑마저도 포기했다. 물론 희생도 굉장히 컸지만 그로 말미암아 얻은 보상은 훨씬 더 컸다. 이에 대해서 테일러는 이렇게 말했다.

"그 당시에 나는 온종일, 날마다 이루 다 말할 수 없는 기쁨을 맛
보며 행복을 체험했다. 나의 하나님은 살아계신 하나님이요, 생
생하게 현실에 임재하시는 하나님이셨다. 내가 해야 할 일은 오
직 즐거운 마음으로 온 마음을 다해 그분을 섬기는 것뿐이었다."

이때부터 허드슨 테일러의 편지에서는 새로운 분위기가 감지되
었다. 통상 자기 연민에 빠져 있던 사람이 이번에는 한 발짝 전진하
여 훨씬 충실하게 열정적으로 선교사명을 향해 나아가고 있었다. 다
시 모든 생각을 중국이 강하게 사로잡았으며, 그리스도 밖에 있는 사
람들의 영적인 상황에 대한 영적인 열심이 훨씬 더 깊어졌다. 허드슨
테일러가 이 무렵 어머니에게 보낸 편지에서 그의 열정을 확인할 수
있다.

"사랑하는 어머니, 저 때문에 조금도 염려하지 마세요. 사실상 선
교 사역이란 죽을 수밖에 없는 인간이 동참할 수 있는 가장 고상
한 일이지요. 확실히 가족의 인연을 뒤로 하고 머나먼 이국땅으
로 떠난다는 것은 쉽지 않은 일입니다. 그러나 구세주를 위하여
우리에게 있는 것을 포기할 수 있다면 어찌 기뻐하지 않을 수 있
을까요?
계속해서 저를 위해 기도해주세요. 이 땅의 현세적인 문제들에 관
해서는 아무리 편안하고 행복하고 감사하다 할지라도 저에게는

어머니의 기도가 늘 필요하다고 생각해요. 아, 어머니! 제가 얼마나 간절히 선교사가 되고 싶어 하는지 이루 다 말할 수 없습니다. 가난하고 멸망하는 죄인들에게 기쁜 소식을 전하는 것, 나를 위하여 목숨을 버리신 주님을 위하여 쓰임받는다는 것이 얼마나 놀라운 일인지 감히 제대로 표현할 수 없을 정도랍니다! 어머니, 1,200만 명의 인구를 한번 생각해보세요. 이건 너무 큰 숫자라서 감히 실감이 나지 않을 정도지요. 맞아요. 중국에서는 1,200만 명의 영혼이 해마다 하나님 없이, 영생의 소망도 없이 죽어가고 있어요. 오, 이 무리를 불쌍히 여기는 마음으로 바라보시면 좋겠어요! 하나님은 우리를 긍휼히 여기셨습니다. 우리도 마땅히 그분처럼 되어야겠지요.

이제 저는 결론을 내려야 합니다. 어머니는 어머니를 위하여 돌아가신 예수님을 위해 모든 것을 포기하시지 않겠어요? 그래요. 어머니, 전 어머니께서 그렇게 하실 줄로 믿고 있어요. 중국으로 들어가기에 충분할 만큼 돈을 모으자마자 떠나도 될까요? 어머니, 중국을 위해 무슨 일이든 하지 않고서는 도저히 살아갈 수 없을 것 같아요."

테일러는 곧바로 떠나고 싶은 마음이 간절하기는 했지만, 자신을 붙잡고 있는 여러 장애 요인이 많았다. 하수 구역의 조그만 자취방에서는 오직 하나님 한 분에게만 알려진 수많은 갈등과 승리의 삶이 거듭되었다. 바로 이 겨울에 대해 허드슨 테일러는 이렇게 기록했다.

"중국으로 떠나는 문제를 심사숙고하면서 모든 인간적인 도움을 완전히 배제한 채, 오직 살아계신 하나님만을 의지하여 온갖 보호와 공급하심과 도움을 받는다는 것은 굉장히 중대한 문제였다. 누구든 이런 일을 착수하기 위해서는 영적인 근육을 강화할 필요가 있다고 느꼈다. 만약 믿음이 견고하기만 하다면 분명히 우리 주 하나님도 실패하시지 않을 것이다. 그러나 만약 믿음이 연약한 것으로 판명된다면 어떻게 해야 하겠는가? 나는 심지어 '우리는 미쁨이 없을지라도 주는 항상 미쁘시니 자기를 부인하실 수 없으시리라'(딤후 2:13)는 진리를 그 당시에는 제대로 터득하지 못했다. 따라서 주님이 미쁘시냐는 것은 문제가 아니었으며, 단지 앞으로 닥칠 엄청난 일을 감당할 만큼 충분한 믿음이 있는지가 나에게 굉장히 중대한 문제였다.

그래서 나 혼자 생각했다. '중국으로 가더라도 난 아무에게 아무것도 요구하지 않을 것이다. 내가 유일하게 간구하는 분은 오직 하나님뿐일 것이다. 영국을 떠나기 전에, 오직 기도함으로써 하나님을 통하여 사람을 움직이는 비결을 배워야 한다!' 라고."

이러한 체험을 위하여 허드슨 테일러는 어떤 대가라도 기꺼이 지불할 마음의 준비가 되어 있었다. 어떤 경우에는 판단력이 부족하여 극단적인 방향으로 치달았을지도 모르지만, 하나님은 너무나 놀랍게 허드슨 테일러를 이해하고 만나주셨다! "오직 기도함으로써 하나님을 통하여 사람을 움직이는 것." 그것은 위대한 야망이었으며, 하수구역에서 보낸 바로 그 외로운 겨울의 경험을 통하여 영광스럽게 터득한 비결이었다. 테일러는 계속해서 그해 겨울에 경험한 것에 대해서 이렇게 말했다.

"헐에 있는 병원에서 일할 때 친절한 고용주인 하디 박사는 임금 지급 기한이 될 때마다 자기에게 상기시켜달라고 부탁했다. 그러나 난 돈을 달라고 직접 말하는 게 아니라 하나님이 내 기도에 응답함으로써 하디 박사에게 이 사실을 생각나게 해주셔서 나를 격려하시도록 간구하기로 결심했다.

언젠가 한 번은 봉급 날짜가 가까이 다가오자 나는 여느 때와 다름없이 그에 관하여 상당히 많이 기도하고 있었다. 그 날짜가 다 되었지만 하디 박사는 별다른 언급이 없었다. 그래도 계속 기도만 했다. 여러 날이 속절없이 지나갔으며 하디 박사는 전혀 기억하지 못하고 있었다. 마침내 어느 토요일 저녁에 그 주간의 결산을 해보니 겨우 반 크라운짜리 은화밖에는 남아 있지 않았다. 그럼에도 그때까지는 별다른 부족함이 없어서 계속 기도만 하고 있었다.

그 이튿날 주일은 굉장히 행복한 하루를 보냈다. 여느 때와 마찬가지로 내 마음은 축복으로 가득 넘쳐흐르고 있었다. 오전에 거룩한 예배에 참석한 뒤, 그 도시에서 가장 변변찮은 지역에 있는 여러 셋집을 방문하면서 복음을 전하는 일로 오후와 저녁 시간을 보내게 되었다. 이럴 때면 마치 믿음이 강해져서 천국이 발아래 있는 것처럼 보이기도 했으며, 하나님이 간구하는 것마다 응답하셔서 채워지지 않을 것이 없을 듯했다.

그날 밤 10시경 마지막 예배를 마무리할 무렵, 어떤 가난한 사람이 자기 아내가 죽어가고 있다고 말하면서 함께 가서 자기 아내를 위해 기도해달라고 간청했다. 얼른 가겠다고 대답하고서 그집으로 가는 길에 왜 가톨릭 사제를 부르지 않았는지 물어보았다. 이때 들려오는 억양으로 보아 아일랜드 사람임이 확실했다. 물론 가톨릭 사제를 불러보았지만 일정한 금액을 내지 않으면 오지 않겠다고 거절했다는 것이다. 가족이 굶어 죽어가고 있는 마당에 그럴만한 돈이 없었던 것이다. 바로 이때 전 재산이라고는 단지 호주머니에 있는 반 크라운짜리 은화 한 닢뿐이라는 생각이 떠올랐는데, 그것도 겨우 1달러 가치밖에 되지 않았다. 게다가 주로 저녁 식사로 먹는 귀리죽 한 그릇이 집에서 나를 기다리고 있을 뿐이었다. 다음 날 아침 식사까지는 귀리죽으로 겨우 때울 수 있었지만 저녁 끼니로는 분명히 아무것도 남아 있지 않다는 사실이 떠올랐다.

웬일인지 내 마음속에서 솟아나는 기쁨이 곧장 사라졌다. 그러나 나 스스로 자책하기보다는 오히려 그 가난한 사람을 책망하면서 그 지경이 되도록 여태까지 그냥 내버려두었던 것은 큰 잘못이며, 마땅히 교구마다 있는 빈민구제를 신청했어야 한다고 꾸짖었다. 이 사람은 물론 그렇게 해보았지만 다음 날 아침 11시에 다시 오라는 소리를 들었는데, 그날 밤을 지나면서 아내가 계속 살아 있을지 너무나 걱정이 되었다고 대답했다.

'아!' 하고 나는 생각했다. '만약 나에게 반 크라운짜리 은화 한 닢 대신에 더 적은 액수의 잔돈(2실링 6펜스)이 여러 개 있었다면 얼마나 기쁜 마음으로 이 가난한 사람에게 단 1실링이라도 쥐어줄 수 있었을 텐데!' 반 크라운짜리 은화 한 닢을 통째로 건넨다는 것은 전혀 생각해보지 못했다. 그러니까 하나님과 1실링 6펜스를 동시에 신뢰할 수는 있었지만 주머니에 돈이 한 푼도 없을 경우에 오직 하나님만을 신뢰할 준비가 전혀 되어 있지 않았던 것이다.

그 사람은 어느 집 뜰 안으로 나를 인도하였으며 나는 약간 불안한 심정으로 그 뒤를 따라갔다. 기억을 더듬어 보니 이전에도 한 번 와본 적이 있었는데, 지난번 방문했을 때에는 상당히 거친 박대를 받았던 곳이었다. 그 사람은 가파른 계단을 올라가 매우 초라한 방으로 나를 인도했다. 그런데 거기에는 얼마나 끔찍한 광경이 펼쳐지던지! 네댓 명의 아이들이 죽 둘러서서 앙상한 볼과 움푹 들어간 관자놀이를 드러내놓고 있어서 지금까지 얼마나 굶주렸는지를 웅변적으로 말해주고 있었다. 가엾은 모습으로 지칠 대로 지친 엄마는 태어난 지 36시간밖에 되지 않은 갓난아기와 함께 형편없이 초라한 침상에 누워 있었다. 이 아기는 울 힘도 없어 끙끙 신음소리를 내고 있었다.

'아!' 하고 나는 탄식했다. '만약 나에게 반 크라운짜리 은화 한 닢 대신에 2실링 6펜스의 잔돈이 있었다면 얼마나 기쁜 마음으로 이 가난한 사람에게 1실링 6펜스라도 나눠주었을 텐데!' 그러나 내게 있는 모든 것을 주고서라도 이 사람들이 곤궁한 처지를 벗어나도록 해야겠다는 양심의 소리에 순종하지 못하고 있었다. 여전히 형편없는 불신앙이 나를 가로막았던 것이다.

이 가난한 사람들에게 뭐라고 위로할 말을 찾을 길이 없었다. 오히려 나 자신을 위로해야 할 판이었다. 그러나 나는 그 사람들에게 낙담하지 말아야 한다고 말하기 시작했다. 비록 현재 환경은 굉장히 곤궁하지만 친절하고 사랑 넘치는 하늘 아버지가 계신다고 말하기 시작했다. 그러나 내 안에서 양심이 이렇게 꾸짖었다. '넌 위선자야! 이처럼 회심하지 않은 사람들에게 친절하고 사랑 넘치는 하늘 아버지에 대해 말하다니! 네 호주머니 속의 은화를 통째로 주고서 오직 하나님을 신뢰하는 게 그렇게 어렵단 말이냐?'

난 거의 질식할 것 같았다. 나에게 2실링짜리 은화와 6펜스짜리 동전이 있었다면 얼마나 기쁘게 양심과 타협할 수 있었을 텐데! 감사한 마음으로 2실링 은화 한 닢을 던져주고 나머지 6펜스는 그대로 가지고 있어도 되었을 텐데! 그러나 난 아직도 아예 6펜스짜리 동전 없이 전적으로 하나님만을 신뢰할 준비가 되어 있지 않았다.

이러한 상황에서 뭐라고 이야기한다는 것은 거의 무리였지만 이상하게도 기도하는 데에는 별다른 어려움이 없을 거라는 생각이 들었다. 그 당시에는 기도가 매우 즐거운 일이었다. 그러니까 기도할 때에는 전혀 따분해 보이지 않는 시간을 보냈으며, 무슨 말을 해야 할지 궁색했던 경우가 절대 없었다. 내가 해야 하는 일이라고는 오직 무릎 꿇고 기도하기만 하면 되는 것이며, 그로 말미암아 그 사람들뿐만 아니라 나에게도 커다란 안도감이 찾아오게 된다고 생각했던 것이다.

'당신이 나에게 오라고 해서 아내와 함께 기도하자고 요청했으니.' 내가 그 사람에게 말했다. '자, 이제 기도하도록 합시다.' 그렇게 말하고 나서 무릎을 꿇었다.

그러나 내가 '하늘에 계신 우리 아버지여!'라고 입술을 열자마자 내 안에서 양심이 이렇게 꾸짖기 시작했다. '네가 감히 하나님을 조롱하느냐? 여전히 반 크라운짜리 은화를 네 주머니 속에 넣어두고서 감히 무릎 꿇고 하나님을 아버지라고 부를 수 있단 말이냐?' 예전에는 이러한 갈등을 한 번도 경험해보지 못했다. 이처럼 혼란스러운 상황 속에서 도대체 어떻게 기도를 끝마쳤는지 모르겠다! 내가 내뱉은 말들이 서로 앞뒤가 맞았는지도 모르겠다! 어쨌든 기도를 마쳤는데도 커다란 마음의 고뇌를 느끼는 가운데 자리를 털고 일어났다.

그러자 가난한 아버지가 나에게 고개를 돌리더니 이렇게 말했다. '선생님, 저희가 얼마나 끔찍한 처지에 놓여 있는지 아시겠지요? 만약 저희를 도우실 수 있다면 하나님을 대신하여 좀 도와주시기 바랍니다.'

바로 그 순간에 '네게 구하는 자에게 주라'(마 5:42)는 말씀이 내 마음속에 문득 떠올랐다. 이처럼 왕이신 하나님의 말씀에는 능력이 있었다.

주머니에 손을 집어넣어 천천히 반 크라운짜리 은화를 꺼내어 그 사람에게 건네주면서, 이 사람들보다 내가 상대적으로 넉넉한 셈이기에 이 가족을 도와주는 것이 나에게 그다지 큰일이 아닌 것처럼 보일 수도 있지만 지금 이 은화는 내가 가진 전 재산이라고 말했다. 더구나 내가 그 사람들에게 전하려고 했던 하나님의 말씀은 진리이며, 하나님은 진정한 아버지시며 신뢰할 만한 분이라고 말했다. 그랬더니 내 마음속에 너무나 커다란 기쁨이 거대한 밀물처럼 쏟아져 들어왔다! 이제는 양심의 가책 없이 무엇이나 말할 수 있다고 느껴졌다. 축복을 가로막는 모든 장애물이 사라졌던 것이다. 내가 믿기로 하자 영원히 사라졌다.

지금 생각해 보니 가난한 여인의 생명만 회복된 게 아니라 내 생명도 역시 구원되었다. 그때 인색함을 이겨내지 못했더라면, 하나님의 성령께서 명하시는 것에 순종하지 않았더라면 그리스도인으로서의 내 삶은 아마 영원히 파멸에 이르렀을지도 모르는 일이다.

그날 밤 자취방으로 돌아왔을 때 내 마음이 텅 빈 주머니만큼이나 가벼웠다는 사실을 또렷이 기억하고 있다. 캄캄하고 인적이 끊긴 거리였지만 도저히 억누를 수 없는 찬양 소리가 나에게서 힘차게 울려 퍼져 나왔다. 기쁨의 눈물을 주체할 길이 없었다. 잠자리에 들기 전에 귀리죽 그릇을 집어 들었을 때 나는 제후의 만찬과도 그걸 바꿀 수 없다고 생각했다. 침상 머리맡에 무릎을 꿇고서 '가난한 자를 불쌍히 여기는 것은 여호와께 꾸어 드리는 것이니 그의 선행을 그에게 갚아주시리라'(잠 19:17)고 말씀하신 주님을 기억하면서, 그분께 빌려드린 돈이 장기대출이 되지 않도록 해달라고 요청했다. 그렇지 않으면 당장 다음 날부터 끼니를 제대로 이을 수 없을 가능성이 높았기 때문이다. 아무튼 안팎으로 평화를 느끼면서 행복하고 평온한 밤을 보냈다.

다음 날 아침 식사 시간에 남은 귀리죽으로 끼니를 때우고 있었다. 그런데 이 그릇을 다 비우기도 전에 우편배달부가 현관문을 두드리는 소리가 들렸다. 월요일에는 편지를 받는 것이 전혀 익숙하지 않았다. 왜냐하면 우리 부모님과 대다수의 친구들은 토요일에 우체국을 이용하지 않도록 삼가고 있었기 때문이다. 우리 여주인이 앞치마로 가린 젖은 손에다 편지인지 소포인지를 들고 왔을 때 나는 적잖이 놀랐다. 편지를 받아들고 살펴보았지만 필체를 도저히 알아볼 수 없었다. 그건 전혀 모르는 사람의 글씨체이거나 일부러 그렇게 꾸며낸 글씨체였으며 우편 소인도 초점이 맞지 않아 흐릿해져 있었다. 어디서 온 편지인지 도대체 알 수가 없었다. 봉투를 열자 안에는 아무것도 기록되어 있지 않았으며, 애기 장갑 한 쌍을 종이 한 장으로 싸놓았는데 긴장된 마음으로 그걸 펴자 10실링짜리 금화인 반 소브린 하나가 방바닥으로 굴러 떨어졌다.

'주님을 찬양합니다. 단 12시간을 투자하여 400퍼센트로 갚아주시다니! 헐 지역 상인들이 그와 같은 이자율로 돈을 빌려줄 수만 있다면 얼마나 기뻐하겠습니까!' 하고 내가 소리쳤다. 바로 그 자리에서 한 가지 중요한 진리를 터득했다. 이번 경우처럼 절대로 도둑이 들 수 없는 은행(마 6:20)에 저축이나 소득을 맡겨야 되겠다는 결심이었다. 이것은 지금까지 한 번도 후회하지 않았던 결정이었다.

어려운 환경에 처할 때마다 나는 마음속으로 이 사건을 수없이 떠올렸으며, 그 이후로도 그런 식으로 나에게 수많은 도움의 손길이 있었다. 만약 우리가 지극히 작은 일에서 하나님께 충성한다면(눅 16:10) 인생을 살아가면서 훨씬 더 심각한 시련을 당할 때 우리에게 매우 유용한 경험과 힘을 불어넣게 될 것이다."

그러나 이것이 이야기의 마지막은 아니었다. 더더구나 이 시기에 허드슨 테일러의 믿음을 강하게 해주었던 또 다른 사건이 있었다.

"이처럼 놀랍고도 은혜로운 반 크라운 사건은 믿음을 더욱 강하게 키워주었을 뿐만 아니라 나에게 커다란 기쁨을 선사했다. 물론 10 실링이라는 돈은 아무리 절약해서 사용한다 하더라도 그다지 오래 가지 못할 것이다. 그러므로 예전과 마찬가지로 계속 기도할 필요가 있었다. 마땅히 주실 것을 달라고 더 크게 입을 열더라도 하나님은 여전히 그 기도를 기억하셔서 언젠가 갚아주실 것이다. 그래서 아직까지 지불되지 않은 봉급을 하디 박사에게 기억나게 해달라고 기도했다. 그러나 내가 드린 간구는 계속해서 응답되지 않는 것처럼 보였다. 그로부터 2주 정도 지났을 무렵에도 2주 전과 같은 처지에 놓여 있었다. 그동안에도 계속 하나님께 매달렸었다. 이제는 하디 박사가 내 임금 지급 기한을 잊어버리지 않게 해달라고 점점 더 간절하게 기도할 수밖에 없었다.

물론 나를 괴롭힌 것은 돈 부족이 아니었다. 그건 언제든지 간구하면 주시는 것이었기 때문이다. 내 마음속에 자리 잡은 가장 중요한 문제는 '중국으로 갈 수 있느냐, 그렇지 않으면 내 믿음과 능력이 너무나 부족해서 이처럼 가치 있는 선교 사역 현장으로 들어가는 것을 포기해야 하느냐?' 하는 것이었다.

그 주간이 서서히 끝나가면서 나는 지극히 초조해졌다. 고려해야 할 사람이 나 혼자만 있는 게 아니었다. 내가 알기로 임대료 없이는 넉넉히 살아가기 어려운 그리스도인 여주인에게도 토요일 밤까지는 방값을 지불해야 하기 때문이다. 이 여주인을 위해서는 내 봉급이 아직 제대로 지불되지 않고 있다고 솔직히 털어놓아서는 안 되겠지? 어쨌든 그렇게 입을 연다는 것은 내가 선교사 일을 수행하기에 적합하지 않다고 스스로 시인하는 꼴이었다. 나는 꼭 필요한 일상 업무를 처리하는 것을 제외하고는 기도하는 가운데 하나님과 진지하게 씨름하느라 목요일과 금요일의 거의 모든 시간을 할애했다.

그러나 토요일 아침에도 여전히 이전이나 다름없는 상태였다. 이제 나의 간절한 부르짖음은 계속해서 하나님 아버지의 시간을 기다리면서 인내해야 하는지 알려달라는 것이었다. 내가 판단할 수 있는 한 하나님의 때를 기다리는 것이 최선이며, 이런저런 방식으로 하나님이 나를 위하여 간섭하실 것이라는 확신을 얻었다. 그래서 나는 기다렸으며, 이제 내 마음은 무거운 짐이 깨끗이 사라지고 평온해졌다.

바로 그 토요일 오후 5시경, 하디 박사가 처방전을 다 쓰고 마지막 회진도 다 끝냈을 무렵, 여느 때와 마찬가지로 안락의자에 자기 몸을 내던지고는 하나님의 일에 관해 이야기하기 시작했다. 하디 박사는 참 신실한 그리스도인이었으며 우리는 상당히 오랫동안 행복한 교제를 나눠왔다. 나는 이때 탕약을 달이고 있는 탕기를 부지런히 지켜보면서 상당한 주의를 기울이고 있어야 했다. 사실 내가 그런 상황이었다는 건 무척 다행스러운 일이었다. 왜냐하면 현재 진행되고 있는 일과 별다른 연관성이 확실히 없는데도 하디 박사가 느닷없이 불쑥 이렇게 말했기 때문이다.

'그런데 말이야, 테일러. 머지않아 월급날이 다 되지 않았어?'

이 말을 듣는 순간 내 감정이 어땠을지 가히 짐작할 수 있을 것이다. 대답을 내놓기 전에 두세 번씩이나 침을 꿀꺽 삼키면서 간신히 감정을 진정시킬 수 있었으니 말이다. 여전히 눈을 탕기에 고정하고는 최대한 차분하게 지급 기한이 좀 지났다고 말했다. 그 순간에 내가 얼마나 감사했는지! 하나님이 분명히 내 기도를 들어주셔서 아무 말이나 제안을 하지 않았음에도 나에게 절실히 필요한 바로 이 시기에 하디 박사가 급료에 대해 기억하게 해주셨으니 말이다.

'아이고, 정말 미안하군! 왜 진작 이야기하지 않았지?' 하디 박사가 말했다. '내가 얼마나 바쁜 사람인지 알지 않나? 얼마 전까지만 해도 급료에 대해 계속 생각하고 있었는데 그만 깜빡 잊고서 오늘 오후에 내게 있던 돈을 모조리 은행으로 보냈지 뭐야. 그렇지 않았다면 지금 당장이라도 자네에게 급료를 지불할 수 있을 텐데 말이야.'

예상치 못한 하디 박사의 말로 말미암아 조금 전까지 기뻐하던 마음은 철렁 내려앉았다. 도대체 어떻게 해야 할지 몰랐다. 나로서는 다행히 탕기가 끓어오르고 있어서 얼른 그 방에서 탕기 쪽으로 뛰어갈 만한 충분한 이유가 생겼다. 사실 굉장히 다행스럽게도 하디 박사가 자기 집으로 들어갈 때까지 나는 다른 곳으로 눈길을 피할 수 있었다. 또한 너무나 감사하게도 하디 박사는 나의 감정 변화를 전혀 눈치 채지 못했다.

하디 박사가 퇴근하자마자 평온함, 감사함, 그리고 기쁨을 회복할 때까지 나는 조그만 성소를 찾아 주님 앞에서 내 무거운 마음을 쏟아놓아야 했다. 하나님께는 그분만의 방식이 있으며, 절대 나를 실패하게 하지 않으리라는 느낌이 들었다. 나는 그날 아침 일찍부터 하나님의 뜻을 알아내려고 애썼으며, 끈기 있게 하나님의 인도하심을 받으라는 약속을 받았다고 생각했다. 그래서 하나님이 적절한 시기에 전혀 다른 방식으로 나를 위하여 일하시리라고 믿게 되었다.

여느 토요일 저녁이나 마찬가지로 그날 저녁에도 나는 다음 날 여러 셋집에서 전할 말씀을 읽으며 다양한 주제의 설교를 준비하느라 시간을 보냈다. 그날따라 평소보다 더 오래 병원에 머물러 있었을 것이다. 드디어 거의 10시가 다 되어갈 무렵, 거기에서 아무런 방해도 받지 않은 채로 말씀 준비를 끝내고서 외투를 껴입고 이제 막 퇴근하려던 참이었다. 이 무렵이면 여주인은 이미 잠자리에 들었을 때라서 내가 직접 현관문을 따고 들어가야 한다는 사실을 깨닫고는 오히려 감사하는 마음이었다. 그날 밤에도 하나님이 분명히 아무런 도움도 주시지 않는다고 생각하던 차였다. 그러나 아마도 월요일까지는 나를 위하여 개입하실 것이고, 그렇다면 내가 벌써 여주인에게 주었어야 하는 집세를 주초에는 지불할 수 있도록 하실 것이라고 생각했다.

병원을 나서면서 막 불을 끄려는 바로 그 순간, 사택과 병원 사이에 가로놓인 정원 뜰을 걸어오는 하디 박사의 발걸음 소리가 들려왔다. 하디 박사는 굉장히 기분 좋은 듯 혼자서 크게 웃고 있었다. 진료실로 들어오면서 회계장부를 달라고 하더니 좀 이상한 말이기는 하지만 환자 중에 아주 부자인 사람 하나가 조금 전에 자신에게 진료비를 내러 왔었다고 말했다. 참 희한한 일도 다 있다! 이 사건이 나와 어떤 관계가 있을 것이라고는 전혀 생각하지 못했다. 그렇지 않았더라면 굉장히 당혹스러웠을지도 몰랐다. 단순히 별 관심 없는 구경꾼의 처지에서 바라보면서 나 역시 굉장히 부유한 사람이 밤 10시를 넘긴 시간에 언제든지 수표 한 장으로 아주 편하게 지불할 수 있는 진료비를 직접 현금으로 내러 왔다는 사실이 무척 재미있었다. 어쨌든 그 사람은 이 문제로 마음이 편하지 않았으며, 이 야심한 시간에 자기 채무를 갚으러 오지 않고서는 버틸 수 없었던 것이다.

회계장부에 기장을 마친 하디 박사는 막 방을 나서려다 말고 갑자기 돌아서서 조금 전에 받았던 은행권 지폐 가운데 일부를 나에게 쥐어주면서 놀랍고 감사하게도 이렇게 말했다.

'아차, 또 깜빡 잊을 뻔했군! 테일러, 지금 자네에게 이 돈을 주는 편이 낫겠어. 내 수중에 잔돈이 없으니 나머지 금액은 다음 주에 맞춰 보도록 하세나.'

이번에도 역시 내 벅찬 감정을 들키지 않은 채 다른 무엇보다 이제 나는 드디어 중국으로 갈 수 있다는 확신이 들었다. 그리고 다시 조그만 골방으로 들어가 주님을 찬양하기 위하여 그 자리에서 물러났다."

시련으로 더 강해지는 믿음

우리 하나님 아버지께서 내 모든 형편을 잘 알고 계시네.
아무것도 이 믿음을 약하게 만들 수 없다네. 하나님은 자기를 신뢰하는
사람들에게 언제나 가장 좋은 것으로 채워주신다네.

"다른 무엇보다 이제 나는 드디어 중국으로 갈 수 있다!" 그러나
여전히 얼마나 많은 시련이 앞길에 가로놓여 있을지 아무도 몰랐다.
유난히 풍성한 열매를 맺는 삶을 살아야 했기에 아주 특별한 시련을
거쳐 하나님 안에서 뿌리를 내리고 기초를 닦아야 했다.

허드슨 테일러는 헐을 떠나 런던에서 매우 훌륭한 대형병원 가운
데 한 곳에 의과대학 실습생으로 들어갔다. 그럼에도 여전히 모든 공
급하심을 오직 주님께만 의지하고 있었다. 왜냐하면 자신을 중국으
로 파송할 선교 단체인 중국복음선교회와 아버지가 생활비를 대겠다
고 제안하기는 했지만, 테일러는 하나님의 약속을 좀 더 깊이 시험해
볼 기회를 놓쳐서는 안 된다고 생각했다. 이처럼 아버지의 너그러운
제안을 거절하자, 가족들은 선교 단체에서 충분히 그 필요를 채워주

고 있다고 결론지었다. 이 선교 단체에서 런던병원의 등록금을 책임
졌으며, 소호에 있는 삼촌이 몇 주 동안 방을 내주기는 했지만 그 밖
의 필요에 대해서는 하나님의 신실하심 말고는 다른 어떤 것에도 의
지하지 않았다. 헐을 떠나면서 테일러는 어머니에게 이렇게 편지를
보냈다.

"저는 사실상 '주께서 심지가 견고한 자를 평강하고 평강하도록 지
키시리니 이는 그가 주를 신뢰함이니이다'(사 26:3)라는 말씀이
진리라는 것을 살아가면서 직접 체험하고 있어요. 제 마음은 마치
주머니에 100파운드를 가지고 있는 사람만큼이나, 아니 그보다
더 많이 굉장히 편하고 든든하답니다. 영적인 것뿐만 아니라 현실
적인 것에 대해서도 모든 축복의 근원 되시는 하나님만 의지할 때
하나님이 항상 저를 이렇게 지켜주시리라고 믿습니다."

그리고 여동생 아멜리아에게도 이렇게 편지를 썼다.

"지금까지 런던에서 살아보니 모든 여건이 그다지 순조롭게 진행
되지 않는구나. 그러나 조금도 염려하지는 않아. 하나님은 어제
나 오늘이나 영원토록 동일하신 분이기 때문이지. 하나님의 사랑
은 한결같고, 하나님의 말씀은 변하지 않으며, 하나님의 권능은
언제나 동일하시잖아. 그러므로 하나님을 신뢰하는 심령은 '온전
한 평강'을 누리게 될 거야. 오직 내 믿음을 키우기 위해서 하나
님이 나를 시험하신다는 걸 알고 있지. 그 모든 것이 사랑 안에서

이루어지는 일이야. 글쎄, 만약 그로 말미암아 하나님이 영광을 받으신다면 나는 그걸로 만족해."

먼 장래든, 아니면 가까운 장래든 허드슨 테일러는 장래에 대한 모든 것을 하나님께 의뢰하고 있었다. 만약 이러한 믿음이 실패하기라도 한다면 머나먼 중국이 아니라 이곳 런던에서 먼저 그런 실패를 경험하는 편이 훨씬 더 낫다고 생각했다. 그래서 신중하게 자신의 자유 의지에 따라 모든 가능한 공급원으로부터 일부러 자신을 단절시켰다. 오직 필요한 것이라고는 하나님, 곧 살아계신 하나님뿐이었다. 또한 하나님의 신실하심을 붙잡을 수 있는 더 강한 믿음이었으며, 모든 현실적 상황에서 하나님을 더 많이 경험하는 것이었다. 런던에서 살아가는 삶이 편안했느냐 불편했느냐, 풍성했느냐 궁핍했느냐에 관해서는 만물을 주관하시는 하나님을 더 깊이 아는 경험을 쌓기 위해서라면 조금도 문제가 되지 않는 것처럼 보였다. 이제 하나님에 관한 지식을 실제로 체험을 통해 시험해볼 좋은 기회라고 여긴 까닭에 비록 적지 않은 시련이 예상되었으나 주저하지 않았다.

이와 같은 결정을 통해 이 젊은 의학도는 생생하게 하나님의 인도를 받았다. 런던에서 있었던 수많은 기도 응답은 허드슨 테일러의 믿음을 강하게 하였으며, 그로부터 12개월 안에 중국으로 떠날 수 있는 충분한 여건을 조성하기에 이르렀다. 허드슨 테일러는 짤막한 「회고록」(Retrospect : 펜실베이니아 19551, 로베소니아, 사우스 처치 스트리트 404번지에 소재한 해외선교회(Overseas Missionary Fellowship: 이 선교회에 대한 최신 정보를 얻기 위해서는 www.omf.org로 찾아가라)에 보낸 편지 – 편집자 주)에서 이러한 체험에 관한 이야기를 상세히 담아내고 있다.

여기에서는 그 당시에 맛보았던 고독하고 궁핍한 삶, 몇 달 동안 줄곧 오직 흑빵과 사과만으로 버티면서 병원으로 출퇴근하느라 날마다 10km 이상을 걸어 다녀야 했던 인내를 시험하는 삶, 그리고 대학 교육도 제대로 받지 못한 채 중국으로 파송하려고 준비했던 중국복음선교회와 겪었던 온갖 불확실한 삶은 아직도 매우 젊은 나이인 허드슨 테일러가 믿음의 사람이 되도록 훈련시켰다고만 말해두기로 하자.

이제 겨우 스물한 살이었을 때 예상외로 갑자기 중국으로 들어가는 길이 열렸다. 선박이 마련되는 대로 상하이로 떠나라고 중국복음선교회에서 요청하고 있었기 때문이다. 이 무렵에는 바야흐로 태평천국의 난이 의기양양하게 절정에 달해 있었던 시기였다. 그 본거지를 난징(南京)에 확고하게 잡고 있으면서 주로 명목상 기독교 세력들로 구성된 반란군이 중부와 북부 지방을 휩쓸고 지나갔으며, 베이징(北京) 자체도 반란군의 손아귀에 거의 들어가 있었다.

태평천국의 난을 주동한 지도자 홍슈취안(洪秀全)은 신뢰하는 미국 침례교 선교연맹 소속의 로버츠 선교사에게 이렇게 편지했다. "널리 진리를 전파하도록 도와줄 수 있는 교사를, 많은 교사를 저에게 파송해주십시오. 앞으로 제 거사가 성공적으로 마무리되면 저는 중국 전체에 기독교 교리를 전파하게 될 것입니다. 그러면 모든 사람이 한 분 주님께로 돌아와 참 하나님만을 예배할 수 있을 것입니다. 이게 바로 제 마음속에서 간절히 소망하는 바입니다."

다시 말해 마치 당장에라도 중국이 복음을 전하는 사람들에게 활짝 문을 연 것처럼 보였다. 전 세계 곳곳에 있는 그리스도인들은 마음에 깊은 감동을 받았다. 이처럼 커다란 위기를 맞고 있는 중국 상황에 대처하기 위하여 무슨 조치를 취해야 할 것 같았다. 그것도 즉각적으로 조치를 취해야 할 것 같았다. 그래서 한동안 엄청나게 많은 돈이 홍수처럼 물밀듯이 각종 선교기금 형태로 쏟아져 들어왔다. 여러 가지 선교 사업 가운데 하나로 영국해외성서공회는 중국어 신약성경 100만 부를 인쇄함으로써 창립 50주년을 희년으로 기념하는 일에 착수하였다.

허드슨 테일러는 중국복음선교회와 서신 왕래를 하고 있었는데, 중국 내륙 지방에서 이루어지는 일을 감당하도록 상하이로 두 명의 선교사를 파송하기로 했다. 이 가운데 하나는 스코틀랜드 출신의 의사였는데, 즉시 떠날 수 있는 상황이 아니었다. 그래서 젊은 허드슨 테일러를 곧바로 파송하기로 했다. 의과대학에서 공부하던 허드슨 테일러에게 이것은 중도에 학위를 포기해야 한다는 의미였다.

그것은 굉장히 심각하게 결정해야 할 사안이었기에 허드슨 테일러는 자연히 부모님에게 조언과 기도를 요청했다. 중국복음선교회에서 일하는 담당자 가운데 하나와 인터뷰를 마친 뒤, 허드슨 테일러는 어머니에게 이렇게 편지했다.

"버드 씨는 제가 가장 부담스러워했던 여러 가지 어려운 문제를 대부분 해결해주셨어요. 그래서 버드 씨의 제안을 따라서 해당 선교위원회에 선교사로 지원하는 게 좋겠다고 생각해요. 어머니의 답장을 기다리고 있을게요. 또한 저는 어머니의 기도만을 의지하고 있답니다. 만약 제 신청이 받아들여져서 즉시 떠나야 한다면 제가 출항하기 전에 집으로 가서 어머니의 조언을 구해야겠지요? 한 번 더 어머니를 만나 뵙고 싶은 마음이 간절해요. 당연히 어머니도 저를 만나고 싶어 하신다는 걸 잘 알고 있습니다. 그러나 한 번 만나고 영원히 헤어지는 것보다 아예 만나지 않는 편이 더 나을지도 모르겠다는 생각이 드는군요. 아, 아닙니다. 영원히 헤어지는 건 아니겠지요!

'인생은 잠깐 동안 덧없이 흘러가노니, 어찌 약속하신 십자가를 피하리오? 오, 주님의 발자취를 흠모하여 따르세. 전부 잃어버리는 것만 생각하셨던 주님! 그러니 이 세상 잠깐의 고난으로 어찌 주님의 미소에 보응할 수 있으리!'

더는 별로 할 말이 없지만 가능한 한 빨리 어머니의 소식을 듣고 싶어요. 저를 위해서 많이 기도해주세요. 그리스도를 위하여 모든 것을 내던지겠다고 말하는 것은 아주 쉬운 일이지만 막상 그걸 증명해 보여야 할 때는 '주님 안에 온전히' 머물러 있을 때만 그 일을 완수할 수 있겠지요. 사랑하는 나의 어머니, 하나님이 어머니와 동행하시고 축복해주시기를 기도합니다. 그와 같은 은혜를 주셔서 예수님의 존귀함을 깨닫게 하시고, 심지어 '그분의 고난에 동참하는' 경우에도 오직 '그분을 아는 것'만을 바라는 어머니가 되시기를 기도합니다."

그리고 여동생 아멜리아에게도 이렇게 편지했다.

"사랑하는 아멜리아, 나를 위해 기도해주겠니? 학수고대했던 시간이지만 다른 한편으로 마음이 무겁기도 하구나. 하나님이 나와 동행하셔서 내 모든 필요를 채워주시도록 나를 위하여 기도해다오. 우리가 자신의 모습, 곧 우리의 사랑이 얼마나 작은지, 우리의 섬김이 얼마나 초라한지, 완전을 향한 우리의 진보가 얼마나 시시한지를 생각할 때 믿음의 주요, 온전하게 하시는 주님을 바라볼 수밖에 없단다. '그가 사랑하시는 자'(엡 1:6) 안에서 영접되고, '우리에게 지혜와 의로움과 거룩함과 구원함'(고전 1:30)이 되신 주님이 우리를 받아주신 것만을 생각하고, '죄와 더러움을 씻는 샘'(슥 13:1)에 몸을 던져 우리 영혼을 새롭게 하는 것만이 주 안에서 새 힘을 얻는 길이지. 오, 그리스도의 충만하심이여! 그리스도의 충분하심이여!"

1854년, 5개월 동안의 위험한 항해 끝에 마침내 허드슨 테일러는 처음으로 중국 해안지역에 도착했다. 이때 중국은 복음 전도자에게 오늘날(1930년대)보다 훨씬 더 많은 문제를 안고 있었다. 상하이를 비롯하여 조약에 따라 개항한 다른 4개의 항구도시에서만 외국인이 거주할 수 있었으며, 해안에서 멀리 떨어진 내륙 지방에는 개신교 선교사가 단 한 명도 존재하지 않았다. 태평천국의 난이 점차 격화되고 있었으며, 서서히 초창기의 성격을 잃어버리기 시작했다. 그 후로 11년 동안 타락한 정치운동으로 변질되어 이루 다 말할 수 없는 온갖 유혈사태와 고통으로 온 나라가 신음했다. 허드슨 테일러는 난징으로 들어가 내륙 산간지방에까지 복음을 전하고 싶었으나, 심지어 상하이에서도 발판을 마련하는 데 굉장한 어려움을 겪고 있었다. 순회 설교를 통한 전도 여행조차 굉장히 커다란 위험을 무릅쓰고서야 겨우 시도할 수 있었다.

여러 해가 지난 후 많은 선교사의 안내를 책임지게 되었을 때 초창기에 겪었던 그런 시련이 모두 필요했다는 사실을 알 수 있었다. 허드슨 테일러는 중국에서 새로운 길을 개척하고 있었다. 그 누구도 거의 상상할 수조차 없었던 수많은 사람이 따라가게 될 길이었다. 그러므로 혼자서 모든 무거운 짐을 짊어져야 했으며 모든 시련을 실제로 부딪쳐서 경험할 수밖에 없었다. 철이 철을 강하게 단련시키듯이 허드슨 테일러의 마음은 더 많은 사랑과 고난을 통하여 다른 사람들보다 훨씬 더 강해지고 끈기 있게 되었다. 어린아이 같은 순전한 믿음의 삶을 살면서 수많은 사람을 격려해야 했던 허드슨 테일러는 하나님 아버지의 사랑하는 돌보심에 관하여 여전히 더 깊은 교훈을 배워야 했음이 틀림없다. 너무나 많은 어려움이 허드슨 테일러 주변으로 몰려들었다. 특히 선교사생활 초창기에 겪었던 어려움에 관한 인상이 매우 깊고 오래 지속되었는데, 수많은 사람을 구원하면서 따라오는 온갖 어려움은 오히려 일평생의 축복으로 자리 잡게 되었다.

가장 먼저, 상하이는 전쟁의 소용돌이에 휘말려 있었다. '홍건적'이라는 반란 세력이 외국인 정착지에서 가까운 현지인 구역을 점령하고 있었으며, 4~5만 명에 이르는 정부군이 그 둘레를 포위하고 있었다. 거의 항상 전투가 벌어지고 있었으며, 외국 민병대가 외국인 정착지를 지키기 위해 자주 소집되어야 했다. 물가는 치솟았고, 상하이는 현지인 구역, 외국인 정착지 할 것 없이 너무나 많은 사람으로 붐빈 탓에 아무리 많은 돈을 얹어주더라도 숙박시설을 거의 구할 수

없는 형편이었다. 런던선교회의 록하트(Lockhart) 박사가 당분간이
라도 받아들일 수 없었다면 상하이에 새롭게 도착한 허드슨 테일러
는 아주 곤란한 상황에 처했을지도 몰랐다. 비록 우여곡절 끝에 머물
곳이 생기기는 했지만 창문 밖에서는 치열한 싸움이 계속되고 있었
기에 어디를 가든지 이전에는 전혀 꿈도 꾸지 못했던 비참한 광경을
끊임없이 목격할 수밖에 없었다.

게다가 허드슨 테일러가 처음 상하이에 도착했을 때는 한겨울이
라 날씨가 끔찍할 정도로 추웠으며, 석탄이 1톤에 50달러에 팔리고
있었기에 집안을 데우기 위한 난방은 엄두조차 낼 형편이 아니었다.
평소에도 사치스러운 생활을 가까이하지 않았기에 어디에든 피난처
를 마련했다는 사실에 감사하기는 했지만, 살을 에는 듯한 냉기와 습
기가 끊임없이 스며들었다. 도저히 참아내기 어려운 지경이었다. 테
일러가 상하이에 도착한 직후에 기록한 내용을 보자.

"내 처지는 대단히 곤궁하다. 록하트 박사가 당분간 자신과 함께
머물도록 배려해주었지만 모든 집이 단순히 피난처일 뿐 사랑의
보금자리이거나 부의 수단이 아니었다. 그렇기에 누구든지 궁색
한 처지였다. 이 도시에는 아무도 편안히 살 수 없다. 내가 이 글
을 쓰고 있는 동안에도 싸움이 계속되고 있는 까닭에 이 순간에
도 내가 있는 집이 커다란 대포 소리에 심하게 흔들리고 있다.
더욱이 날씨가 몹시 추워서 감히 글을 쓰겠다는 생각을 못하거나
실제로 손으로 펜을 쉽게 잡을 수 없을 정도이다. 아마 내가 얼마
나 당혹스러워하고 있는지를 피어스(Pearse. 버드와 함께 중국복음선교

회의 책임자였다 – 편집자 주) 선교사에게 보낸 편지를 보면 알 수 있을 것이다. 내가 보낸 편지는 그로부터 4개월이 지난 뒤에야 비로소 답장을 받을 수 있었다. 열린 마음으로 나를 반갑고 따뜻하게 맞이해준 다른 선교사들의 친절함에도 이런 모든 열악한 환경 때문에 오히려 내가 성가신 존재이지나 않을까 염려가 든다. 그러나 예수님이 나를 올바로 인도해주실 것이다. 나는 그 어느 때보다도 더 많이 중국 사람들을 사랑하고 있다. 오, 중국 사람들에게 유용한 존재가 되어야 할 텐데!"

중국에서 맞이한 첫 번째 주일에 관하여 허드슨 테일러는 이렇게 기록했다.

"나는 런던선교회에서 열린 두 번의 예배에 참석하였으며, 오후에는 와일리(Wylie) 선교사와 함께 현지인 구역으로 들어가 보았다. 지금까지 포위된 상태에 있는 도시를 본 적이 없는 사람이라면 참 다행스러운 일이다. 그렇게 할 수 있도록 하나님이 아무에게나 허락하지 않으실 것이다! 아이고, 맙소사! 우리 두 사람은 성곽 둘레에서 약간 떨어진 곳을 걸어 다녔는데, 그 주변으로 줄줄이 늘어선 집들이 참혹하게 파괴된 모습을 지켜보는 것은 참으로 황망한 일이었다. 불에 타서 무너지고, 바람에 날려서 무너지고, 산산조각으로 박살 난 모습 등 거기에는 온갖 모양으로 파괴된 집들이 처량하게 늘어서 있었다! 한때 그곳에서 살았던 사람들의 곤궁한 상태는 더 말할 나위가 없다. 이처럼 혹독하게 추운 날씨에도 보금자리에서 쫓겨나와 길거리를 방황하고 있는 형편이다. 이들의 처지는 생각만 해도 끔찍할 정도이다.

우리가 북문에 다다랐을 즈음, 도성 외곽에서는 사람들 사이에 맹렬한 싸움이 벌어지고 있었다. 한 사람은 사망한 채로 실려 나가고 있었고, 다른 사람은 가슴에 총탄을 맞았으며, 또 다른 사람은 언뜻 살펴보니 팔에 끔찍한 부상을 당한 것처럼 보였다. 총알이 정확히 팔에 맞아 뼈를 뚫고 지나갔다. 좀 더 멀리 떨어진 곳에서는 몇몇 군인이 노획한 조그만 대포를 옮기는 중이었다. 그 뒤로는 행렬 끝에다 다섯 명의 가련한 포로들을 매달아 질질 끌고 오는 모습이 보였다. 이 가엾은 포로들은 서두르라며 채찍을 맞을 때마다 자기들을 구해달라는 눈빛으로 우리를 향해 애처롭게 바라보고 있었지만 슬프게도 우리는 아무것도 할 수 없었다! 그 포로들은 아마도 곧장 참수당할 처지에 놓였을 것이다. 이 모든 일을 생각만 해도 너무나 끔찍하여 소름이 끼친다.

이렇게 무참히 고통을 겪고 있는 이들을 위해서 아무것도 할 수 없다는 현실에 견딜 수 없을 만큼 참담한 심정이었다. 그러나 이 일로 가장 커다란 고통을 느끼실 주님을 생각하면서, 주님이 주시는 위로하심으로 말미암아 그나마 조금이라도 마음을 달랠 수 있었다.

한창 전쟁이 벌어지고 있는 와중에 고국으로부터 멀리 떨어져 있다는 것과 다른 사람들을 이해할 수 없거나 다른 사람들에게 이해받을 수 없다는 것이 어떤 의미인지를 충분히 깨닫게 되었다. 처참하고 불쌍한 사람들의 모습, 그리고 내가 사람들을 전혀 도와주지 못하거나 심지어 사람들에게 예수님을 전혀 증거하지 못하고 있다는 사실은 나를 너무나 괴롭게 했다. 사탄이 나에게 홍수처럼 밀려들었지만 사탄에 맞서 깃발을 높이 들어 올리시는 주님이 계셨다. 예수님이 여기 계시며, 비록 대부분의 사람에게는 알려지지 않았고 오히려 버림받기도 하셨지만, 그분은 자기 백성에게 친히 임재해 계시며 스스로 존귀하신 분이다."

개인적인 시련도 적지 않았다. 허드슨 테일러는 난생처음으로 재정적인 책임을 감당할 수 없는 형편에 처하게 되었다. 고국에서는 자발적으로 거의 아무것도 없는 상태로 살아가면서 자기 분수에 맞게 생활하려고 애썼지만, 이제는 수입이 지출을 감당할 수 없는 처지가 되었다. 자기보다 서너 배의 급료를 받는 다른 사람들과 함께 세 들어 살다 보니 자신의 제한된 재원이 놀라운 속도로 줄어들었다. 영국에 있을 때 해외 선교 단체들을 위한 모금 역할을 담당했으므로, 자기가 지금 쓰고 있는 돈이 가난한 사람들로부터 얼마나 힘들게 모은 돈인지를 잘 알고 있었다. 이처럼 허드슨 테일러에게 선교기금이란 거룩한 신탁이었으며, 이것을 마음대로 자유롭게 사용한다는 것은 도저히 용납할 수 없는 일이었다.

그래서 중국복음선교회에 여러 번 편지를 썼지만 만족할 만한 답변을 받지 못했다. 적절한 지침을 받기 위해 여러 달을 기다렸지만 가장 시급한 경제문제에 대해서도 아무런 답변을 듣지 못하는 경우가 잦았다. 런던에 위치한 선교위원회는 중국이라는 선교 현장과는 너무나 멀리 떨어져 있었을 뿐만 아니라 허드슨 테일러의 처지를 거의 이해할 수도 없었다. 대부분 굉장히 분주한 사람들인데다 자기가 맡은 일에만 몰두하고 있어서, 아무리 하나님의 일을 진전시키기 위한 선량한 뜻과 간절한 소망을 품고 있다 하더라도 지금까지 자신들이 경험한 것과는 전혀 다른 상황을 생생하게 떠올리기란 거의 불가능했을 것이다. 허드슨 테일러는 그 사람들에게 여러 가지 현지 상황을 분명하게 설명하려고 최선을 다했지만 별 효과 없이 그냥 여러 달이 흘러가면서 점점 더 불확실한 상태와 재정적 궁핍에 빠져들게 되었다.

이전에는 대략 금화 50센트짜리의 가치를 보였던 상하이 달러가 약 두 배나 뛰어올랐으며, 계속해서 더 높은 상승세를 보이고 있었지만 오히려 구매력은 점점 떨어지게 되었다. 이런 상황에서 꼭 필요한 생활필수품을 구입하는 데만도 어쩔 수 없이 자기 봉급을 훨씬 넘어서는 형편이었다. 그래서 비상시에 대비하여 발급된 신용장을 사용하려 했지만 자신이 요청한 청구서가 제대로 지불될 것인지조차 전혀 확신할 수 없었다. 어떤 사람이 재정문제로 너무 신경을 쓰는 것은 아주 고통스러운 상황이라서 허드슨 테일러도 어쩔 수 없이 수많은 밤을 뜬눈으로 지새워야 했다.

그런데 이번에는 한여름의 뜨거운 열기를 더하는 당혹스러운 사건이 발생했다. 자기를 파송한 중국복음선교회에서 직접 들은 게 아니라 간접적으로, 동료로 일하게 될 스코틀랜드 출신 의사가 이미 영국에서 아내와 아이들을 데리고 중국으로 출항했다는 이야기를 들었다. 물론 이 가족에게 숙소를 제공하는 문제에 관해서 허드슨 테일러는 아무런 지침이나 경비를 전달받지 못했다. 그러나 이 문제에 관하여 아무런 조치도 취하지 않는다면 수 주일 후에 도착할 이 가족은 머물 집도 없는 신세로 내팽개쳐질지도 모른다는 사실을 깨닫게 되었다.

그러한 비용에 대해 지출 승인을 받지도 못한 상태에서 어떤 형태로든 다섯 명이 머물 수 있는 곳을 찾아서 임대해야 했는데, 그건 굉장히 어려운 일이었음이 곧바로 밝혀졌다. 당시에 매우 긴요한 교통수단이던 가마를 살 형편이 되지 않아서 허드슨 테일러는 찌는 듯한 8월의 무더위를 무릅쓰고 현지인 구역과 외국인 정착지를 두루 돌아다니며 집들을 샅샅이 찾아다녔다. 상하이에 사는 친구들은 땅을 구입해서 집을 짓는 것이 유일한 방법이라고 말해주었다. 그러나 어떻게 그 사람들에게 실상을 솔직히 털어놓거나 돈이 없다고 드러내놓고 말할 수 있겠는가? 테일러가 대표하고 있는 중국복음선교회의 운영에 관하여 그 지역사회에서는 벌써 비판 여론이 비등해 있었다. 그래서 자신이 겪고 있는 여러 가지 어려운 문제에 관한 이야기는 가능한 한 입 밖으로 내지 않고 있었다. 오직 주님께만 모든 짐을 벗어 던지려고 몸부림치고 있었다. 이런 상황을 허드슨 테일러는 이렇게 기록했다.

"사랑하는 분을 진정으로 신뢰하는 사람은 언제나 '내가 사망의 음침한 골짜기로 다닐지라도 해를 두려워하지 않을 것은 주께서 나와 함께 하심이라. 주의 지팡이와 막대기가 나를 안위하시나이다'(시 23:4)라고 말할 수 있다. 그러나 마치 베드로처럼 나는 신뢰해야 할 주님에게서 쉽사리 눈을 돌려 바람과 파도를 바라보는 경향이 있다. 오, 나는 더 많은 믿음과 신뢰가 필요한 존재이다! 그러므로 말씀을 읽고 약속을 묵상하는 일이 최근 나에게 점점 더 소중해졌다. 처음에는 중국어를 하루속히 배울 요량으로 지나칠 정도로, 그리고 영혼의 감각이 무디어지질 정도로 영적인 부분을 게을리했다. 그러나 이제는 '모든 지각에 뛰어난 하나님의 평강'(빌 4:7) 안에서 주님의 얼굴을 뵐 수 있게 되었다."

그리고 여동생 아멜리아에게도 이렇게 편지했다.

"집을 구하는 문제 때문에 머리가 아플 정도로 복잡하기는 하지만, 그래봤자 아무런 소용도 없었지. 그래서 나는 오히려 기도하기로 작정하고 전적으로 주님의 손에 맡겨드리기로 했단다. 이제는 그 문제에 관해서 마음이 아주 평안하단다. 주님이 친히 이 문제뿐만 아니라 다른 모든 당혹스러운 문제를 해결하실 것이며, 나를 인도하시는 안내자가 되어주실 거야."

이 편지를 쓴 지 단 이틀 후, 허드슨 테일러는 임대할 수 있는 부동산이 나왔다는 소식을 들었으며, 이제 곧 도착할 것으로 예상되는 동료 가족이 충분히 머물 수 있는 커다란 집을 준비할 수 있게 되었다. 이것은 너무나 좋은 소식이라 거의 믿기지 않을 정도였다. 방이 위층에 다섯 개, 아래층에 일곱 개가 있었으니 사실상 굉장히 큰 저택이었다. 물론 나무로 지은 낡고 보잘것없는 중국식 건축물이었지만 중국인이 사는 현지인 구역의 북문 근처에 있어서 안성맞춤이었다. 중국에 도착한 지 6개월 만에 비로소 허드슨 테일러는 이곳에 정착하게 되었다.

그러나 온통 전쟁 상황이라 매우 위험했다. 기존의 중국어 개인 교사조차도 불안을 느낀 나머지 가르치러 오는 일을 아예 중단했다. 그래서 지방 사투리를 배우도록 도와줄 만한 상하이 그리스도인인 선생님과 새로운 관계를 맺게 되었다.

비록 중국인만 사는 곳이었지만 자기 집에 혼자 살면서 새로 맞이한 개인 교사의 도움으로 날마다 모임을 인도하게 되었다. 그와 더불어 상당히 많은 진료를 감당할 수 있어서 매우 즐거운 생활이었다. 그러나 그 집이 위치한 곳은 생각했던 것보다 훨씬 더 위험했다. 그곳은 외국인 정착지라는 보호구역에서 상당히 멀리 떨어진 지역이었으며, 빈번히 북문을 겨냥하는 정부군 포대의 사정거리 내에 있었기 때문이다. 그제야 이 집이 오랫동안 비어 있었던 이유를 제대로 깨닫게 되었다. 거의 3개월 동안 사태가 호전되기를 학수고대하고 있었다. 그러나 이 당시의 상황은 점점 더 절망적으로 변했다. 급기야 수도 없이 생명이 위험에 처하게 되었으며 날마다 극도로 잔학한 광경을 목격할 수밖에 없었다. 마침내 사람들은 외국인인 허드슨 테일러를 쫓아내려는 목적으로 이웃집에 불을 질렀다. 그래서 다시 런던선교회로 돌아가는 수밖에 다른 대안이 없었다. 아직 파커 가족이 도착하기 전이었다.

그러나 파커 가족이 도착하기 직전에 온 가족이 머물 수 있을 만한 괜찮은 숙소를 찾아냈다. 록하트 박사의 집에서 가까운 곳에 런던선교회 소유지에 있는 조그만 주택이 있었는데, 여기에는 중국에서 허드슨 테일러와 가장 친한 친구였던 선교사가 살고 있었다. 가끔 허드슨 테일러는 이 가족과 함께 난롯가에 앉아 이야기를 나누며 젊은 영국인 선교사 부부의 행복을 맛보게 되었다. 그러나 첫 번째 아이가 태어났을 때 불행히도 남편은 아내를 잃게 되었으며, 이 선교사는 엄마 없는 아이를 데리고 동료 사역자들의 도움을 받을 수 있는 곳으로 떠나게 되었다. 이 친구 선교사에 대한 측은한 마음 때문에 허드슨 테일러는 중국에서 처음으로 너무나 풍성한 추억이 서려 있던 집을 떠나야만 하는 자신의 상황을 돌볼 겨를이 없었다.

그런데 허드슨 테일러가 북문 가까운 곳의 위험한 지역을 떠나기 얼마 전에 이 버든 목사(J. S. Burdon, 홍콩 주교 이후에 거의 50년 가까이 헌신적이고 성공적으로 중국에서 선교사로 활약했던 교회선교회의 목사 – 편집자 주) 가족의 주택이 셋집으로 나왔다. 파커 가족의 도착일은 하루하루 다가오고 있었으며, 허드슨 테일러는 비록 자기 수중에 겨우 3달러밖에 남아 있지 않았지만 바다에서 항해 중에 태어난 아기를 포함하여 새로운 동료 가족을 제시간에 제대로 맞이하기 위하여 모든 책임을 다하겠다는 마음으로 그 집을 안전하게 확보해 두었다.

경제적으로 어려운 상황임을 감안하여 그 집의 절반을 곤란한 처지에 있는 다른 선교사 가정에 다시 빌려주었다. 그로 말미암아 파커 가족과 허드슨 테일러를 포함한 6명에게는 방이 단지 3개밖에 남지 않았다. 비록 방이 3개라 하더라도 방에 적절히 가구를 들여놓을 만한 형편이 못되었다. 자기 짐도 거의 없어서 6명을 위한 살림살이는 굉장히 빈약하고 볼품없어 보였다. 그러나 이건 단지 온갖 문제의 시작에 지나지 않았다. 파커 박사 역시 배를 타고 오래 항해한 이후라서 수중에 단 몇 달러밖에 없었으며, 중국복음선교회에서 보낸 신용장에 의존하고 있었는데, 그마저도 어찌 된 영문인지 제대로 도착하지 않고 있었다. 그 신용장은 파커 가족이 영국을 떠나기 전에 마땅히 발송되어야 했지만 여러 달이 지났는데도 그에 관한 아무런 언급이나 설명이 없었다. 혹독한 겨울을 맞이하리라는 사실에 대해서도 아무런 지침을 받지 못했기 때문에 파커 가족은 따뜻한 옷가지와 침구류가 절실히 필요했다. 여러 달 동안 그토록 견디기 힘든 나날들을 도대체 어떻게 지냈는지는 쉽게 이해하기가 어려울 정도이다. 이러한 외국인 정착민 사회의 시선도 의식하지 않을 수 없었다.

그러나 파커 부부는 말없이 차분히 견뎌냈다. 상하이 병원에서 좋은 조건을 제시하면서 의사로 와달라는 유혹도 있었지만 선교사 본연의 임무를 망각하지 않았다. 파커 박사는 현지인 구역과 주변 마을에 복음을 전하기 위하여 젊은 동료인 허드슨 테일러와 함께 정기적으로 나갔으며, 집에 머물러 있을 때는 혼잡한 집안에서도 끊임없이 공부에 몰두했다. 이와 같은 생활을 통해 허드슨 테일러는 누군가를 돌보아야 하는 위치에 있을 때 어떻게 대인관계를 풀어나가야 하는지에 관해 많은 교훈을 배웠다.

런던에 있는 중국복음선교회 사람들 가운데 상당수가 중국에 와 있는 선교사들의 사랑하는 친구들이다. 토트넘을 비롯한 여러 다른 곳에서 영적인 문제와 관련하여 그 사람들과 나눈 친밀한 교제는 결코 잊을 수 없었으며, 심지어 그 사람들이 굉장히 심각한 어떤 실수를 저질렀다고 느꼈을 때조차도 테일러는 그들을 위하여 기도하였고, 그 사람들이 기도와 하나님의 말씀을 더욱 사랑하는 분위기를 만

들어가기를 몹시 갈망했다. 그러나 어쩐 일인지 마음처럼 되지 않았는데, 테일러는 이와 같은 문제의 근본적인 이유를 알고 싶었다. 그것이 바로 영적인 부분뿐만 아니라 실제적인 부분에서 이 젊은 선교사가 앞으로 다가오는 장래에 지도력을 발휘하기 위하여 집중적으로 훈련해야 할 영역이었기 때문이다. 그래야 오래전에 요셉이 그랬던 것처럼 강인함이 그 영혼 속으로 스며들어 인내와 끈기로 다른 많은 사람에게 마음의 평안함이 샘솟도록 도와줄 수 있었기 때문이다. 이러한 상황에서 테일러는 친밀하게 자주 편지를 주고받은 여동생에게 이렇게 편지했다.

"넌 나에게 그 많은 문제를 어떻게 이겨내는지 묻는데, 이것이 바로 그 비결이란다. 그 모든 문제를 주님께로 가져가는 거지. 지난번에 편지를 쓴 이후로 나는 저녁마다 성경을 조금씩 읽고 있는데, 시편 72편에서 74편까지란다. 이 시편을 읽어보렴. 그리고 얼마나 적용할 게 많은지 한번 살펴보려무나. 왜 그런지 잘 모르겠지만 난 요즘 기쁨과 감사의 눈물 없이는 도저히 성경을 읽을 수가 없구나. 중국에 도착한 이래 지금까지의 생활을 돌이켜 보건대 다른 어떤 환경에 있을 때보다 훨씬 더 많은 믿음의 훈련과 성장이 있었다는 사실을 깨닫게 된단다. 비록 그것이 아주 고통스러웠으며 내가 원하는 것과는 상당히 많이 달랐음에도 오직 하나님의 지혜와 사랑을 훨씬 더 절대적으로 의지할 수 있게 되었단다!"

우정과 우정 너머

형제의 짐을 모두 짊어지고 낮아지신 사랑의 주님,
어떻게 주님은 하늘에 오르셔서 모든 슬픔을 날려버리셨는지요!
아무런 응답이나 보상을 구하지 않으시는 사랑의 주님,
어떻게 주님은 자기보다 더 달콤한 눈길을 만나실 수 있는지요!

중국에 도착한 후 처음 2년 동안 허드슨 테일러는 무엇보다도 열과 성을 다하여 복음 전도사역에 헌신했다. 중국어 공부와 더불어 한창 전쟁 중이던 상황과 여러 가지 많은 시련 때문에 허드슨 테일러가 그 당시 내륙 지방으로 순회 설교를 거의 다닐 수 없었을 것으로 생각할지도 모른다. 그러나 이 시기에도 10여 번 이상이나 복음 전도 여행을 다녀왔는데, 그 모든 여행이 상당히 놀라운 용기와 인내를 보여준 것이었다.

상하이의 북쪽, 남쪽, 그리고 서쪽 지역은 인구가 밀집된 도시가 끝없이 펼쳐져 있었는데, 대운하로 이어지는 수로를 통해 얼마든지 접근할 수 있었기 때문이다. 중국식 돛단배가 상당히 오가고 있었는데, 이 배가 낮에는 중요한 교통수단일 뿐만 아니라 밤에는 일종의 숙소를 제공해주었다. 그래서 여행객들은 굳이 중국 여관에 의존하지 않아도 되었다. 식사로는 간단한 요리가 뱃사공 가족과 손님들에게 제공되었으며, 함께 탄 손님들이 내놓는 음식으로 보충하기도 했다. 잠자리는 단지 평평한 나무판자일 뿐이며, 자그만 객실 창문은 흔히 배 밑바닥과 같은 높이에 달려 있었다. 누구든 잠자리에서 눕거나 일어나 앉을 수는 있었지만 그 안에서 똑바로 일어서기란 불가능했다. 불편한 점이 굉장히 많았지만 사람들은 이 돛단배를 이용하여 도시에서 도시로, 도성에서 도성으로 접근할 수 있었으며, 이 배가 천천히 지나갈 때마다 곳곳에서 마을이 시야에 들어왔다.

오래전에 우리 주님이 그러셨던 것처럼 허드슨 테일러를 이끌어 주었던 것도 바로 이런 점이었다. 주님과 동일한 '당위성'이 허드슨의 마음을 사로잡고 있었다. "나는 나를 보내신 분의 일을 하여야 하리라"(요 9:4 참조). "나는 다른 도시에도 하나님의 나라를 전파해야 한다"(눅 9:60 참조). "다른 양들이 내게 있어 내가 인도하여야 할 터이니"(요 10:16). 상하이의 대로변과 골목길을 다니는 것만으로는 충분하지 않았다. 다른 사람들도 이미 그 정도는 하고 있었다. 허드슨 테일러의 마음은 그 너머에 있는 사람들에 대한 책임감을 크게 느끼고 있었다. 곧 구원받을 수 있는 길에 관하여 전혀 들어보지 못 한 사람들, 그리스도로 충만한 전령사들이 복음을 전해주지 않는다면 절대로 진리를 들을 수 없는 사람들에 대한 책임감 말이다. 그러므로 이 마음은 아무것도 가로막지 못했다. 추운 겨울이나 뜨거운 여름도, 전쟁처럼 아무리 위험한 상황이라도, 언제든지 유럽 사람들의 생명을 위험에 빠뜨릴 수 있거나 상하이로 돌아오지 못하도록 방해할 수 있는 어떤 환경도 허드슨 테일러를 주저앉히지 못했다.

한 번의 전도 여행이 마무리되자마자 또 다른 전도 여행을 떠나기 위한 준비에 착수했다. 집중적으로 중국어 공부에 몰두한 덕택에 얼마 지나지 않아 지방 사투리뿐만 아니라 중국 표준어인 만다린어를 이해할 수 있을 만큼 의사소통이 가능해졌다. 그로부터 연이어 계속되는 순회 설교를 강행하여 15개월 동안 이러한 전도 여행이 10번이나 이루어졌다. 파커 박사가 도착하기 전에도 상하이에서 20km 내외의 지역으로 짤막한 전도 여행이 상당히 여러 차례 시도되었다.

파커 박사가 도착한 이후에 첫 3개월 동안 두 사람은 함께 1,800권의 신약성경과 복음서 일부를 나눠주었으며, 2,000권 이상의 책자와 전도지를 나눠주었다. 글을 읽을 수 있는 사람들에게 상당히 주의를 기울이면서 이런 책자들을 나눠주었다. 대다수가 문맹이었는데, 그건 상당히 많은 땅을 밟아야 한다는 뜻인 동시에 날마다 끊임없이 달라지는 사람들을 대상으로 책에 들어 있는 메시지를 지속적으로 설명해야 한다는 뜻이었다. 그 이후로 겨울이 시작되면서 영하의 날씨에도 불구하고 1월부터 3월까지 네 번의 전도 여행이 시도되었으며, 7월을 제외한 4월에서 9월까지 계속 전도 여행이 이어졌다. 온종일 군중 사이에서 지내다가 밤이 가까워서야 돛단배에 오르는 까닭에 대낮의 고통스러운 무더위에서 거의 벗어날 수 없었다. 그러나 그 어떤 것도 이 젊은 전도자의 의지를 단념시키지 못했다.

이러한 전도 여행은 대단히 위험한 일이었으며, 아무런 동반자가 없을 때는 외로움을 달래기가 무척 어려웠다. 다른 외국인 선교사들과는 멀리 떨어진 채로 그다지 호의적이지 않은 중국인 사이를 다니면서 말없이 소신껏 일했다. 허드슨 테일러는 사람의 마음 문을 여는 데 가장 큰 효과를 나타내는 것이 무엇인지를 점차 깨달으면서 차분히 선교 사역을 수행했다. 그것은 그가 항상 가지고 다니는 의료기구였으며, 이 의료기구가 유일한 동반자이자 조력자였다.

한편 허드슨 테일러의 마음은 '그리스도 없이' 살다가 죽는 것이 얼마나 비참한 일인지를 훨씬 더 뼈저리게 인식하게 되었으며, 그러면서 그의 시야는 점점 더 넓어지고 있었다. 사찰들이 빼곡히 들어차 있는 언덕 꼭대기에서, 오래된 층탑 꼭대기에서 그 아래로 끝없이 펼쳐지는 수백만의 사람이 사는 풍경이 한눈에 들어오는 도시들, 성읍들, 마을들을 내려다보곤 하였다. 거기에는 '우리를 구원해주시는' 유일한 독생자의 이름을 한 번도 들어보지 못한 무수한 영혼이 살고 있었다. "다른 이로써는 구원을 받을 수 없나니 천하 사람 중에 구원을 받을 만한 다른 이름을 우리에게 주신 일이 없음이라 하였더라"(행 4:12). 허드슨 테일러의 가슴 속에서 비상한 각오가 꿈틀거리기 시작했다. 이 세상에서 살아가는 한 절대 사라지지 않을 마음의 부담이었다.

그 모든 와중에서 정부군과 반란군 사이의 내전은 치열하게 전개되고 있었다. 드디어 상하이가 정부군 손아귀로 넘어왔다. 이때 허드슨 테일러는 다른 나이 많은 선교사들과 함께 쑤저우 호반(蘇州 湖畔)으로 여행 중이었다. 상하이를 떠난 지 며칠 지나지 않아 이 일행은 상하이 쪽 언덕 꼭대기에서 거대한 화염이 솟아오르는 모습을 보았다. 상하이가 불바다로 변한 것이었다. 그렇다면 외국인 정착지에 남아 있는 가족들은 도대체 어떻게 되었단 말인가? 일행은 곧바로 발길을 돌려 상하이 쪽으로 향했다. 도중에 피신처를 찾아 도망치는 반란 세력을 수없이 목격했다. 이 외국인 선교사들에게 피신처를 찾아달라고 요구하는 자들도 있었다. 그렇다고 선교사들이 그에 대해 어떻게 할 수 있는 것도 아니었다. 그러다가 붙잡힌 반군들은 선교사들이 지켜보는 눈앞에서 곧바로 처형되었다. 선교사 일행은 점차 커지는 불안감에 어찌할 바를 몰랐다. 서둘러 상하이로 돌아오는 도중에 지금까지 일어났던 대재앙의 처참한 증거를 수없이 만났다. 그러나 다행히도 외국인 정착지는 떠날 때와 다름없이 무사한 그대로였다. 살육에 진저리가 난 정부군은 승리에 지나치게 도취한 나머지 외국인 정착지는 안중에도 없었다. 이 당시를 허드슨 테일러는 이렇게 기록했다.

"이제 상하이는 평온을 되찾았지만 그건 수많은 사람의 죽음으로 만들어낸 평화나 다름없다. 최소한 2,000명이 느닷없이 죽임을 당했으며, 일부 희생자들이 당한 고문은 아마도 중세 가톨릭의 종교재판소에서 이단을 심문할 때 저지른 최악의 잔학 행위를 능가했을 것이다. 상하이의 현지인 구역은 한마디로 잿더미였다. 폐허로 변한 건물들의 앙상한 모습은 정말 보기에도 애처로울 정도였다."

그럼에도 최악의 상황은 지나가고 고요가 찾아왔다. 허드슨 테일러와 동료들은 환자들을 돌보고 영혼을 돌보는 일에 전념했다. 한편 영국에 있는 중국복음선교회 본부에다 좀 더 안정적으로 사역할 수 있도록 건축자금을 지원해달라고 요청하고 답신을 기다리고 있었다. 선교사들은 좀 더 효과적으로 사역할 수 있기를 원했으며, 그래서 사려 깊게 생각하고 많이 기도하고서 치밀하게 세운 계획이었다. 그러나 선교사들의 미래가 달린 것처럼 보이는 답장은 너무나 더디게 오고 있었다.

그동안 한여름의 열기는 혼잡한 집안을 온통 짓누르고 있었다. 잠시 닝보(寧波)를 방문했을 때 파커 박사의 마음을 끄는 매력적인 제안이 들어왔다. 그 도시에서 사역하던 선교사들은 닝보에 병원이 필요하다고 느꼈기 때문에 파커 박사가 이 일을 감당하면 좋겠다는 뜻을 밝히면서 진정으로 환영하고 초대했던 것이다. 그에 관해 이 선교사들은 온 힘을 다하여 지원하겠다는 언질을 주었다. 아직도 중국복음선교회의 회신을 기다리는 처지였으며, 허드슨 테일러와 파커 박사는 그동안 사용하던 집을 비워달라는 통보를 받기도 했다. 그래서 함께 세 들어 살던 다른 선교사도 자기네 선교본부로 옮겨갔다. 그러나 허드슨 테일러와 파커 가족은 마땅히 건물을 지을 만한 땅도 없었으며, 외국인 정착지나 중국인 도시에서도 임대할 만한 장소를 찾아낼 수 없었다. 허드슨 테일러에게는 오직 한 길만이 열려 있는 것처럼 보였다.

엎친 데 덮친 격으로 오랫동안 기다리던 답신이 왔으나 그다지 호의적이지 않아서 더욱 그랬다. 중국복음선교회는 해안지역에다 건물을 지을 만한 자금이 없다는 것이었다. 대신 자기네 선교사들에게 내륙으로 들어가라고 요구했다. 그러나 내륙 지방으로 들어간다 하더라도 그때까지 살아야 할 곳이 문제였다. 이러한 상황에서 파커 부부는 닝보로 가기로 결정하였으며, 동료인 테일러도 어찌할 바를 확실히 모르는 가운데 그곳을 떠나야 했다. 친구도 떠나고, 보금자리도 없어지고, 심지어 현지인 구역에서도 머물 만한 곳을 찾을 수 없었다면, 도대체 어떻게 허드슨 테일러가 상하이에 혼자 남아서 계속 자기 사역을 지속할 수 있었겠는가?

한동안 굉장히 당혹스러웠지만 점차 이처럼 매우 곤궁한 처지에서 벗어나 새로운 생각이 떠오르기 시작하였다. 허드슨 테일러는 어떤 장소든지 활동 중심지로 임대할 수 있는 곳을 찾아보려고 애써보았지만 별다른 수확이 없었다. 새로운 인구의 급격한 유입은 그 어느 때보다 더 심각하게 상하이의 주택난을 부채질했다. 그러니까 해안에서 집을 구할 수 없다면 수많은 중국인처럼 배를 임대하여 수상에서 살지 못할 이유가 어디 있단 말인가? 그렇지 않아도 이미 중국옷을 입으려고 생각하던 차에 이 계획은 여러모로 잘 들어맞았을 것이며, 선교 사역을 수행하는 데에도 훨씬 더 나았을 것이다. 아니나 다를까 이 모든 것이 새롭게 열리기 시작했다. 허드슨 테일러는 파커 가족을 배웅하러 가는 길에 몇 안 되는 소지품을 닝보로 옮겨놓았으며, 다시 상하이로 돌아와서는 자기 생명을 바쳐야 할 중국 사람들과 완전히 동화하기로 작정했다.

그러나 이와 같은 조치는 생각처럼 그렇게 간단하지 않았다. 그 당시에 중국 사람들이 입는 옷을 그대로 입는다는 것은 윗머리를 빡빡 밀고 뒷머리를 길게 땋아내려야 한다는 뜻이었다. 어떤 선교사나 다른 외국인들도 그런 풍습을 순순히 그대로 따르지 않았다. 다만 이따금 특별한 경우에 여행을 다니기 위하여 보통 입는 서양 옷에 중국식 도포를 걸치는 경우는 있었지만 서양식 의복을 완전히 포기하고 중국옷으로 바꿔 입는 것은 전혀 다른 문제였다. 허드슨 테일러가 중국에 온 지도 벌써 일 년 반이나 지났다. 그동안 다른 외국인들과 많은 교제를 해왔는데, 외국인 사회에서 중국옷을 입고 다닌다는 것은 곧바로 매장된다는 의미임을 너무나 잘 알고 있었다. 그래서 한동안 갈등이 심했다. 그러나 좀 더 높은 차원에서 생각해볼 때 복음을 위해서는 중국옷을 입는 것이 훨씬 더 지혜로운 선택임을 확신하게 되었다.

허드슨 테일러가 중국에 온 것은 중국 사람들에게 복음을 전하기 위해서였다. 따라서 중국 사람들에게 스스럼없이 접근하는 것이 무엇보다 우선적인 목표였다. 허드슨 테일러는 최근 25일 동안 양쯔강 상류를 따라 올라가면서 300km 이상을 혼자 여행했다. 이와 같은 전도 여행에서 중국옷을 입고 다가가 보니 평소보다 훨씬 더 많은 일을 할 수 있다는 확신을 얻게 되었다. 그렇게 방문했던 58개 성읍과 도시 중에서 51개가 이전에는 한 번도 복음을 전하는 일꾼들이 찾아오지 않았던 곳이었다.

복음을 전하는 데 있어서 가장 커다란 장애물은 바로 이국적이고 괴상한 유럽식 복장이었다. 이전에는 한 번도 본 적이 없는 중국 사람들에게 그것은 굉장한 구경거리였기 때문이다. 단지 겉으로 드러나는 외모 때문에 복음의 메시지에 집중하지 못하고 계속 주의가 산만해졌으며, 그런 복장이 굉장히 우스꽝스럽고 품위 없어 보이기도 하였던 것이다. 다른 무엇보다 중국인의 관점에서 유럽식 복장이란 좀 더 점잖게 차려입어야 할 차림새처럼 보였다. 복음을 전하기 원하는 대상이 중국인이라면 해안지역에 있는 조그만 외국인 공동체의 인정을 받기 위하여 중국인을 희생하기보다는 오히려 중국인의 인정을 받아야 했던 것이다. 마침내 결정을 내렸다. 적절히 인도받기 위하여 많이 기도하고 하나님 말씀을 찾아보았다. 그리고 파커 가족이 닝보로 떠날 준비가 되었을 때 허드슨 테일러의 중국옷도 준비되었다. 이제 남은 것은 이발사의 손길에 따라 윗머리를 시원하게 깎고 뒷머리를 가지런히 땋아 내리는 것뿐이었다.

그날은 바야흐로 8월 어느 저녁이었다. 허드슨 테일러는 여행의 첫 단계로써 파커 가족을 실어 나를 중국식 돛단배를 구하기 위하여 강으로 내려갔다. 강으로 내려가는 도중에 낯선 중국인 한 명이 다가와 말을 걸었다. 놀랍게도 임대할 집을 구하고 있지 않은지를 물어왔다. 상하이의 중국인 마을에 조그만 집이 한 채 있다는 것이다. 그 집은 남문 가까이에 있고, 아직 건축이 완전히 끝난 게 아니라고 한다. 그런데 집주인이 집을 짓다 말고 돈이 부족하여 자금을 구하고 있다는 것이다. 혹시 마음에 든다면 보증금 없이 6개월분의 임대료만 선불로 지불하고 들어오라는 것이었다.

마치 꿈을 꾸기라도 하는 것처럼 허드슨 테일러는 그 사람의 안내를 따라 도시 남쪽 지역으로 갔다. 거기에 조그맣고 아담하면서 완전히 새롭게 단장하여 깔끔한 집이 한 채 있었다. 1층과 2층에 각각 방이 두 개였으며, 하인들을 위하여 안마당 건너편에 사랑채가 있었다. 허드슨 테일러에게 안성맞춤인 집이었으며, 그 집이 위치한 지역도 마음에 꼭 들었다. 바로 그날 밤에 당장 돈을 지불하고 그 집을 확보하게 되었다. 허드슨 테일러는 마치 꿈을 꾸듯 기뻤다. 다른 무엇보다 하나님은 지금까지 한 번도 실수를 저지르신 적이 없었다. 상하이에서 하나님의 일하심은 아직 끝나지 않았다. 이제 본격적으로 기도가 응답되고 있었으며, 허드슨 테일러가 오랫동안 갈망하고 기다려왔던 하나님의 인도하심이 드디어 허락되고 있었다.

그날 밤에 허드슨 테일러가 취한 조치는 앞으로 중국 내륙의 복음 전도에 너무나 엄청난 영향을 미치게 되었다. 먼저 이발소로 가서 윗머리를 깔끔하게 깎고, 뒷머리를 염색하여 길게 땋아 내린 모조 변발과 색깔을 맞췄다. 다음 날 아침에는 최선을 다하여 헐렁하고 익숙하지 않은 중국옷을 껴입고서 옷매무새를 다듬었다. 처음에 선비, 곧 양반 계층의 옷차림으로 단장한 자기 모습을 보자 웃음이 나왔다.

그 이후로는 모든 일이 전혀 새로운 방식으로 전개되었다. 닝보에서 상하이로 돌아오는 여행길에서는 아무도 외국인이라고 알아보지 못할 정도였다. 허드슨 테일러가 말씀을 전하고 책자를 나눠주고 환자들을 돌보기 시작하자 비로소 외국인임을 눈치채게 되었다. 이때부터 부녀자와 어린아이들이 훨씬 더 자유롭게 가까이 다가왔다. 예전에는 동물원 원숭이 대하듯 낄낄거리면서 웃었지만 이제는 군중도 소란을 덜 피웠으며, 더는 이상한 눈초리로 바라보지 않았다. 서양 사람들에게 부여되는 여러 가지 특권을 잃어버리기는 했으나 이렇게 변화된 외모가 허락하는 자유에 비교할 수 없었다. 이전과 달리 중국 사람들이 스스럼없이 허드슨 테일러를 자기네 안방에까지 초청했다. 또한 관심을 나타내는 구도자들과 조용히 왕래하는 기회를 얻을 수 있게 되었다. 이러한 유익을 비롯하여 다른 많은 혜택에 감사하는 마음으로 허드슨은 자신이 입었던 옷에 대하여 이렇게 언급하는 편지를 집으로 보냈다. "이 옷이 중국 내륙 지방 전도에 가장 커다란 도움을 준 조력자였어요."

이처럼 허드슨의 마음을 점점 더 강하게 사로잡은 것은 바로 '내륙'이었다. 남문에 자리 잡은 새로운 보금자리에서 보낸 몇 주간은 놀라운 영혼의 회복을 가져왔다. 그해 10월 초에 허드슨 테일러는 이렇게 기록했다.

"파커 박사가 닝보에 있지만 이제 난 전혀 외롭지 않다. 나는 이 전에 전혀 경험해보지 못했던 너무나 섬세한 하나님의 임재를 느끼고 있다. 너무나 많은 축복을 받고 있으며, 기도 응답을 받고 있다."

그러니까 남문 가까이 있는 이웃이 따뜻하게 환영해주고 그 주변 사람들에게 전도할 기회가 아무리 많았을지라도 허드슨 테일러는 저 너머에 있는 미전도 지역들, 곧 내륙 지방을 향하여 다시금 마음을 다잡고 있었다. 자신에게 중국어를 가르치던 그리스도인 선생에게 상하이에서 믿음에 관심을 보이는 친구들을 잘 보살펴달라고 부탁하였으며, 다른 선교사들도 상하이라는 거대한 중심지에서 그런대로 멋지게 사역을 수행하고 있었다. 그러므로 이곳은 그 사람들에게 맡기기로 했다. 허드슨 테일러는 오히려 언뜻 보기에 그다지 많은 열매를 맺지 못하는 실효성 없어 보이는 방법을 선택했다. 가능한 한 상하이에서 멀리 떨어진 시골 지역으로 나아가서 하나님 말씀이라는 씨앗을 뿌리겠다는 다짐이었다. 그것이 바로 주님의 가르침과 본보기를 따르는 것이라고 믿었다. 이 길을 따르지 않는다면 도대체 어떻게 그토록 멀리 떨어진 오지에서 살아가는 사람들이 복음을 접할 수 있단 말인가?

그로부터 여러 날 동안 이상하게 기쁨과 슬픔이 뒤섞인 나날을 보냈다. 왜냐하면 이와 같은 전도 여행에서 멋진 성과를 거두었지만 그 결과로 오히려 쫓겨나야만 하는 신세가 되었기 때문이다. 인구 1백만 명 이상인 충밍(崇明)이라는 커다란 섬이 허드슨 테일러의 최종 목적지였는데, 이곳에는 단 한 명의 개신교 선교사도 없었다. 그 전해에도 버든 선교사와 함께 충밍 섬을 방문한 적이 있었지만 이번에는 굉장히 반가운 영접이 허드슨 테일러를 기다리고 있었다. 처음 도착한 장소에서부터 사람들은 아예 허드슨 테일러를 놓아주지 않으려고 했다. 자신들과 똑같은 옷을 입었기 때문에 허드슨은 외국인처럼 보이지 않고 더욱 친숙한 모습이었던 것이다. 설교 못지않게 의약 상자 역시 사람들에게 인기를 끌었다.

그 지역이 습하기 때문에 허드슨 테일러에게 2층 방이 필요하다는 사실을 알았을 때 사람들은 이렇게 말했다. "다른 2층 방을 찾을 수 없으면 테일러 선교사님이 절에 가서 주무시도록 하자." 다행히 어떤 집에 다락방이 준비되어 있어서 그곳으로 갔다. 그래서 도착한지 3일 만에 허드슨 테일러는 '내륙지방'에 최초로 임시거처를 마련하게 되었던 것이다.

굉장히 놀라운 영접이었다. 허드슨 테일러가 전한 메시지에 대한 반응 역시 마찬가지였다. 이웃 사람들이 날마다 집회에 참석하였으며 방문객과 환자들의 물결이 끊일 줄 몰랐다. 이렇게 6주 동안 행복하게 사역하고 있을 때 그 지역 의료단체 쪽에서 약간 반발하기도 했지만, 한편으로 진지한 구도자의 수도 점차 많이 생겨났다. 이 사람들 가운데 한 명은 창이라는 이름을 가진 대장장이였으며, 또 다른 사람은 명망 높은 사업가였는데, 주님이 그 마음을 열어주셨다. 허드슨 테일러가 주님에게 인도한 첫 열매인 케이화라는 회심자, 그리고 또 다른 그리스도인 조력자가 함께 있었으므로, 테일러가 여러 가지 물품을 조달하러 상하이로 돌아와야 했을 때도 이 조력자 집단이 여전히 다른 구도자들을 훌륭하게 돌볼 수 있었다.

6주일 동안 기쁘게 사역하고 나자 전혀 예상치 못한 고통스러운 사건이 발생했다. 허드슨 테일러는 전혀 몰랐지만 충밍 섬의 의료인들 사이에 모종의 막후교섭이 진행되고 있었던 것이다. 몇몇 의사와 약사들이 서로 담합하여 세력 있는 정치인을 매수한 다음, 이 지역의 새로운 경쟁자인 허드슨 테일러를 제거해달라고 부탁했던 것이다. 그러나 사실상 허드슨 테일러는 자기 의료행위에 대해서 아무런 비용을 받지 않고 있었으므로 터무니없는 오해와 음해였던 것이다.

어쨌든 대영제국 영사관으로 출두하라는 소환장이 날아들었다. 모든 사람이 평화롭고 친절해 보였던 충밍섬에 그대로 남아 있도록 허락해달라고 간청하였으나 아무런 소용이 없었다. 담당 영사에 따르면 중국과 대영제국 사이의 조약은 오직 항구도시에 머무는 경우에만 유효하다는 것이었다. 만약 다른 지역에 정착하려고 시도할 경우에는 자칫 500달러의 벌금을 내야 할지도 모른다는 사실도 상기시켜주었다.

허드슨 테일러는 자기 집을 포기하고 모든 소지품을 상하이로 옮겨야 했으며, 앞으로 법을 어기지 않도록 주의를 기울여야 했다. 벌써 프랑스 출신 사제들은 충밍섬에 살고 있었으며, 이미 명문화된 추가 조약으로 보호받고 있다는 사실을 허드슨 테일러도 잘 알고 있었다. 이처럼 다른 외국인에게 허락된 면책특권은 대영제국에도 적용되어야 했던 것이다. 물론 더 높은 권위자에게 호소해볼 수도 있었지만, 한편으로는 담당 영사의 결정을 그냥 받아들일 수밖에 없었다.

그날 밤 비통한 심정을 담은 편지를 고국으로 보냈다. 창 씨와 성 씨를 비롯한 다른 여러 젊은 구도자들, 도대체 이 사람들은 어떻게 해야 한단 말인가? 그 사람들은 믿음 안에서 낳은 영적 자녀이지 않은가? 도대체 어떻게 아무런 도움도 받지 못하는 곳에다, 하나님에 관한 지식이 거의 없는 상태로 내버려 둔 채 그냥 떠날 수 있단 말인가? 그러나 주님은 그렇게 하도록 허락하셨다. 그 일은 이제 주님의 몫이었다. 주님은 그 사람들을 실망시키지도 버리지도 않으실 것이기 때문이다.

"우리 모임에서 선생님을 만날 수 없다고 생각하니 제 마음이 정말 슬픕니다." 이 사람들이 허드슨 테일러와 함께 모여 마지막 저녁 식사를 나누고 있을 때 대장장이 형제가 말했다.

"이제 형제 집에 모여서 계속 예배하세요." 친구인 테일러가 대답했다. "여전히 주일에는 가게 문을 닫고 하나님을 섬기세요. 제가 여기에 있든 없든 하나님은 항상 여러분과 함께 계시기 때문이지요. 형제를 위해 성경을 읽어줄 사람을 구하시고, 이웃을 불러 모아 복음을 들려주세요."

그러자 성 씨가 말했다. "저는 아무것도 몰라요. 아무리 성경을 읽어보아도 성경에 모르는 한자가 너무 많아요. 선생님이 우리를 떠나셔야 한다니 섭섭하기 그지없어요. 그러나 하나님이 선생님을 이곳까지 보내주셨다는 사실만으로도 감사해요. 한동안 너무나 무거웠던 저의 죄를 예수님께 모두 내려놓으니 예수님이 저에게 날마다 기쁨과 평안을 주십니다."

이 일로 당황하고 실망한 이 젊은 선교사는 모든 장래 일을 전적으로 하나님께 의지하는 수밖에 없었다. 이 무렵 허드슨 테일러는 부모에게 이렇게 편지를 보냈다.

"저를 위해서 기도해주세요! 꼭 저를 위해서 기도해주세요! 저에게는 더 많은 은혜가 필요합니다. 저는 지금 저에게 허락된 권리마저 포기하며 살고 있어요. 오! '나는 양을 위하여 목숨을 버리노라'(요 10:11,15)고 말씀하신 예수님처럼 저는 그걸 더 많이 느끼고 싶어요. 저는 이리가 가까이 다가올 때 양 떼를 버리고 도망치는 삯꾼 목자가 되고 싶지 않습니다. 그렇다고 평온하게 복음을 전할 수 있는데 경솔하게 위험 속으로 뛰어들지도 않을 거예요. 저는 주님의 뜻을 알기 원하고 그 뜻대로 행하기 위해 더 많은 은혜를 받기 원합니다. 비록 그로 말미암아 조국인 영국으로 추방당할지라도 말이에요. '지금 내 마음이 괴로우니 무슨 말을 하리요. 아버지여 나를 구원하여 이때를 면하게 하여주옵소서. 그러나 내가 이를 위하여 이때에 왔나이다. 아버지여 아버지의 이름을 영광스럽게 하옵소서'(요 12:27-28). 제가 단지 말로만이 아니라 행함과 진실함으로 그리스도를 따르는 자가 될 수 있도록 저를 위하여 기도해주세요."

이렇게 장래에 대한 깊은 고민에 빠져 있던 허드슨 테일러 앞에 한 번도 만나보지 못 한 사람이 나타났다. 그 사람도 허드슨 테일러와 같은 문제로 고민하고 있었다. 오히려 허드슨 테일러보다 하나님의 일에 관하여 훨씬 더 깊고 풍부한 경험이 있는 사람이었다. 그 사람도 중국 내륙 지역에서 죽어가는 수백만 명에 대한 부담을 가지고 있었다. 또한 순회 전도를 통해 무한한 가능성을 시험하고 있었으며, 그렇게 복음을 전하는 것과 관련하여 조금씩 문이 열리는 모습을 보면서 용기를 얻고 있었다. 그러나 난징(南京)에서 복음을 전하다가 쫓겨나서 오직 선상에서만 살아가도록 강요당하는 신세가 되었다. 그래서 배를 타고 천천히 해안으로 되돌아오고 있었던 것이다.

이 사람은 1839년 스코틀랜드와 캐나다 전역에서 일어난 강력한 부흥을 통하여 하나님이 너무나 두드러지게 사용하셨던 설교자이자 복음 전도인 윌리엄 번스(William Burns)였다. 번스는 바야흐로 상하이 가까이에 다다르고 있었는데, 가장 적절한 때에 허드슨 테일러와 만나게 되었다. 두 사람은 나이 차가 많았음에도 서로 같은 마음을 품고 있다는 사실을 깨닫는 데는 그다지 오래 걸리지 않았다. 얼마 지나지 않아 두 사람은 형제 의식을 갖게 되었다. 마치 바울과 디모데처럼 두 사람은 서로에게 이끌렸으며, 그토록 황량하고 추웠던 시절에 허드슨 테일러의 선교사 인생에서 방향을 설정하는 데 귀한 도움을 주었다. 이 만남은 훗날 허드슨 테일러가 펼쳐나가게 될 원대한 선교 사업의 중요한 밑거름이 되었다.

이제부터는 단 한 척이 아니라 두 척의 배가 상하이에서부터 내륙으로 인도하는 대운하를 따라 함께 여행하기 시작했다. 두 선교사는 다른 조력자들을 비롯하여 각각 한 명의 중국 선교사를 대동하고 있었으며, 날마다 선상에서 빠짐없이 드리는 예배에는 상당수 인원이 참석하고 있었다. 번스 선교사는 이번 전도 여행을 위해 확실한 계획을 세웠다. 허드슨 테일러도 거기에 흔쾌히 동의하고 따르기로 했다. 먼저 중요한 장소에 선교거점을 확보해 놓은 다음, 그곳에 2~3주 동안 머물면서 주변 지역으로 전도 여행을 다니는 것이었다. 이른 아침부터 날마다 이런 명확한 계획을 바탕으로 길을 떠났다. 때로는 함께 가기도 하고 때로는 따로 떨어져서 가기도 하면서 여러 다른 지역을 방문했다.

번스 선교사는 외국인들을 거의 만나본 적이 없는 변두리 지역에서 조용하게 시작하여 차츰 좀 더 혼잡한 도시중심지로 들어가면서 전도해 나아가야 한다고 믿고 있었다. 그래서 이 일행은 교외에서 말씀을 전파하는 데 며칠을 할당하고, 점차 사람들로 붐비는 거리와 시장으로 접근했다. 그리고 그다음으로는 절간, 서당, 찻집 따위를 찾아다녔으며, 최종적으로는 중요한 장소에 미리 정해 놓은 선교거점으로 다시 돌아왔다. 매번 집회를 열 때마다 언제 다시 그 자리에 모일지에 관해 공지함으로써 이 선교사들은 같은 얼굴을 자주 만나는 기쁨을 누릴 수 있었다. 그리고 관심 있게 듣는 사람들을 선상으로 초대해서 더 깊은 대화를 나누기도 했다.

시간이 지나면서 번스 선교사는 한 가지 사실을 발견하게 되었다. 비록 훨씬 더 젊고 경험도 적지만 허드슨 테일러의 이야기를 주의 깊게 경청하는 사람이 더 많았으며, 자신은 바깥에서 기다려달라는 요청을 받았음에도 허드슨 테일러는 심지어 개인 집으로 들어와 달라는 부탁을 받기도 하는 모습을 보았다. 떠들썩한 어중이떠중이 군중은 항상 서양 옷을 입은 설교자인 번스 선교사 주변으로 몰려드는 것처럼 보였지만, 아무런 방해를 받지 않고 조용히 이야기를 듣고 싶어 하는 사람들은 눈에 덜 띄는 허드슨 테일러를 따라다녔다. 그 결과로 번스 선교사는 1856년 1월 26일 편지에서 다음과 같은 결론을 내리게 되었다.

"이번의 마지막 전도 여행을 위해 상하이를 떠난 지가 벌써 41일째입니다. 젊고 탁월한 영국인 선교사이자 중국복음선교회에서 파송한 허드슨 테일러 선교사가 계속 저와 동행하였는데, 우리는 지금까지 상당히 많은 은총을 경험했으며, 어떤 경우에는 일을 진행하면서 서로 상당히 많은 도움을 받기도 하였습니다.

일전에 보낸 편지에서도 이미 언급했지만 다시 한번 이야기하고 싶습니다. 4주 전, 12월 29일에 지금 제가 입고 있는 중국옷을 어떻게 입게 되었는지에 관해서 말입니다. 허드슨 테일러 선교사는 이미 몇 달 전에 이와 같은 변화를 시도하였습니다. 그 결과로 말씀을 전하는 것을 비롯한 여러 가지 일에서 군중에게 훨씬 더 적은 불편을 끼친다는 점을 깨달아, 저도 허드슨 테일러 선교사의 본보기를 따라가는 것이 제가 해야 할 일이라는 결론을 내렸습니다.

한편 어떤 사람이 어느 특정한 장소에 자리를 잡는 것이 상당히 어려운 일일 수도 있지만 이 지역에는 우리가 땀 흘려 수고해야 할 굉장히 거대한 들판이 놓여 있습니다. 사람들이 주의를 기울여서 경청하기는 하지만 그들을 납득시키고 회심시키기 위해서 위로부터 내려오는 능력이 우리에게 필요합니다. 제 고향 킬사이스에 남아 있는 하나님의 사람 중에는 우리를 위해 기도해주는 영혼이 많겠지요? 또한 이와 같이 기도하는 영혼들을 찾아내려는 노력이 많이 있겠지요? 정말 간절한 기도가 절실히 필요합니다. 기도할 제목이 너무나 많습니다. 추수할 들판은 무르익었습니다. 그러나 추수할 일꾼은 너무나 적습니다. 혹 있더라도 제대로 준비되어 있지도 않을 뿐만 아니라 큰 은혜를 누리지도 못하고 있습니다. 그러나 하나님이 은혜를 주실 줄로 믿습니다. 몇 안 되는 연약한 도구들이지만 하나님이 놀랍게 사용하셔서 위대한 기적을 이루실 줄로 믿습니다. 그것은 우리가 상상하는 것보다 훨씬 더 위대하고 커다란 기적일 것입니다."

기도는 윌리엄 번스 선교사의 생명을 유지하는 공기나 마찬가지였으며 하나님의 말씀은 일용할 양식이었다. 윌리엄 번스의 전기에서는 이렇게 기록하고 있다.

"번스 선교사는 말씀의 은사가 있었으며, 설교에서 보여주는 굉장한 능력으로 사람들의 양심과 마음에 '성령의 검'을 유효적절하게 사용하였다. …때때로 사람들은 번스 선교사의 근엄한 호소를 들으면서 어떤 살아 있는 선지자가 처음으로 내뱉는 성경의 새로운 장을 듣고 있다는 착각이 들 정도였다. …번스의 전 생애는 문자 그대로 기도의 삶이었으며, 모든 사역은 속죄소에서 일어나는 전투의 연속이었다. …말씀의 광맥을 더욱 깊이 파고들면서 때때로 피를 토하기도 하였다. 이러한 삶의 결과로 훗날 엄청난 영적인 부요함을 누리는 사람이 되었다."

교양 있고 싹싹하고 타고난 지혜가 흘러넘쳤던 윌리엄 번스 선교사는 허드슨 테일러에게 이상적인 동반자였다. 번스 선교사는 성가곡을 즐겼으며 다른 사람의 유익을 위하여 아낌없이 자기 경험을 나누어주었다. 윌리엄 번스 선교사의 모든 것과 더불어 이 사람 자체, 곧 이 사람의 우정은 이 시기의 허드슨 테일러에게 하나님의 큰 선물이자 축복이었다. 이와 같은 영향력 아래서 허드슨 테일러는 점점 자라가고 확장되면서, 훗날 자기 인생에 커다란 인상을 남긴 영적인 가치들을 이해하게 되었다. 윌리엄 번스 선교사는 허드슨 테일러에게 온갖 유익을 지닌 정규 대학과정보다 훨씬 더 나은 실물교육이었다. 왜냐하면 바로 자기 눈앞에 살고 있었으며, 언제나 모범을 보였으며, 허드슨 테일러가 평생을 바치기로 결심한 중국에서 그와 같은 모범을 생생하게 보여주었기 때문이다.

무려 7개월이라는 길고도 행복한 기간을 두 사람은 함께 일했다. 먼저 상하이 지역, 그다음에는 대도시인 산터우(汕頭) 지역과 그 주변에서 일했다. 남부 항구도시로 가라는 이 같은 부르심은 전혀 예상치 못한 것이었으며, 두 사람은 굉장히 어렵지만 이제는 풍성한 열매를 맺고 있는 지역에서 최초의 선교사로 섬기는 특권을 누렸다. 그러나 중국옷을 입지 않았더라면 현지에서 중국인들과 함께 살아가는 일은 거의 불가능했을 것이다. 그토록 배타적이고 격동적인 사회에서 수많은 이웃을 친구로 만드는 일 역시 거의 불가능했을 것이다. 4개월이 다 지나갈 무렵, 두 사람은 의료사역에 대한 하나님의 축복하심으로 말미암아 전체 건물을 빌릴 수 있었다. 거기에서 두 사람은 방 하나만을 침실로 썼으며, 초창기의 여러 가지 어려움이 이제 거의 끝나가는 것처럼 보였다.

얼마 후 번스 선교사는 젊은 동료인 허드슨 테일러에게 상하이에 다녀올 것을 요청하였다. 상하이에 안전하게 보관해둔 의료 장비와 의약품을 가져오라는 것이었다. 웬일인지 한 번 떠나면 오랫동안 다시 못 올 것 같은 불안한 기분이 들었다. 그래서 허드슨 테일러는 그다지 마음에 내키지는 않았으나 어쩔 수 없이 상하이로 떠났다. 한여름의 찌는 듯한 무더위 속에 번스 선교사를 혼자 남겨두고 떠나는 것이 못내 마음에 걸렸다. 자기 인생에 너무나 커다란 의미를 차지했던 스승을 떠나고 싶지 않았다. 훗날 당시를 회상하면서 허드슨 테일러는 이렇게 기록했다.

"몇 달 동안 그토록 행복하게 보냈던 시간은 나에게 이루 다 말할 수 없는 기쁨이자 위안이었다. 지금까지 나는 번스 선교사와 같은 영적인 아버지를 만난 적이 없다. 지금까지 나는 그토록 거룩하고 행복한 교제를 가진 적이 없었다. 하나님 말씀에 대한 그분의 사랑은 커다란 기쁨이었으며, 그분의 거룩하고 존경할 만한 삶, 그리고 끊임없이 하나님과 교제하는 모습은 내 마음의 깊은 열망을 충족시켰고 이를 위하여 언제나 그분과 더 많이 교제하려고 하였다."

그러나 의료 장비와 의약품이 꼭 필요했다. 번스 선교사는 병원 사역을 일으키고 싶어 했기 때문이다. 그래서 허드슨 테일러는 상하이를 향하여 항해를 떠났는데, 불행히도 사고로 불이 나서 의료 물품이 모두 다 타버리고 말았다. 그리고 이 모든 물품을 다시 구입하기 위하여 상하이에 머무는 동안 걱정스러운 소식이 도착했다. 사랑하고 존경하는 친구인 번스 선교사가 중국 당국에 체포되어 호위를 받으면서 광둥(廣東)으로 31일 동안 추방되었다는 비보였다. 두 사람은 산터우로 귀환하지 못하도록 금지령을 받았기 때문에 허드슨 테일러에게는 굉장히 고통스러운 충격이었다. 두 사람 앞에 밝게만 보이던 전도가 또다시 불길한 어둠으로 뒤덮이기 시작했던 것이다.

그러나 이처럼 엄청나고 전혀 예상치 못했던 시련이 없었다면 허드슨 테일러는 자신을 기다리고 있었던 필생의 과업으로 인도받지 못했을지도 모른다. 인간적인 사랑을 초월하는 하나님의 깊은 사랑에 대해서도 절대 깨닫지 못했을 것이다. 바로 그 사랑이 허드슨 테일러를 더할 나위 없는 기쁨과 축복으로 이끌어주었다.

완전하신 하나님의 길

주님, 우리 나그네 인생을 허락하신 주님께 감사합니다.
때로는 광야의 샘물도 마르고 때로는 깊은 난관에 부딪친다 할지라도
주님의 사랑은 얼마든지 채울 수 있습니다.

중국의 정치 지평에서 한바탕 폭풍우를 몰고 오는 먹구름이 들기
시작했다. 번스 선교사가 체포되었다는 비보와 함께 영국과 중국 사
이의 적대감이 폭발했다는 소식도 날아들었다. 허드슨 테일러는 영
국 함대가 중국 남동부 도시인 광둥을 폭격했다는 소식을 닝보에서
들었다. 마침내 4년이 지나서야 끝나는 기나긴 전쟁의 시작이었다.
자연스럽게 가장 먼저 떠오른 걱정은 번스 선교사의 안전이었다. 번
스 선교사가 산터우에서 광둥으로 호송되어 간 것은 오히려 전화위
복이었다. 산터우에 그대로 머물러 있었더라면 쉽게 격분하는 다혈
질적인 남부 사람들에게 단숨에 희생되었을지도 모르기 때문이다.
그해 11월, 허드슨 테일러는 여동생 아멜리아에게 이렇게 편지했다.

"너도 알다시피 난 여러 여건상 어쩔 수 없이 닝보에 붙잡혀 있었는데, 그럴 만한 충분한 이유가 있었다는 사실이 마침내 남부지역에서 일어난 소요 사태로 밝히 드러났단다. 우리가 들은 최근 소식에 따르면 광둥이 연 이틀째 영국 함대의 포격을 받았으며, 이 같은 침략 행위를 두 번째로 저질렀지만 영국 총독은 아직 아무런 만족스러운 설명을 내놓지 않고 있다는구나! 우리는 늦게라도 충분한 설명이 나오기를 걱정스럽게 기다리고 있단다. …현재와 같은 이런 행동이 어떤 유익을 가져오는지 잘 모르겠구나. …그러니 그에 관한 개인적인 생각을 밝히는 것은 자제하도록 하겠다. 다만 번스 선교사님을 제때 산터우에서 다른 곳으로 옮겨주신 하나님의 선하심에 대해서만 언급해야겠구나. 현재 여기서 미루어보건대 산터우에 있는 광둥 사람들의 감정을 충분히 짐작할 수 있단다. 누구든 그 사람들의 손아귀에 있었더라면 커다란 곤욕을 치를 수밖에 없었을 테니까 말이야."

나중에 알고 보니 엄청난 재앙이었던 것처럼 보인 환경은 "우리가 알거니와 하나님을 사랑하는 자 곧 그의 뜻대로 부르심을 입은 자들에게는 모든 것이 합력하여 선을 이루느니라"(롬 8:28)는 사실을 알려주는 사건이었다. 허드슨 테일러는 이번 일을 통하여 어떤 환경에서도 우리의 생명을 지켜주시는 하나님에 대해 생각하는 법을 배우면서 상당히 소중한 교훈을 얻었다. 또한 우리에게 아무리 불만족스러워 보이는 외적인 환경이라도 하나님이 명하셨거나 허락하셨기 때문에, 분명히 가장 사려 깊고 지혜로우신 하나님이 허락하시는 가장 멋진 환경이라고 생각하는 법도 역시 배우게 되었다. 그리 오래지 않아 허드슨 테일러는 닝보에 붙잡혀 있는 상황을 통하여 우리 주 하나님의 사랑과 돌보심에 관한 또 다른 놀라운 증거를 보게 되었다. 바로 이곳에서 자기 삶이 너무나 완전하게 채워졌기 때문이다.

인근에 오래된 불교 석탑이 있는 곳인 이 도시의 남쪽에는 조용한 거리가 하나 있었다. 교가(橋街)라는 이름으로 통하는 이 거리는 두 호수 사이를 연결하는 한적한 곳이었다. 이곳에서 파커 박사는 자기 병원을 경영하고 있었다. 가을이 무르익을 무렵부터 허드슨 테일러는 거기서 2~3km 떨어진 곳에 임시 거처를 마련하여 기거하고 있었다. 이 자그만 집은 굉장히 흥미로운 장소였는데, 시간이 흐르면서 그곳은 최초로 중국내지선교회의 본부로 사용되었으며, 이제는(1930년대 당시 - 역주) 수많은 지방에서 수백 개의 선교본부가 운영되고 있다. 그 시절을 돌이켜 보면서 허드슨 테일러는 이렇게 기록했다.

"밤새도록 침대보 위에 쌓인 눈에다 손가락으로 내 이름의 머리글 자를 써넣던 때를 또렷이 기억한다. 그곳은 창고 같은 커다란 다락방이었는데, 이제는 천정도 마무리해서 네댓 개의 조그만 방으로 나누어 놓았다. 이런 중국식 기와지붕은 어느 정도 비를 막을 수는 있겠지만 눈보라는 그다지 잘 막아주지 못했다. 갈라지거나 깨어진 틈새로 눈이 비집고 들어오는 경우가 허다했다. 그러나 아무리 초라하고 볼품없더라도 이 자그만 보금자리는 중국 사람들 사이에서 일하기에는 안성맞춤이었다. 거기에 감사한 마음으로 자리를 잡고서 밤낮 가릴 것 없이 열심히 분주하게 일거리를 찾아다녔으며 할 일도 대단히 많았다."

닝보의 이 지역에 살았던 다른 외국인은 중국복음선교회의 존 존스(J. Jones) 부부를 비롯하여 중국에서 최초로 문을 열어 굉장히 성공적인 여학교를 운영하고 있었던 올더시(Aldersey) 여사뿐이었다. 다행히 올더시 여사는 사무엘 다이어(Samuel Dyer) 목사의 두 딸에게 확실한 도움을 받고 있었는데, 다이어 목사는 중국의 초창기 선교사이자 로버트 모리슨(Robert Morrison) 부부의 동역자이기도 했다. 존스 부부와 가족은 이 여학교에서 그다지 멀지 않은 곳에 살게 되었는데, 두 젊은 자매는 특히 분주한 존스 부인에게 종종 많은 도움을 주었다. 가능한 한 자주 이웃집을 함께 찾아다녔는데, 그때마다 마리아 다이어의 유창한 중국어 실력 덕분에 즐거운 시간을 보낼 수 있었다. 아직 스무 살도 채 되지 않은 어린 소녀였으며, 학교 일도 상당히 많이 감당하고 있었지만, 명석하고 재능 있는 마리아 다이어는 정말 뛰어난 전도자이기도 했다. 마리아 다이어에게 선교 사역이란 단순히 가르치는 일이라기보다는 사람들을 그리스도께로 확실히 인도하는 것이었다.

이런 점이 허드슨 테일러의 관심을 불러일으켰다. 왜냐하면 동료 사역자들의 집에서 시시때때로 마리아 다이어를 만나면서 점차 마리아 다이어에게 매력을 느낄 수밖에 없었기 때문이다. 마리아 다이어는 너무나 진솔하고 자연스러운 나머지 두 사람은 머지않아 좋은 친구 사이로 발전하게 되었다. 그리고 거의 모든 중요한 결정에서 너무나 똑같은 생각을 품고 있어서 허드슨 테일러 자신도 거의 알지 못하는 사이에 이전에는 결코 채워지지 않았던 테일러의 마음 한구석을 마리아 다이어가 차지하기 시작했다.

그러나 오래지 않아 두 사람의 우정은 닝보의 선교사 공동체를 갈라놓았던 전혀 예기치 않은 사건으로 방해받게 되었다. 이 지역의 모든 외국인을 대량 학살할 음모가 발각되었기 때문이다. 비록 계획이 사전에 들어지기는 했지만 이 지역 전체를 뒤덮고 있던 광둥 사람들의 증오감이 너무나 커서 외국인 선교사들은 어린아이들과 함께 가족을 상하이의 해안지역으로 피신시킬 수밖에 없는 것처럼 보였다. 상하이 사투리에 익숙한 허드슨 테일러가 일행을 호위하기에 가장 적절한 인물이었으므로 그와 같은 시기에 닝보를 떠나는 것이 내키지는 않았지만 도저히 그 책무를 거절할 수도 없는 노릇이었다.

올더시 여사는 더 안전한 곳으로 피신하라는 설득에도 아랑곳하지 않았다. 점점 나이가 들어가는 관계로 이제는 미국장로교선교회에 학교 운영을 인계하고 있는 중이었기 때문이다. 굳이 쓸데없는 일에 시간을 낭비할 필요가 없으니 각별히 몸조심하면서 젊은 두 자매 선생님에게도 그냥 자신과 함께 머물러 있으라고 권유했다. 다이어 자매 가운데 언니인 브루넬라 다이어는 허드슨 테일러의 각별한 친구인 버든 선교사와 약혼한 사이였다. 그래서 동생 마리아 다이어는 상대적으로 더 많이 외로움을 타서 남다른 보호가 필요한 상태인 것처럼 보였다. 그와 같은 시기에 마리아 다이어를 두고 상하이로 떠난다는 게 얼마나 내키지 않았겠는가? 그러나 허드슨 테일러가 그대로 머문다고 해서 마리아 다이어에게 무슨 위안을 줄 거라고 생각할 만한 아무런 이유도 없었다. 게다가 오히려 마리아 다이어를 잊으려고 애쓰고 있지 않았던가?

왜냐하면 한 가지 확실하게 깨달은 사실은 사랑하는 사람에게 줄 만한 것이 거의 아무것도 없다는 것 때문이었다. 중국복음선교회를 대표하는 사람으로서 중국에서 자신의 처지가 최근에는 점점 더 옹색해지기만 할 뿐이었다. 얼마 전부터 이 선교회는 빚을 지게 되었으며, 자기 봉급마저도 빌린 돈으로 송금하는 형편이라는 점을 잘 알고 있었기 때문이다. 이런 여러 가지 상황을 떠올리면서 허드슨은 이렇게 기록했다.

"개인적으로 나는 항상 빚지는 일을 피해왔다. 물론 극단적인 경우에는 어쩌다가 굉장히 신중하게 돈을 꾸어 쓰기도 하지만 반드시 갚을 능력이 있을 때만 그렇게 한다. 이제 개인적으로 이렇게 살아가는 데에는 별다른 어려움이 없었다. 수입이 좀 더 나아져 생활비 일체를 감당할 수 있기 때문이다. 그런데 중국복음선교회 자체는 빚더미에 올라 있었다. 이 선교회에서 일하는 나와 동역하는 다른 사역자들의 분기별 청구서는 자주 빌린 돈으로 충당되었으며, 그곳과 오가던 서신에서는 점차 부정적인 내용이 언급되기 시작했다. 마침내 여러 가지 진지한 고민 끝에 이 선교회를 사임함으로써 이듬해에는 그나마 서신 왕래가 중단되었다.

나에게 그 문제에 관한 하나님 말씀의 가르침은 혼동할 우려 없이 너무나 명백했다. '아무에게든지 아무 빚도 지지 말라'(롬 13:8). 내 생각에 돈을 빌린다는 것은 성경 말씀에 위배되는 삶을 산다는 뜻이었다. 다시 말해 하나님이 좋은 것을 허락하시지 않는다고 공공연히 고백하는 짓이며, 그분이 허락하시지 않는 것들을 스스로 구해보겠다고 작정하는 것이나 마찬가지였다. 한 그리스도인에게 옳지 않은 일이 어떤 기독교단체에 대해서는 과연 옳다고 여겨질 수 있겠는가? 또는 어떤 과거의 선례가 있다고 해서 현재의 그릇된 선택이 정당화될 수 있단 말인가?

내가 하나님 말씀에서 얻은 교훈이 있다면 빚과는 아무런 관련도 맺지 말라는 가르침이었다. 하나님이 가난하시다고 생각할 수도 없었으며, 그분에게 무슨 자원이 빈약하다거나 정말로 하나님의 일인데 기꺼이 어떤 부족함을 채워주려고 하지 않으신다고 생각할 수도 없었다. 그 일을 수행하기 위한 자금이 부족하다면 그 정도만큼, 그런 특정한 단계에서, 또는 그 시기에는 그것이 하나님의 일이 아닐 수도 있을 것이다. 내 양심을 만족시키기 위하여 나는 이 선교회와 인연을 끊을 수밖에 없었다. 친구이자 동료인 존스 선교사도 똑같은 조치를 취하도록 인도받았다는 사실은 나에게 커다란 기쁨과 만족을 주었다. 이렇게 중국복음선교회와 결별하면서도 양쪽의 우호적인 감정에 아무런 상처도 남기지 않고 해결될 수 있어서 우리는 둘 다 굉장히 감사했다.

우리가 취한 조치는 믿음의 발걸음을 떼기 위한 상당히 커다란 노력이었다. 하나님이 나에게 무슨 일을 하게 하실지, 또는 하나님이 예전처럼 계속해서 일할 수 있도록 내 필요를 어떻게 채워가실지 전혀 몰랐기 때문이다. 그러나 하나님은 나를 축복하고 형통하게 하셨다. 그와 같은 결별이 내 믿음에 커다란 영향을 미쳤다고 생각되었을 때 얼마나 기쁘고 감사했는지 모른다! 그리하여 만족스러운 마음으로 하나님 아버지의 얼굴을 똑바로 쳐다보면서 하나님의 은혜로 말미암아 그분께서 가르쳐주시는 다른 일을 할 수 있는 준비가 되었으며, 하나님의 사랑스러운 돌보심을 확실히 느낄 수 있었다.

그러니까 하나님이 나를 얼마나 복되게 인도해주셨는지 이루 다 말로 표현하기 힘들 정도이다. 그건 마치 일찍이 영국에서 겪었던 몇 가지 경험을 계속하는 듯했다. 내 믿음은 끊임없이 시험을 당했는데, 그럴 때마다 자주 넘어지는 모습을 보면서 전능하신 하나님 아버지를 전적으로 신뢰하지 못하는 부족한 믿음을 한없이 부끄럽게 생각했다. 그러나 나는 그분을 점점 더 많이 알아가고 있었다. 이 무렵에는 어떤 시험에도 넘어지지 않을 것 같은 생각이 들었다. 하나님이 너무나 가까이 계셨으며, 너무나 생생하게 다가오셨으며, 너무나 친밀한 분이셨기 때문이다. 가끔 느끼는 재정적인 어려움은 나 한 사람의 필요가 채워지지 않는 데서 비롯된 것이 절대 아니며, 우리 주변에서 굶주리며 죽어가는 수많은 사람의 부족을 채우려다 보니 나타난 결과였다. 그러니 다른 방면에서 훨씬 더 혹독하게 겪은 여러 가지 시험은 이러한 재정적인 어려움을 무색하게 하였으며, 이처럼 훨씬 더 깊은 시련은 결과적으로 더 풍성한 열매를 맺는 쪽으로 인도하셨다."

그해 겨울에 가난한 사람들에게 먹을 것을 제공해주었는데 그들은 태평천국의 난으로 황폐해진 여러 지역에서 상하이로 모여든 굶주린 난민들이었다. 거의 헐벗고 병들고 굶주린 온갖 상태에서 고통당하는 사람들은 무덤을 억지로 파헤쳐서 나지막하게 아치 모양으로 만든 구덩이에서 살아가거나 아무렇게나 내팽개쳐진 거의 다 쓰러져 가는 건물에 피신하여 살고 있었다. 허드슨 테일러는 런던선교회에서 운영하는 교회 가운데 하나를 책임지는 것과 더불어 날마다 해안 도시 사원에서 말씀을 전하는 동시에, 존스 선교사와 함께 이렇게 비참한 곳에서 살아가는 사람들을 방문하여 정기적으로 수많은 병자를 돌보며 굶주린 자들을 먹이면서 시간을 보냈다.

이렇듯 허드슨 테일러의 생각이 끊임없이 닝보에 머물러 있었던 것은 해안 도시에서 일거리가 부족했기 때문도 아니요, 결혼 문제를 너무나 절실하게 생각할 수밖에 없는 불안한 마음이 자리 잡고 있었기 때문도 아니었다. "내가 결혼하지 아니한 자들과 과부들에게 이르노니 나와 같이 그냥 지내는 것이 좋으니라"(고전 7:8)는 다소 난해한 말씀은 곧잘 오해되기도 하지만, 허드슨 테일러는 그 의미를 잘 알고 있었다. 하나님이 허락하시는 엄청난 사랑을 소유하고 있었기 때문에 그 말씀에 담긴 의미가 자신에게 조금도 가려져 있지 않았던 것이다.

한편 닝보에서도 그와 같은 은혜로운 하나님의 섭리가 진행되고 있었다. 비록 극복해야 할 장애물이 훨씬 더 많이 가로놓여 있기는 했지만 말이다. 그러나 가장 큰 관심을 가진 마리아 다이어 편에서 그건 별다른 어려움도 아니었다. 마리아 다이어는 상냥하고 사려 깊은 성격의 소유자였지만 어린 시절부터 외롭게 지낸 탓에 정말로 마음이 통하는 친구를 그리워하면서 성장했다. 아버지는 거의 기억할 수 없을 정도로 일찍 돌아가셨으며 겨우 열 살 무렵에 어머니도 세상을 떠나셨다. 마리아 다이어가 진정으로 회심한 것은 올더시 여사를 도우려고 중국으로 향하던 도중이었는데, 그 후로 마리아 다이어의 사역은 회심하지 않았을 때와는 전혀 다른 양상을 보였다. 그럼에도 여전히 십 대 소녀인 마리아에게는 선교사라는 것이 굉장히 외로운 자리였다. 더구나 언니가 약혼한 뒤로는 특히 더 외로웠다.

바로 이때 한 사람이 나타난 것이다. 그것도 마리아 다이어 자신과 마찬가지로 하나님 앞에서 선교 사역에 대한 거룩한 부르심과 쓰임받고 싶다는 간절한 소망, 하나님께 더욱 가까이 다가가려는 열망을 품고 있는 모습으로 자신에게 깊은 인상을 남겨준 젊은 남자 선교사였다. 이 남자는 다른 사람과 많이 달랐다. 비록 명랑하고 유쾌한 성격에 상당히 재미있는 사람이기는 했지만 아주 다재다능하고 매력이 넘쳤다기보다는 마리아 다이어 자신에게 활력을 불어넣고 말이 통한다는 느낌을 주는 구석이 있었다는 뜻이다. 그 사람은 현실 세계에서도 충실하게 살아갈 뿐만 아니라 위대하신 참 하나님도 함께 소유하고 있는 것처럼 보였다. 비록 그 사람에 대해 아는 것은 별로 없었지만 이 젊은 선교사가 가까이 머물고 있음을 아는 것만으로도 커다란 위로가 되었으며, 단 7주일 만에 산터우로 돌아가기 위하여 닝보를 떠났을 때 얼마나 많이 그 사람을 그리워하고 있는지를 깨닫고는 깜짝 놀라게 되었다.

우리가 지금까지 살펴본 대로 그 이후로 두 사람을 연결하는 길이 막혔었는데, 놀랍고 기쁘게도 테일러 선교사가 번스 선교사의 체포로 말미암아 다시 닝보로 돌아오게 되었다. 아마도 마리아가 색다른 마음으로 허드슨 테일러를 눈여겨보기 시작한 감정을 자신에게 솔직하게 인정한 것은 바로 이때였을 것이다. 하여튼 머지않아 이런 달콤하고 진실한 감정을 깨닫고 자기 자신과 하나님께 억지로 숨기려고 애쓰지 않았다. 그러나 허드슨 테일러에 관하여 조심스럽게 이야기할 만한 대상이 아무도 없었다. 왜냐하면 다른 사람들은 마리아 다이어처럼 허드슨 테일러를 긍정적으로 바라보지는 않았기 때문이다.

사람들은 허드슨의 중국식 복장을 몹시 싫어했으며, 중국 사람들과 완전히 동화하려는 허드슨 테일러의 태도를 매우 못마땅하게 여기고 있었다. 그러나 마리아 다이어는 중국옷을 입은 허드슨 테일러의 모습이 좋아 보였다. 아니, 그런 모습에서 풍기는 허드슨 테일러의 인품이 남달라 보였다. 허드슨 테일러의 가난한 삶, 궁핍한 사람들에게 아낌없이 나누어주는 마음씨가 좋았다. 마리아 다이어는 이런 점을 너무나 잘 이해하고 있었으며 누구보다 많이 동감하고 있었다. 아직 여기서도 제대로 손도 대지 못한 필요들을 훨씬 뛰어넘어 내륙을 향해 더 위대한 일에 도전하려는 모습을 보고 다른 사람들은 허드슨 테일러를 이상주의자라고 몰아세우고 있지 않은가? 그런데 그건 마리아 다이어 역시 마음속으로 품고 있는 거룩한 부담이자 자신도 그렇게 살아가고 싶어 하는 삶이기도 했다. 다만 한 여성으로서는 쉽게 도전할 수 없는 버거운 일로 여기고 있었을 뿐이었다. 그래서 허드슨 테일러에게 아무런 내색도 하지 않았지만 마리아 다이어는 허드슨을 위하여 굉장히 많이 기도했다.

이렇게 여러 달이 속절없이 흘러갔다. 이제 허드슨 테일러는 상하이로 떠나가야 했다. 그러나 마리아 다이어는 자신을 떠나가는 허드슨 테일러의 마음이 어떠했는지 도저히 알 수 없었다. 그런데 마침내 편지 한 통이 도착했다. 너무나 뜻밖이었지만 굉장히 기쁜 일이었다. 엄청나게 설레고 가슴 뛰는 기쁨이었다. 마음속에서 오랫동안 불타오르던 은은한 사랑의 불꽃이 밖으로 드러났을 뿐이므로 사실 그다지 놀랄 만한 일은 아니었다. 무엇보다 마리아 혼자서 짝사랑한 게 아니었던 것이다. 두 사람은 서로에게 '평생토록 동행하도록 하나님이 짝지어주신 천생연분'이었던 것이다.

기쁘고 감사한 마음으로 편지를 읽어본 마리아 다이어는 자기 마음을 가장 잘 알아주는 언니에게 달려갔다. 그다음으로는 올더시 여사에게 털어놓아야 했다. 언니 브루넬라가 약혼할 때처럼 이번에도 흔쾌히 허락해줄 것으로 기대하면서 말이다. 그러나 올더시 여사는 마리아 다이어의 이야기를 듣고서 노발대발했다.

"테일러 선교사라고? 그 풋내기, 가난뱅이, 아무런 연고도 없는 외톨이 주제에! 도대체 어떻게 감히 그런 짓을 할 수가 있단 말이냐? 도대체 어떻게 주제넘게 너 같은 애를 넘보려고 한단 말이냐! 당연히 이 청혼은 곧장 거절해야 해. 단호히 싹을 잘라야 해!"

그 사람이 자신에게 얼마나 중요한 존재인지를 설명하려고 노력했으나 아무런 소용이 없었다. 오히려 사태를 더 악화시킬 뿐이었다. 그래서 가장 친한 언니가 좋은 의도를 가지고 전적으로 자기 선에서 이 문제를 어떻게든 해결해보려고 노력했다. 그러나 손에 받아 든 결과는 고작해야 올더시 여사가 부르는 대로 거의 받아 적다시피 한 거절 편지가 전부였다. 모든 문제를 없었던 것으로 할 뿐만 아니라 절대로 이 문제를 재론하지 말아 달라고 아주 단호하고 강력하게 요구하는 내용이었다.

매우 당황하고 상심했지만 가엾은 마리아로서는 달리 어쩔 도리가 없었다. 마리아 다이어는 너무 어린데다 경험도 없었다. 또한 그런 문제에 대해서는 지나칠 정도로 너무 수줍어해서 올더시 여사의 결정에 맞서 정면으로 반기를 들 수도 없었다. 게다가 주변의 여러 친구마저도 올더시 여사의 의견을 강력하게 지지하는 편이었다. 뼈에 사무칠 정도의 슬픔과 부끄러움을 느끼면서 마리아는 이 문제를 하늘에 계신 하나님 아버지의 손에 맡기는 수밖에 없었다. 하나님은 모든 것을 알고 계시는 동시에 이해하고 계셨으니까 말이다.

그 이후로 오랫동안 외로운 나날을 보내는 과정에서, 심지어 유일한 지지자이자 가장 친한 친구였던 언니마저 올더시 여사 쪽으로 넘어가 버리자 마리아는 더욱 확실하게 하나님을 피난처로 삼았다. 하나님께는 어떤 일도 불가능하지 않다고 확신하면서 "그가 하나님이 능히 이삭을 죽은 자 가운데서 다시 살리실 줄로 생각한지라. 비유컨대 그를 죽은 자 가운데서 도로 받은 것이니라"(히 11:19)는 말씀으로 아브라함의 일을 기억하면서 끊임없이 자신을 위로하였다.

다시 봄이 찾아와 닝보를 떠났던 사람들이 상하이에서 돌아올 수 있게 되었지만 상황은 점점 더 어려워지고 있었다. 왜냐하면 허드슨 테일러가 다시 닝보로 돌아오자 이에 분개한 올더시 여사는 모든 가능한 수단을 동원하여 헐뜯으면서 두 사람 사이를 떼어놓는 게 무슨 자기 의무나 되는 것처럼 여기고 있었기 때문이다. 마리아 다이어가 억지로 보낸 거절 편지를 받고 난 이후로 허드슨 테일러는 마리아를 만나려는 시도조차 하지 못했다.

그런 편지를 보낸 이후에 마리아의 심경에 변화가 있었다는 아무런 실마리도 찾지 못했다. 재능 있고 매력적인 아가씨라서 공공연하게 추천하는 다른 구혼자도 많았다. 그런데다 유교적인 가치와 교묘하게 결합된 중국식 예의범절에 따르면 처녀총각이 단둘이서 따로 만나는 것 역시 거의 불가능했다. 그러나 두 사람은 기도하고 있었다. 너무나 극심하게 시련 당한 두 사람은 하나님께 열린 마음으로 진정 그분의 뜻이 이루어지기를 바라고 있었다. 그런데 하나님은 놀라운 방법으로 역사하고 계셨다!

7월의 어느 무더운 여름날 오후였다. 집마다 돌아가면서 정기적으로 기도회가 열렸었는데, 때마침 존스 선교사 차례가 되었던 것이다. 여느 때와 다름없이 늘 모이는 여성들이 모두 모였다. 이날은 기도회에 빠지는 것보다 참석하는 편이 훨씬 더 수월했던 것이다. 왜냐하면 거의 아무런 예고도 없이 억수같이 쏟아져 내린 비가 갑자기 밀려든 밀물과 만나 강물이 넘쳤으며, 배수구가 막힌 나머지 닝보 일대는 완전히 홍수처럼 물바다를 이루게 되었기 때문이다. 이 무렵 그 집에 머물고 있던 허드슨 테일러는 일찍 병원 문을 닫았지만 물바다를 이룬 거리로 말미암아 존스 선교사와 함께 늦게 집으로 돌아왔다. 두 사람이 집에 도착하기 전에 이미 기도회에 참석한 사람들은 대부분 떠났지만 마리아 다이어와 동료 한 사람은 홍수 때문에 아직도 가마를 기다리고 있었다.

집에 도착한 존스 선교사가 말했다. "내가 한 번 주선해 볼 테니 일단 서재로 들어가 있게나." 오래지 않아 돌아온 존스 선교사는 마리아 다이어가 자기 부인과 함께 있는데 테일러 선교사를 만나고 싶어 한다고 알려주었다.

존스 선교사가 무슨 일을 꾸미고 있는지 전혀 모른 채 허드슨 테일러는 위층으로 올라가 지극히 사모하고 꿈에 그리던 여성을 만나게 되었다. 거기에는 다른 사람들도 함께 있었는데 그건 중국풍습 때문에 어쩔 수 없는 일이었다. 그러나 허드슨 테일러의 눈에는 다른 사람들이 전혀 들어오지 않았으며, 오직 마리아 다이어의 발그레한 얼굴밖에 보이지 않았다. 그래서 마리아에게 조심스럽게 다가가서 런던에 있는 후견인 삼촌에게 결혼을 허락해달라는 편지를 보내도 되겠냐고 정중하게 요청했을 뿐이었다.

모든 일이 너무나 급속히 진행되었다. 허드슨 테일러로서는 달리 어떻게 할 수가 없는 노릇이었다. 과연 마리아의 마음은 어떨까? 거기에는 두 사람과 더불어 단지 친한 친구들밖에 없었고, 이제 또다시 만나려면 얼마나 오래 걸려야 할지도 모르는 상황이었다. 그래서 마리아는 선뜻 "좋아요!" 하고 동의했다. 많은 의미를 내포하고 있는 의사표시였다. 진실한 여성으로서 마음가짐을 흩트리지 않으면서도 허드슨 테일러가 자신을 소중하게 생각하는 만큼 자신도 상대를 간절히 사모하고 있노라고 안심시켜주는 대답이었다. 그러자 테일러도 "모든 것을 기도함으로 주님께 맡겨드립시다"라고 대꾸하면서 두 사람과 관련한 상황에 대해 안심하게 되었다.

그로부터 4개월이라는 기나긴 기다림의 시간이 흘러갔다. 특히나 올더시 여사가 멀리 떨어져 있는 친척들에게 자기의 견해를 억지로 납득시키기 위하여 영국으로 편지를 보냈다는 사실을 두 사람이 알게 되었을 때는 더욱더 그랬다. 런던에 있는 후견인 삼촌마저 올더시 여사의 강력한 설득에 넘어가 버리면 도대체 어떻게 되는 걸까?

삼촌이 이 결혼에 동의하지 않는다면 과연 어떻게 되는 거지? 이 두 젊은이는 하나님의 축복이 부모님이나 부모님과 같은 권위를 가진 분에게 순종하는 것에 달려 있다고 확신하고 있었던 것이다. 이 일에 대해서 훗날 테일러 선교사는 이렇게 회고했다.

"지금까지 나는 단 한 번도 부모님의 지시에 불순종해본 적이 없었다. 혹시 부모님이 잘못이라 하더라도 거기에 한 번도 대항해본 적이 없었다. 오직 주님을 통해서만 모든 어려움을 이겨냈다. 주님은 어떤 난관도 헤쳐 나가실 수 있는 분이다. 그럴 경우에 모든 책임은 부모님에게 있는데, 그건 굉장히 무거운 책임이다. 자녀들이 온 마음을 다하여 '여호와여, 내가 주님을 기다리오니 길을 열어주소서'라고 아뢸 때 그 문제를 주님의 손에 올려드리는 것이며, 그러면 주님이 모두 책임져주신다."

이처럼 주님이 모두 책임져주신다는 말이 그대로 이루어졌다. 11월 말경에 오랫동안 고대하던 편지가 도착했는데 마리아 다이어의 삼촌이 결혼에 찬성한다는 호의적인 내용이 담겨 있었다! 런던에 있는 삼촌은 오랫동안 수소문한 끝에 허드슨 테일러가 전도유망한 선교사임을 알고 대단히 만족스러워했던 것이다. 중국복음선교회에서 일하는 사람들을 찾아가 보니 허드슨 테일러에 대해 굉장히 좋게 이야기했을뿐더러, 다른 곳에서도 여러 사람을 만났으나 언제나 최고로 평가해주었다. 그러므로 걱정스럽게 했던 소문을 일소하고 단지 경청할 만한 이야기에만 귀를 기울이면서 조카의 약혼에 진심으로 동의하게 되었다. 다만 성년에 이를 때까지 조금만 더 결혼을 기다려달라고 요청했을 뿐이다. 그러나 성년이라고 해봐야 고작 2달밖에 남지 않았다. 그 후 두 사람은 당당하게 약혼했으며, 이전에 겪었던 온갖 어려움을 보상하고도 남을 정도로 얼마나 행복한 겨울을 보냈는지 모른다!

1858년 1월 6일, 약혼녀인 마리아 다이어는 드디어 스무 살이 되었으며, 그다음 주간에 결혼식 날짜가 잡혔다. 결혼과 관련해서 테일러 선교사는 어머니에게 이렇게 편지했다.

"제 인생에서 지금보다 더 영육 간에 강건했던 적은 일찍이 없었던 것 같아요. 사랑하는 어머니, 저에게 도대체 무슨 일이 일어나고 있는지 어리둥절하기만 합니다. 지금까지 우리 두 사람이 겪었던 온갖 번민과 불안이 끝나고 이제는 마음껏 만나면서 서로 많은 시간을 보내고 있답니다. 또한 며칠 지나지 않으면 우리 두 사람은 드디어 결혼식을 올릴 예정입니다. 하나님이 우리에게 선을 이루어주셨습니다. 신실하게 우리 기도에 응답하셨으며 강한 자들을 물리치고 우리 편이 되어주셨습니다. 오, 주님과 더욱 친밀하게 동행하고 더욱 충실하게 주님을 섬길 수 있게 하소서. 어머니, 저에게 너무나 소중한 신부를 언제 한번 만나보셔야 할 텐데요! 저의 신부는 너무나 귀중한 보배랍니다! 제가 바라는 전부입니다."

그리고 6주 후에는 이렇게 기록했다.

"당신이 사랑하는 사람과 결혼하는 것, 그것도 열렬히 가장 사랑하는 사람과 결혼하는 것은 상상을 초월하고 이루 다 말로 표현할 수 없는 지극히 큰 기쁨이자 행복이다. 거기에는 실망이 자리 잡을 수 없다. 그러니까 날마다 사랑하는 사람의 마음을 더 많이 보여주실 때, 그와 같은 엄청난 보배를 나에게 허락해주실 때 우리에게 이처럼 지상 최대의 선물을 비롯한 각양 좋은 것으로 주시는 공급자 하나님께 오직 더 많은 자부심과 더 많은 행복과 더욱 겸손한 마음으로 감사를 올려드리도록 하라."

영혼 구원의 추수의 기쁨

씨앗을 뿌린 뒤에는 열매를 거두고 비가 내린 뒤에는 햇살이 돋는다.
신비롭게 가려진 풍경 뒤에는 멋지게 펼쳐지는 광경이 있고
고통스러운 시기 뒤에는 평화가 뒤따른다.

허드슨 테일러가 중국에 머물렀던 초기 선교 사역 가운데 마지막 2년 반 동안은 비록 짧은 기간이긴 했지만 굉장히 풍성하게 열매를 맺었던 시절이었다. 교가에 위치한 조그만 집은 이제 사실상 어엿한 선교본부로 자리 잡게 되었다. 아래층에는 예배실과 응접실이 고즈넉이 자리 잡고 있어서 그리스도인과 구도자들이 자유롭게 드나들었다. 그러나 지붕 밑에 위치한 2층에는 빛이 잘 드는 조그만 방들이 다락방처럼 숨어 있어서 아무도 쉽게 알아볼 수 없었다. 커튼을 드리운 창문이 양쪽으로 배치되어 있었는데, 앞으로는 좁다란 거리를 내려다보고 뒤로는 대운하를 내다볼 수 있었다.

테일러 부인의 도움으로 여자와 어린아이들 역시 남자와 마찬가지로 자유롭게 드나들면서 돌봄을 받을 수 있다는 사실이 얼마나 놀

라운 변화란 말인가! 테일러 부인은 이미 이웃 사람들에게 널리 알려져 있었는데, 이제는 어디를 가나 어느 때보다 더 많은 환영을 받았다. "온 세상은 사랑하는 자를 사랑해준다"는 격언처럼 주 안에서 연합된 사람들이 서로에게 끌리는 감정은 어디에서나 널리 느껴지는 모양이었다.

테일러 부부에게 가장 따뜻한 친구이자 조력자 가운데 한 사람은 이전에 불교 지도자이자 닝보의 목화 상인이었다. 그의 이름은 니 씨였는데 닝보에 오랫동안 살았지만 이전에 한 번도 복음을 접해보지 못했었다. 니 씨는 굉장히 진지한 사람이었으며 '이방 신들'을 섬기는 데 많은 시간과 돈을 허비했던 불교신도회의 회장이기도 했다. 그러나 항상 마음이 편하지 않았으며 종교적인 의식을 준수하면 할수록 더 깊은 공허감을 느낄 뿐이었다.

어느 날 저녁, 길거리를 지나가다가 빠끔히 열린 대문을 통해 무슨 일이 진행 중인 것을 목격하게 되었다. 마치 무슨 집회를 열기라도 하려는 듯 종이 울리고 사람들이 모여들었다. 그곳이 종교적인 문제를 토론하기 위한 장소임을 알아차리고서 니 씨도 안으로 슬그머니 걸어 들어갔다. 왜냐하면 니 씨는 도저히 알 수 없는 방식으로 이루어지는 죄에 따른 징벌과 영혼의 윤회에 관하여 커다란 관심을 가지고 있었기 때문이다. 중국옷을 입은 한 젊은 외국인이 경전을 강론하고 있었다. 이 사람은 닝보 사투리를 능숙하게 구사하였으므로 니 씨는 이 외국인의 말을 한마디도 빼놓지 않고 다 이해할 수 있었다. 그러나 도대체 그게 다 무슨 뜻이란 말인가?

"모세가 광야에서 뱀을 든 것같이 인자도 들려야 하리니 이는 그를 믿는 자마다 영생을 얻게 하려 하심이니라. 하나님이 세상을 이처럼 사랑하사 독생자를 주셨으니 이는 그를 믿는 자마다 멸망하지 않고 영생을 얻게 하려 하심이라. 하나님이 그 아들을 세상에 보내신 것은 세상을 심판하려 하심이 아니요 그로 말미암아 세상이 구원을 받게 하려 하심이라"(요 3:14-17).

세상을 심판하려 하심이 아니요 구원을 받게 하려 하심이라고? 영생을 얻게 하려 하심이라고? 하나님이 세상을 이처럼 사랑하신다고? 모세가 광야에서 뱀을 든 것같이 인자도 들려야 한다고? 도대체 이게 다 무슨 소리란 말인가? 지금까지 거의 들어본 적이 없는 소리라는 점을 생각한다면 이렇게 관심을 보인다는 것 역시 마음속에서 무슨 일이 일어나고 있다는 표현이다. 죄의 치명적인 결과에 대한 하나님의 치유책을 생생하게 설명하는 광야에서 들린 놋뱀 이야기, 우리 주 예수 그리스도의 삶과 죽음과 부활 이야기 등. 그 자신의 절실한 필요에 따라 이 모든 이야기에 주의 깊게 귀를 기울임으로써 니 씨는 성령의 능력을 확신하게 되었다. 글쎄, 이것은 어느 시대에나 어김없이 일어나는 기적이며 하나님께 감사하게도 우리도 여전히 그런 기적을 목격하게 된다. "내가 땅에서 들리면 모든 사람을 내게로 이끌겠노라"(요 12:32).

그런데 모임이 끝나가고 있었다. 외국인 선생이 강론을 마쳤다. 종교적인 문제를 항상 남보다 앞장서서 이끌어가는 데 익숙해져 있는 타고난 본능을 따라 니 씨는 그 자리에서 벌떡 일어나 주위 청중을 둘러보면서 단도직입적으로 이렇게 소리쳤다.

"저는 오랫동안 진리를 찾아 헤맸으나 지금까지 발견하지 못했습니다. 원근 각지를 헤매고 다녔으나 도저히 찾을 수 없었습니다. 유교나 불교나 도교에서도 평안을 누리지 못했습니다. 그러나 오늘 밤에 들은 말씀 속에서 평안을 찾았습니다. 그러니까 이제 저는 예수님을 믿는 신자가 되기로 결심했습니다."

그로부터 니 씨는 열렬한 성도가 되었으며 성경을 아는 지식과 하나님의 은혜 안에서 놀랍게 성장하였다. 회심한 뒤 오래지 않아 니 씨는 이전에 회장으로 섬기던 불교신도회에서 연설할 기회를 얻었는데, 그 자리에 함께 따라갔던 테일러 선교사는 니 씨가 복음을 명확하고 충분하게 전하는 모습을 보면서 깊은 인상을 받았다. 이전에 니 씨를 따르던 사람 가운데 한 명은 이 간증을 통하여 그리스도께로 인도받았으며, 그로 말미암아 니 씨는 영혼을 구원하는 기쁨을 깨닫기 시작했다.

어느 날 니 씨는 허드슨 테일러와 이야기를 나누다가 뜻밖에도 다음과 같은 질문을 던졌다. "당신네 나라에는 이 기쁜 소식이 전해진 지 얼마나 오래되었습니까?"

"수백 년쯤 되었을 거예요." 테일러가 마지못해 대답했다.

"뭐라고요! 수백 년이나 되었다고요?" 니 씨가 슬픈 목소리로 계속해서 말했다. "제 아버지도 진리를 찾아 헤매다가 결국 발견하지 못하고 세상을 떠나셨습니다. 아이고, 그런데 왜 좀 더 일찍 와서 가르쳐주지 않으셨던 거예요?"

이것은 허드슨 테일러가 절대 잊을 수 없었던 고통스러운 순간이었다. 이로 말미암아 허드슨 테일러는 아직도 주님을 알지 못하는 사람들을 그리스도께로 인도하기 위하여 더욱 심혈을 기울이는 계기가 되었다.

그 당시에 제대로 선교 사역을 감당하기 위해서는 조력자가 절실히 필요하긴 했지만, 하나님의 성령을 앞서서 달려가지 않도록 중국인 초신자들을 전담 사역자로 기용하기까지는 엄청난 인내가 필요했다. 아무튼 이 젊은 선교사들, 허드슨 테일러 부부에게는 아직도 정식 중국인 조력자가 한 명도 없었다. 니 씨는 자기 일을 하면서 시간이 날 때마다 열성적으로 헌신하고 있었다. 광주리를 만드는 사람인 닝퀘이 씨, 호시(湖西) 출신의 농부인 왕 씨, 인정 많은 어머니를 둔 선생님 추 씨도 열심히 도와주었다. 그러나 모두 낮에는 생업에 종사해야 했기 때문에 주로 저녁 시간에 선교본부에 들렀으며, 주일이 되어서야 많은 시간을 거기서 보낼 수 있었다.

테일러 부인이 날마다 많은 시간을 보내고 있는 학교에서 일하는 그리스도인 선생님 추 씨를 손쉽게 고용할 수도 있었을 것이다. 또는 그다지 많지 않은 급료로 다른 사람을 고용하여 유용한 자리를 감당할 수 있을 만큼 훈련하는 방법을 생각해볼 만했을 것이다. 그러나 이것이 도움을 주기보다는 장기적인 관점에서 오히려 방해가 된다는 사실을 선교사들은 깨닫게 되었다. 아무리 신실하더라도 아직 어린 회심자들에게 복음을 전하는 일에 금전적인 대가를 지불한다는 것은, 더욱이 외국에서 보내오는 돈을 건넨다는 것은 설령 그리스도인의 성품에는 별다른 악영향을 끼치지 않을지 몰라도 분명히 좋지 않은 영향을 미칠 게 뻔했다.

복음 사역에 대한 하나님의 부르심이 모든 사람에게 명확하게 드러나는 시간이 찾아올 것이며, 중국 그리스도인들이 스스로 동족을 도와줄 준비를 갖출 때가 도래할 것이다. 중국인 교회를 통하지 않는다면 도대체 어떻게 중국을 복음화할 수 있었겠는가? 그리고 선교사들이 중국 현지인들의 영적 성장을 인내하며 기다리지 않는다면, 도대체 어떻게 회심자들이 우리 주 예수 그리스도를 향한 사랑 때문에 아무 대가 없이 자발적으로 섬기면서 찾아오는 기쁨을 맛볼 수 있었겠는가?

그러니까 결과적으로 이와 같은 원칙이야말로 허드슨 테일러와 동료 선교사들을 풍성한 삶으로 이끌어주었던 요인이었다. 그러는 사이에 어린 회심자들이 선교사들 주변에서 무럭무럭 자라나고 있었다. 적지 않은 의료사역에 매달리는 것에 더하여 허드슨 테일러는 길거리와 예배당에서 말씀을 전하는 일, 방문객을 영접하는 일, 서신 왕래와 회계 정리를 하는 일, 그리고 복음 전도 여행을 계속하고 있었다. 그러나 어떤 것도 방해하지 못하도록 하는 가장 중요한 일은 바로 그리스도인과 구도자들을 상대로 날마다 유익한 교제를 나누는 일이었다.

이와 같이 새로운 회심자들에게 지극한 사랑과 보살핌을 아끼지 않은 까닭에 그 사람들이 하나님의 일에 관한 은혜와 지식 안에서 날마다 자라가는 것은 전혀 이상한 일이 아니었다. 선교사들은 날마다 저녁 시간을 임의대로 계획했는데 일상적인 대중 집회를 가진 이후에 주의 깊게 준비된 성경 공부가 3단계로 진행되었다. 우선 첫 번째로 구약성경에서 뽑아낸 교훈을 가르쳤는데, 허드슨 테일러는 구약성경에서 깨달은 영적인 가르침을 굉장히 기쁘게 펼쳐놓았다. 그리고 잠시 휴식 시간을 가진 이후에 존 번연의 「천로역정」을 한 장씩 읽거나 다른 유익한 책을 한 장씩 읽었다. 그런 다음에는 마지막으로 신약성경을 한 단락씩 읽고 토론하면서 실제 생활에 적용하였다. 이것이 바로 매일 밤 진행되는 일상적인 순서였으며, 그렇게 차츰 주일에 이르면 특별한 예배 시간과 외부인들에게 전도하는 시간이 잡혀 있었다.

주일에도 가르치는 시간이 계획되어 있었다. 이로 말미암아 일주일에 하루씩 중국 그리스도인들은 가게나 상점을 닫아야 하기 때문에 생업과 관련하여 적지 않은 희생을 감수해야 했다. 그러나 허드슨 테일러와 동료 선교사들은 스스로 성장하는 든든한 교회란 주일성수 이외의 다른 어떤 기초 위에서는 세워질 수 없다는 사실을 너무나 잘 알고 있었다. 그러므로 선교사들은 그런 희생을 보람 있게 만들기 위하여 전력을 다하기로 작정하고, 이처럼 하나님께 드려지는 시간을 유익하고 즐거운 프로그램으로 가득 채우려고 노력했다.

정규 예배 시간 사이에는 그리스도인, 구도자, 환자, 학생, 그리고 하인들을 여러 반으로 나누어 재치 있고 개인적인 방법으로 가르쳤다. 선교사가 네 명밖에 없었기 때문에 이로 말미암아 선교사들에게는 주일이 굉장히 힘겨운 하루였다. 그러나 다소 수고스럽고 피곤한 느낌이 있더라도 새로운 회심자들이 보여주는 희생을 생각하면 감사하는 마음으로 더욱 힘을 내게 되었다.

어떤 회심자들은 먼 길을 오가야 했으며 거의 온종일 아무것도 먹지 못하는 경우도 있었다. 다른 회심자들은 핍박을 당하면서 개인적인 손해를 감수해야 하는 경우도 있었다. 그러나 대다수의 회심자는 주일예배만 온전하게 드릴 수 있다면 기꺼이 어떤 어려움도 감수했다. 왜냐하면 주일예배가 일주일을 살아가는 동안 각자에게 미치는 영향력을 생생하게 인식하고 있었기 때문이다.

그리하여 교회는 점점 성장하고 있었고, 선교사들도 발전하고 있었으며, 섬김의 기회도 점차 늘어나고 있었다. 허드슨 테일러가 결혼식을 올리던 해 여름에 조인된 톈진조약은 마침내 모든 내륙 지방으로 가는 길을 열어주었다. 이제는 외국인도 여권만 있으면 자유롭게 여행할 수 있는 권리를 확보하게 되었으며, 선교사들이 그토록 오랫동안 기도해왔던 각종 방안을 활용하는 일만 남았다. 그해 11월에 허드슨 테일러는 이렇게 편지했다.

"이 편지에 앞서 새로운 조약에 대한 소식을 들으셨을 것입니다. 닝보에 머물고 있는 우리 몇몇 선교사는 이곳을 떠나 내륙으로 들어갈지도 모릅니다. 그러니 부디 고국에 있는 교회들이 깨어나 더 많은 일꾼을 보내주셔서 이 기쁜 소식을 중국 내륙 지방에도 널리 알릴 수 있도록 도와주시지 않겠습니까? 우리 가운데 많은 사람이 중국 내륙으로 들어가기를 고대하고 있습니다. 아, 우리가 중국 내륙으로 들어가기를 얼마나 고대하고 있는지 모릅니다! 그러나 우리를 꽉 붙잡는 수많은 일거리와 의무들이 있어서 꼼짝달싹할 수가 없답니다. 오직 주님만이 여기서 우리를 풀어주실 수 있을 것입니다. 주님이 중국 그리스도인들에게 각양 은사를 허락하시고 적절한 자질을 갖추게 하셔서 이미 세워진 현지 교회들을 돌볼 수 있기를 기도합니다. 그리하여 우리는 개척 사역에 자유롭게 매진할 수 있으면 좋겠습니다."

이것은 모든 선교사의 한결같은 바람이었다. 곧 하나님이 축복하심으로써 중국 교회가 스스로 일어나 자립할 뿐만 아니라 자전할 수 있도록 해야 한다는 것이다. 그러나 주님 안에서 영적인 부모로서 여전히 선교사가 필요하다고 주장하는 일부 신자들의 요청도 무작정 뿌리칠 수 없는 상황이었다. 이러한 영혼들은 선교사들의 사랑과 기도에 뜨겁게 반응하여 열심히 헌신하고 있었기에 아무리 내륙 지방의 다른 영혼들을 구원한다는 그럴듯한 명분이 있더라도, 지금 이 순간에 어린 영혼들을 두고 떠난다는 것은 모든 사람의 지극한 신뢰를 무시하고 영적인 부모의 책임을 내팽개친다는 뜻이었다. 그 이후로 나타난 결과에서 충분히 증명된 것처럼 선교사들의 이와 같은 확신은 옳았다.

이러한 그리스도인들을 돌보기 위하여 니 씨, 넝퀘이 씨, 왕 씨를 비롯한 나머지 여러 신자는 하나님이 친히 쓰실 수 있는 사람들이었다. 비록 대부분 가난하고 못 배운 사람들이기는 했지만 그 사람들 역시 '사람을 낚는 어부'가 되어야 했다. 겨우 예닐곱 명에 지나지 않는 이러한 초기 회심자들이 중국내지선교회의 태동기에 사랑하는 지도자를 돕기 위하여 열심히 헌신해야 했다. 단지 인간적으로 말해서 이 사람들의 협력이 없었더라면 어떤 새로운 프로젝트도 제대로 추진되거나 실현되지 못했을 것이다.

이 무렵 교가에서 진행된 집중적인 사역으로 일궈낸 모든 성과는 훗날을 위한 커다란 밑거름이 되었다. 이러한 초기 회심자들은 마치 선교사나 다름없는 역할을 감당하면서 광범위한 영역에서 믿음의 자녀로 우뚝 성장하게 되었다. 그러니 영적인 축복을 전수하는 데 있어서 이보다 더 확실하고 멋있는 방법은 없을 것이다.

이와 같은 온갖 추수의 기쁨을 누리는 와중에서도 예기치 않게 일어난 뜻밖의 엄청난 슬픔으로 말미암아 허드슨 테일러는 새로운 책임을 떠맡지 않을 수 없게 되었다. 파커 박사는 최근 외국인 정착지 건너편에 새로운 병원을 완공했다. 성문 곁에 웅장하게 자리 잡아 유유히 흐르는 강물을 내려다볼 수 있는 널찍한 건물은 날마다 수많은 사람의 눈길을 사로잡고 있었다. 여러 해 동안 천신만고 끝에 건축한 이 건물은 선교 사역의 필요에 따라 모든 것을 요모조모 적절히 개조해 놓았기 때문이다.

그러나 정작 파커 박사의 가정에는 가슴 아픈 일이 발생했다. 지금까지 수많은 난관을 용감하게 극복해온 장본인이었건만 몇 시간의 고통스러운 몸부림 끝에 어린아이를 네 명이나 남겨 놓고 이 세상을 떠난 사랑하는 아내의 죽음 앞에서 파커 박사는 그만 넋을 잃고 말았다. 더구나 아이 가운데 한 명은 심하게 앓고 있어서 결국 아이들을 고국인 스코틀랜드로 데려갈 수밖에 없다고 생각하게 되었다.

그렇다면 병원은 도대체 어떻게 해야 한단 말인가? 병실은 환자들로 넘쳐났고, 약방은 도움을 요청하는 사람들의 줄이 길게 늘어서서 날마다 혼잡했다. 파커 박사의 자리를 대신할 만큼 한가한 다른 의사가 없었지만, 그렇다고 겨울이 가까워 오는데 병원 문을 닫는다는 것은 더더욱 생각할 수 없는 조치였다. 이 병원은 파커 박사가 개인적으로 진료한 외국인 치료비를 수익으로 삼아 운영되었기 때문에 비록 병원 사역을 계속해나갈 만한 운영비가 남아 있지는 않았지만, 아마도 옛 동료인 테일러라면 어떻게든 약방이라도 계속 운영할 수 있다고 생각했다. 그래서 허드슨 테일러는 전혀 예상치 못한 제안을 받게 되었다. 그 당시의 상황을 테일러는 이렇게 회상했다.

> "주님의 인도하심을 기다린 끝에 나는 약방뿐만 아니라 병원도 함께 떠맡을 수밖에 없다고 느꼈다. 그러나 병원운영에 필요한 모든 수단을 공급해주시도록 오직 기도를 들으시는 하나님의 신실하심에 의존하는 수밖에 없었다."

때때로 자그마치 50명이나 되는 입원환자들이 있었으며, 그 외에도 약방을 찾는 사람의 숫자는 훨씬 더 많았다. 보통 30개 병상이 무료 환자에게 돌아갔고, 그보다 좀 더 많은 병상이 중독 증세를 치료받는 동안 실제로 병원비를 부담하는 아편 중독자들에게 돌아갔다. 외래환자들에게 필요한 각종 의료기구나 용품뿐만 아니라 병실에 입원한 환자들에게 필요한 모든 물품도 무료로 제공되고 있었기에 일상적인 병원 운영비가 상당한 수준이었다. 병원 조수들도 필요했는데, 이 사람들에게도 경제적인 지원이 있어야 했다. 이 모든 것을 유지하기 위한 운영비가 지금까지는 파커 박사의 외국인 진료 덕분에 충당되고 있었지만 파커 박사가 떠나자 이와 같은 수입원도 끊기게 되었다. 그러나 우리 주 예수 그리스도의 이름으로 무엇이든지 구하면 하나님이 이루어주신다고 말씀하시지 않았던가? 섣불리 하나님 나라를 전파하겠다고 나서기 전에 먼저 하나님 나라를 구하라고 말씀하시지 않았던가? 그리하면 "이 모든 것을 우리에게 더하시리라"고 약속하시지 않았던가? 이러한 약속은 틀림없이 이루어졌다.

주변 상황이 그다지 녹록하지 않다는 사실도, 고국에 있는 친구들 가운데 누구도 이런 형편을 예견할 수 없었다는 사실도, 도움을 요청하는 편지를 보낸 지 여러 달이 지나도 별다른 반응이 없다는 사실도 이 젊은 선교사들에게는 크게 문제 되지 않았다. 도움을 구하기 위해 오직 주님만을 보았을 때 주님이 단 한 번이라도 실망시키신 적이 있었던가? 비상시를 대비하는 믿음의 비결은 오직 믿음으로 나아오는 자들에게 생생하게 살아서 역사하시는 하나님을 날마다 고요히 실제적으로 의뢰하는 것이다. 이와 같은 상황을 허드슨 테일러는 이렇게 기록했다.

"닝보병원을 떠맡기 8일 전까지만 하더라도 모든 일이 그런 식으로 진행되리라고는 꿈에도 생각하지 못했다. 하물며 고국에 있는 친구들이 그런 필요를 예견한다는 것은 더더욱 있을 수 없는 일이었다. 그러나 주님은 이 모든 상황을 충분히 예상하셨다. 그 이후에 벌어진 사건들이 이를 넉넉히 입증해주었다."

파커 박사를 돕던 조력자들은 변화된 상황을 파악하고, 다시 말해 그 달에 필요한 운영비만큼만 수중에 있으며, 그 이후로는 오직 기도만이 유일한 공급원이라는 사실을 눈치채자 자연스럽게 병원을 그만두었으며, 결과적으로 다른 일꾼을 채용할 수 있는 길이 열렸다. 파커 박사는 오래전부터 그런 변화를 시도하고 싶었지만 도대체 다른 조력자들을 어떻게 구해야 할지 몰랐을 뿐이었다.

그러나 허드슨 테일러는 그 길을 잘 알고 있었으며, 한결 가벼운 마음으로 자기를 헌신적으로 따르던 소수의 중국인 그리스도인들에게 눈길을 돌렸다. 교가의 그리스도인들에게는 영적인 축복뿐만 아니라 이 세상의 일시적인 축복에 대해서도 주님을 신뢰하는 것이 너무나 자연스러워 보였기 때문이다. 지극히 커다란 축복을 베푸시는 하나님이 지극히 조그만 축복을 허락하시지 않겠는가? 허드슨 테일러 '선생님'이 너무나 자주 상기시켜주었던 것처럼 그분은 자녀들의 필요를 절대로 잊어버리시지 않는 살아계신 하나님 아버지가 아니던가?

그리하여 이 그리스도인들은 이런저런 모양으로 병원에 들어와서 기쁜 마음으로 선교사 친구들의 일손을 거들어주었을 뿐만 아니라 자신과 더불어 주변 모든 사람에게 하나님의 신실하심을 새롭게 증명해 보였다. 어떤 사람은 이런 방법으로, 다른 사람은 저런 방식으로 일손을 도왔으며, 어떤 사람은 남는 시간을, 다른 사람들은 스스로 생계를 조달하면서 아무런 대가를 바라지 않고서 온통 시간을 내주기도 했다. 모든 사람이 한마음으로 기도하며 병원 구석구석에서 각자 저마다 다양한 일을 감당했다.

그러므로 약방과 병실에 새로운 분위기가 감돌기 시작한 것은 전혀 이상한 일이 아니었다. 환자들도 처음에는 어쨌든 그런 분위기를 쉽게 받아들일 수 없었으나, 그럼에도 점차 즐겁고 편안한 분위기와 모든 일을 열정적으로 처리하는 모습에 감동할 수밖에 없었다. 날마다 새로운 관심을 불러일으키는 광경으로 가득했다. 왜냐하면 이러한 조력자들, 곧 풀 베는 사람 왕 씨와 화공인 왕 씨, 니 씨, 넝퀘이 씨를 비롯한 여러 다른 사람들은 영원한 행복의 비밀을 소유한 것처럼 보였으며, 너무나 많은 것을 나눠주고 싶어 했다.

이 사람들은 병실에서 일하며 친절하게 정성을 다했을 뿐만 아니라 시간이 있을 때마다 자기네 삶을 변화시킨 분에 대하여 이야기하였으며, 안식을 찾아 그분께 나아오는 자들을 모두 영접할 준비가 되어 있는 분에 관한 이야기를 들려주었다. 그리고 거기에는 여러 가지 책과 그림을 비롯하여 찬양이 포함되어 있었다. 모든 것이 정말로 찬양할 수밖에 없어 보이는 분위기였다. 그리고 예배당에서 진행되는 일상적인 집회는 모든 사람에게 훨씬 더 많은 것을 갈망하게 했다.

중국에서는 계속해서 비밀로 남아 있을 수 있는 게 거의 없었다. 현재 병원이 운영되고 있는 재정적인 기반도 그 가운데 하나였다. 머지않아 환자들도 모든 사실을 알게 되었으며 그 추이를 주의 깊게 살펴보고 있었다. 이것 역시 사람들 사이에 화젯거리가 되었다. 파커 박사가 남겨놓은 돈은 거의 다 소진되었으며, 허드슨 테일러의 잔고도 거의 다 떨어져 가고 있었기 때문에 다음으로 무슨 일이 벌어질 것인가에 관한 많은 억측이 나돌았다.

두말할 나위도 없이 이 무렵 허드슨 테일러는 혼자서든, 아니면 소수의 조력자와 함께든 기도에 많은 시간을 할애했다. 이것은 아마 허드슨이 지금까지 맞이했던 다른 어떤 시련보다 공개적이었으며, 그런 의미에서 훨씬 더 중요한 시험이었다. 허드슨 테일러는 여기에 병원 사역의 지속 가능성뿐만 아니라 적지 않은 사람들의 믿음이 걸려 있다는 사실을 깨달았다. 그러나 기대하던 응답을 받지 못한 채 여러 날이 그냥 속절없이 지나가고 있었다.

마침내 어느 날 아침 주방 담당인 퀘이화(Kuei-hua, 이 사람은 상하이와 충밍을 비롯한 여러 곳에서 허드슨 테일러 선교사와 함께 사역했던 굉장히 귀한 하나님의 종이었으며, 이제(1932년)는 유망한 그리스도인으로 성장했다 – 역주) 씨가 심각한 소식을 가지고 테일러 선교사 앞에 나타났다. 바로 마지막 쌀 가마니를 헐어서 밥을 짓고 있는데 이마저도 급격하게 줄어들고 있다는 것이었다.

"그렇다면 주님이 우리를 도와주실 시간이 가까이 다가왔음이 틀림없어요." 허드슨 테일러가 대답했다. 이와 같은 믿음의 고백은 곧바로 증명되었다. 왜냐하면 마지막 가마니에서 쌀이 다 떨어지기도 전에 이전에는 절대 받아보지 못했던 가장 놀라운 소식을 담고 있는 편지 한 통이 테일러 선교사에게 도착했기 때문이다.

영국에서 버거가 보내온 편지였다. 버거는 이전에도 테일러 선교사에게 한 번씩 아무 말 없이 송금한 적이 있었는데 이번에는 거금 50파운드짜리 수표를 보내왔던 것이다. 게다가 이번 편지에서는 버거에게 무거운 마음의 부담이 있었다는 이야기를 담고 있었으며, 그것은 하나님을 위해 재산을 사용해야겠다는 부담이었다고 털어놓았다. 최근에 아버지가 세상을 떠나셨는데, 자신에게 상당히 많은 재산을 남겨주었다는 것이다. 그러나 버거는 개인적인 목적으로 그 재산을 사용하고 싶지 않았다. 유산을 상속받기 전에도 이미 충분한 재산이 있었으며, 따라서 자신에게 상속된 유산에 대해서는 하나님의 목적에 따라 인도함을 받기 위해 지금 기도하고 있다는 것이었다. 중국에 있는 선교사 친구들이 자신을 도와줄 수 있을지 묻고 있었다. 이번에 동봉한 수표는 당장 필요한 용도로 사용하라고 보낸 것이었으며, 선교사들이 유익한 목적으로 더 많은 돈이 필요할 경우, 그 문제에 대해서 충분히 기도해본 뒤에 상세한 내용을 적어서 보내달라는 편지였다.

50파운드라니! 그 수표가 바로 식탁 위에 놓여 있었다. 마지막 쌀 가마나 병원의 수많은 필요에 대해 아무것도 모르면서도 멀리 떨어져 있는 영국 친구는 사실상 필요할 경우에 더 많은 돈을 보낼 수도 있다고 제안했다. 허드슨 테일러가 너무나 감사하고 경이로운 마음으로 어안이 벙벙해진 것은 당연했다. 현실적인 이유나 믿음 부족을 구실로 병원 인수를 거절했다면 과연 어떻게 되었겠는가? 이토록 신실하게 약속을 지키시는 하나님 아버지를 두고서도 믿음이 부족하다니!

그 당시 중국에는 열정적으로 모이는 구세군이 없었으나 예배당에서 열린 찬양집회는 온갖 기쁨의 찬송과 환호 속에서 진행되는 바람에 충분히 그와 유사한 구세군 모임을 연상할 수 있었다. 그러나 언제 끝날지 모르는 구세군 집회와는 달리 서둘러 축하 예배를 마쳐야 했다. 왜냐하면 병실에서 환자들이 기다리고 있지 않은가? 일평생 단지 공허하고 무의미한 우상 숭배밖에 모르고 살았던 환자들도 이런 찬송과 환호 소리를 듣게 되었다.

"이와 같은 기적을 일으킬 수 있는 이방신이 또 어디에 있는가?" "우리의 신은 언제 한 번이라도 이런 곤궁한 상황에서 우리를 구해주거나 이런 어려움을 겪을 때 기도에 응답한 적이 있었던가?" 이 과정에서 수많은 사람이 저마다 한마디씩 던지는 질문이었다.

중국을 떠나 조용히 보낸 시간들

오, 이 사람들을 구원하소서. 이 사람들의 구원을 위하여
목숨을 바치게 하소서. 이 사람들의 생명을 위하여 죽을 수 있게 하소서.
이 모든 사람을 위하여 희생제물이 되게 하소서.

이처럼 병원 사역에 새롭게 동참한 사람들은 날마다 분주하고 행복하게 일을 감당했다. 그래서 9개월 만에 병원 환자 중에서 16명이 침례를 받는 한편, 30명 이상의 다른 사람들이 닝보의 교회 가운데 몇몇 교회에서 정식 교인으로 맞아들이기 위한 후보자가 되었다. 이렇게 중국에서 보낸 6년 동안, 겨우 6년 만에 선교사들은 뚜렷한 흔적을 남겼지만 불행히도 허드슨 테일러의 건강이 급속하게 나빠지고 있었다. 허드슨 테일러는 아버지에게 이렇게 편지했다.

"이곳 중국에 있는 수많은 사람이 주님을 모른 채 멸망하고 있습니다. 하나님이 우리의 사역을 너무나 축복하고 계시기는 하지만 우리는 점차 피로에 지쳐가고 있으며, 반드시 도움이 필요합니

다. 아버지께서 알고 계시는 젊은이 중에서 실제로 후원받는 것외에는 더는 아무것도 바라지 않으면서, 오직 중국에서 하나님을 섬기길 간절히 원하는 헌신적인 사람이 있나요? 기꺼이 중국으로 와서 수고를 아끼지 않을 젊은이 말이에요! 아, 그런 동역자가 네댓 명만 더 있으면 얼마나 좋을까요! 아마 그런 젊은이들이라면 족히 6개월이면 중국어로 말씀을 전할 수 있을 테고, 후원을 요청하는 기도에 대한 응답은 분명히 이루어질 거예요."

이러한 절박한 사정 때문에 허드슨 테일러는 중대한 건강 이상을 견디면서 계속 사역에 뛰어들었다. 하지만 결국 1860년에는 너무나 병약해져서 영국으로 돌아올 수밖에 없는 고통스러운 작별을 고해야 했다.

이처럼 영혼을 구해야 한다는 절박한 심정이 그로부터 영국에 머무는 여러 해 동안에도 계속해서 허드슨을 떠받치고 있었지만, 이때 의사들은 절대 중국으로 돌아갈 수 없을 정도로 허드슨 테일러의 건강이 악화되었다고 확실하게 진단했던 것으로 보인다.

그러나 지금까지 두 눈으로 똑똑히 목격한 대로 중국에서 죽어가는 가난한 영혼들에 대한 전도의 엄청난 필요성과 이에 대한 남다른 깊은 책임감이 허드슨 테일러의 영혼 속에서는 끝없이 타올라 결코 사그라지지 않았다. 아무리 건강이 악화되고 주변에서 만류하더라도, 어떤 어려움이 닥치더라도 중국에서 죽어가는 수백만의 영혼을 그리스도께로 인도해야 한다는 소명감을 약화시킬 수는 없었다.

런던 동쪽 끝에 자리를 잡아 예전에 일했던 병원 가까이에 머물면서 테일러 선교사는 점차 건강을 회복하자 본격적으로 의학 공부를 다시 시작했다. 또한 로마자로 표기된 닝보 성경을 개정하는 작업에 착수했다. 영국성서공회에서 새로운 개정판을 출판해주기로 동의했기 때문이다. 그리고 한동안 중국을 평생 선교지로 고려하고 있던 젊은이들과 상당히 많은 편지를 주고받았다. 그 결과 한 사람, 겨우 단 한 명만이 존스 선교사 부부와 동역하기 위해 닝보로 떠나게 되었다.

그러나 중국 선교에 대한 외부 사람들의 관심은 점차 줄어들고 있는 것처럼 보였으며, 그럼에도 테일러 선교사 부부는 관심 있는 몇몇 친구와 함께 조용히 기도하면서 인내심을 갖고 기다렸다. 이제 갓 스물아홉 살과 스물네 살의 나이에 그토록 사랑했던 중국 선교 사역을 옆으로 제쳐두고 어쩔 수 없이 단념한 채로 영국 런던의 가난한 지역에 위치한 한적한 거리에서 침체된 생활을 영위하기란 그다지 녹록하지 않았다. 그러나 이토록 젊은 선교사 부부에게 각종 성장과 시련을 거치면서 이렇게 뒤로 물러나는 시절이 없었더라면 도대체 어떻게 장차 지도력을 발휘하기 위한 원대한 비전과 뜨거운 열정이 성숙할 수 있었겠는가?

중국을 떠나 조용히 영국에서 보냈던 5년이라는 상당히 긴 시간 동안 두 사람이 겪은 일에 관해서는 지금까지 거의 알려지지 않았었지만 먼지가 수북이 쌓인 오래된 포장 상자가 발견되면서 조금씩 알려지기 시작했다. 상자 속에서 허드슨 테일러의 친필로 가득한 크고 작은 노트가 상당히 많이 발견되었기 때문이다. 우리는 수많은 쓸모 없는 잡다한 쓰레기 속에서 차례로 그것들을 찾아냈는데, 단 한 권도 잃어버리지 않고 열두 권이 통째로 고스란히 우리 앞에 나타났다. 빛바랜 기록을 더듬어가다 보면 가끔 눈물이 앞을 가리는 정말 놀라운 이야기들이 생생하게 펼쳐지고 있었다!

이처럼 아직 제대로 알려지지 않은 기록에 따르면 이 기간에 허드슨 테일러 선교사 부부는 하나님과 더욱더 친밀해지면서 그분을 더욱 의지하게 되었음이 확연히 드러난다. 여기에는 믿음이 있었으며, 아주 보잘것없는 세세한 일에 관해서도 신실함이 절절히 묻어났다. 여기에는 헌신이 있었으며, 끊임없는 수고로 이끌어가는 자기희생의 정신을 보여주었다. 여기에는 기도가 있었으며, 끈덕지게 부르짖는 기도에 대한 놀라운 응답이 나타났다.

그러나 이보다 더한 것이 있었다. 곧 하나님을 열심히 따라가는 한 영혼의 깊고 고독한 오랜 훈련이 있었다. 여기에는 눈에 보이는 것이 아니라 믿음으로 동행하도록 부르신 한 사람에 대한 점진적인 성장이 있었다. 오직 하나님 한 분만을 집요하게 추구하는 심령에 허락하시는 이루 다 형언할 수 없는 확신이 있었다. 이것은 다른 어떤 것으로도 할 수 없을 만큼 하나님을 기쁘시게 하였다. "믿음이 없이는 하나님을 기쁘시게 하지 못하나니 하나님께 나아가는 자는 반드시 그가 계신 것과 또한 그가 자기를 찾는 자들에게 상 주시는 이심을 믿어야 할지니라"(히 11:6).

겉으로 보기에는 이 시절이 조용하고 일상적인 업무로 가득했지만 다른 한편으로는 온갖 종류의 시련과 기쁨으로 풍성하기도 했다. 닝보에서 그토록 커다란 행복을 안겨주었던 귀여운 딸에게 이제는 남동생이 셋이나 생겼다. 가정과 아이들을 매우 제한된 재정으로 돌봐야 했으며, 오직 하나님만을 곧바로 의뢰하는 과정에서 테일러 선교사 부부는 가끔 믿음이 시험받기도 했다.

닝보의 선교 사역을 위해서도 지속적인 서신 왕래를 통하여 공급과 지시가 있어야 했다. 신약성경을 개정하는 작업은 난외 관주를 다는 일까지 추가되어 줄어들기보다는 오히려 더 늘어나는 것처럼 보였다. 이 난외 관주는 나중에 닝보의 그리스도인들뿐만 아니라 그 사람들을 훈련시키는 수고에 굉장히 소중한 도움을 주었던 것으로 드러났다. 한편 이처럼 하나님의 말씀에 날마다 많은 시간을 쏟아부었던 젊은 선교사에게도 상당히 커다란 축복을 내려주셨다.

허드슨 테일러가 성경 개정작업에 쏟아부은 열정과 시간은 정말 놀라운 것이었으며, 다음과 같은 기록을 보더라도 거의 믿을 수 없을 정도였다. 테일러 선교사는 주요 업무에 사용한 시간을 날마다 기록해두었는데, 다음과 같은 기재 사항에 한 가지 내용이 매우 자주 등장하고 있다.

4월 27일, 성경 개정작업 7시간(저녁 시간은 엑스터 홀에서).
4월 28일, 성경 개정작업 9시간 30분.
4월 29일, 성경 개정작업 11시간.
4월 30일, 성경 개정작업 5시간 30분(침례교선교회 집회).
5월 01일, 성경 개정작업 8시간 30분
　　　　　　　(밤 10시까지 방문객과 환담).
5월 02일, 성경 개정작업 13시간.
5월 03일, 베이스워터에서 주일을 보냄. 오전에는 루이스 목사님의 설교(요 3:33)를 듣다. 오후에 거기서 성찬식을 거행함. 저녁에는 집에 머물면서 중국 선교 사역을 위해 기도에 힘쓰다.

5월 04일, 성경 개정작업 4시간(편지 답장, 방문객과 환담).

5월 05일, 성경 개정작업 11시간 30분.

5월 06일, 성경 개정작업 7시간(몇 차례 중요한 면담을 갖다).

5월 07일, 성경 개정작업 9시간 30분.

5월 08일, 성경 개정작업 10시간 30분.

5월 09일, 성경 개정작업 13시간.

5월 10일, 주일 오전, 왕래전(Wang Lae-djun. 닝보의 그리스도인으로서 자원하여 영국으로 건너와 아무런 보수 없이 허드슨 테일러 선교사 부부의 선교 사역을 도와주었다. 이와 같은 인연이 굉장히 중대한 영향을 미친 결과, 중국내지선교회에서 최초의 중국인 선교사이자 그로부터 30년 동안 가장 헌신적으로 활동한 목사 가운데 하나가 되었다 – 편집자 주) 씨와 함께 히브리서 11장 초반부를 공부하면서 즐거운 시간을 보냈다. 그리고 제임스 메도우즈(James Meadows. 제임스 메도우즈 선교사는 중국내지선교회를 창립하기 3년 전인 1862년에 중국으로 건너가 거기서 50년 이상 이 선교회의 영광스러운 회원으로 활동했다. 두 딸은 여전히 중국에 남아서 이 선교회의 회원으로 활동하고 있다 – 편집자 주) 선교사에게 편지를 썼다.

오후에는 아내 마리아와 함께 이사 문제, 메도우즈 선교사, 참된 사랑, 성경 개정작업을 위하여 기도했다.

그리고 로드(E. C. Lord. 닝보의 로드 목사는 비록 미국침례교선
교회에 소속되어 있기는 했지만 존스 선교사 후임으로 교가교회를
돌보는 책임을 맡게 되었으며, 메도우즈 선교사 부부에게 굉장히 많
은 도움을 베풀었다. 존스 선교사는 병을 얻어서 중국을 떠나야 했
지만 영국으로 돌아오는 도중에 하나님의 부르심을 받았다 - 편집
자 주) 선교사에게 편지를 보냈다. 저녁에는 "그가 남은
구원하였으되 자기는 구원할 수 없도다"(마 27:42)는
말씀에 대해 케네디 목사님의 설교를 들었다. 온유와
인내와 사랑의 예수님을 더 많이 닮을 수 있게 하소서!
주님, 제가 더욱 가까이 주님께로 나아갈 수 있게 하
소서!

　　앞서 언급한 여러 가지 집회는 대부분 그 당시에 허드슨 테일러
선교사가 주로 감당해야 할 일이었다. 왜냐하면 중국 내륙 지방 선교
에 기성 교단을 참여시키기 위하여 전력을 다하고 있었기 때문이다.
혼자서든 아니면 성경 개정작업을 도와주던 동료인 중국선교회의 고
우(F. F. Gough) 목사와 함께이든 간에 여러 선교 단체의 책임자들
을 방문하여 오랫동안 무관심했던 선교 현장의 필요성에 대해 역설하
면서, 톈진조약 이후로 여권만 발급받으면 중국 내륙 지방 어디든지
여행할 수 있을 뿐만 아니라 거주할 수도 있다고 강조했다. 그러나 어
느 선교 단체에서든 동정하는 말만 늘어놓을 뿐 아무도 이토록 엄청
난 사업에 과감하게 뛰어들어 책임을 떠맡겠다고 나서지 않았다.
　　이 모든 상황에도 당연히 허드슨 테일러는 일관된 반응을 보였으

며, 중국의 특정 지역에 대한 개인적인 지식에 중국 전역에 대한 세밀한 연구가 더해지자 그 결과는 실로 엄청난 열매로 나타났다. 왜냐하면 친구인 루이스 목사가 침례 교단 잡지인 〈뱁티스트〉지의 편집자로서 닝보 선교에 대한 관심을 일깨우기 위하여 연재 기사를 써달라고 부탁했기 때문이다. 테일러 선교사는 이 기사를 본격적으로 준비하기 시작했으며, 루이스 목사가 두 번째 원고를 의뢰했을 때는 이미 첫 번째 원고를 실은 잡지가 발행된 직후였다. 루이스 목사가 판단하기에 이 기사들은 너무나 중요하고 무게 있는 내용이라서 침례 교단 잡지에만 싣기에는 너무 아깝다고 말해주었다.

그러면서 이렇게 격려하였다. "이 기사에 내용을 좀 보충합시다. 닝보 선교에 국한하지 말고 중국 전체를 다루어보세요. 그래서 중국 내지선교를 호소하는 글이 영국 교회에 널리 발표되도록 합시다."

그리하여 중국의 모든 지역에 관한 영적 필요를 세밀하게 연구하게 되었으며, 중국에 딸린 부속 지역에 관해서도 철저하게 조사했다. 닝보에 있는 동안 주변 사람들의 즉각적인 필요에 대처해야 하는 부담이 너무나 컸기 때문에 테일러 선교사는 멀리 떨어져 있는 내륙 현장의 훨씬 더 커다란 필요에 대해서는 그다지 많은 생각을 집중할 수가 없었다. 그러나 이제 서재 벽에 걸어놓은 중국 지도와 자기 영혼을 사로잡는 약속들로 가득한 성경을 날마다 쳐다보고 있노라면 중국 내륙의 광대한 지방들이 마치 해안 가까이에서 일하던 지역만큼 친근하게 다가왔다. "애타는 심정으로 가득한 마음을 어떻게든 달랠 수 있는 유일한 길은 기도밖에 없었다"는 말이 조금도 이상하게 들리지 않았다.

그러나 아무리 기도해도 도저히 위로받지 못하고, 오히려 한동안 뒤로 물러나 있던 일을 본격적으로 다시 시작하는 쪽에 점점 더 많이 헌신해야 하는 것처럼 느껴졌을 때 정말 커다란 위기가 닥쳐왔다. 왜냐하면 그는 자기 앞에 펼쳐놓은 성경 말씀의 조명 아래서 하나님이 자기 기도에 응답하기 위해서는 자신을 사용하실 수밖에 없다는 사실을 점차 깨닫기 시작했기 때문이다. 이에 대해서 허드슨은 이렇게 기록했다.

"필요한 일꾼들을 하나님이 구하여 그 사람들과 함께 직접 중국으로 들어가기를 원하신다고 점차 확신하게 되었다. 그러나 불신앙이 그 첫 번째 발걸음을 떼지 못하도록 나를 오랫동안 가로막았었다.

하나님 말씀을 공부하는 중에 깨우친 사실은 성공적으로 일꾼을 구하기 위해서는 각 교단이나 선교 단체를 일일이 찾아다니면서 애써 도움을 호소하기보다 먼저 하나님께 일꾼을 보내달라고 간절히 기도하고, 두 번째로 영국 교회에 영적 부흥을 일으켜서 사람들이 편안하게 고국에만 머물러 있지 않도록 해야 한다는 것이었다. 사도들이 따랐던 계획은 먼저 어떤 방법이나 수단을 강구하는 것이 아니라 '그런즉 너희는 먼저 그의 나라와 그의 의를 구하라 그리하면 이 모든 것을 너희에게 더하시리라'(마 6:33)는 말씀으로 분명하게 약속하신 주님을 의뢰하면서 믿음으로 나아가 사역을 감당하는 것임을 깨닫게 되었다.

그러나 변덕스러운 불신앙이 항상 어찌나 끈덕지게 나를 물고 늘

어지는가! 우리 주 예수 그리스도의 이름으로 동료 일꾼들을 보
내달라고 기도하면 기도한 대로 이루어지리라는 것을 전혀 의심
하지 않았다. 그러한 기도에 대한 응답으로 우리가 중국으로 나
아가는 데 필요한 재정도 채워지리라는 것에 대해서 아무런 의심
이 없었다. 또한 이 거대한 제국의 미전도 지역으로 들어가는 문
이 우리 앞에 열릴 것이라는 사실도 믿어 의심치 않았다.

그러나 이때까지도 나에게 능력과 은혜를 허락해주시는 하나님
을 전적으로 신뢰하는 법을 제대로 배우지 못했다. 그러니 나와
함께 가기 위해 준비되어 있을지도 모르는 다른 사람들을 지켜주
시는 하나님을 신뢰하지 못하는 것도 전혀 이상한 일이 아니었
다. 이러한 선교 사역과 반드시 연결된 온갖 위험과 역경과 시련
중에서도 비교적 미숙한 그리스도인들 가운데 일부가 중압감을
견디지 못하고 쓰러지면서 자신에게 불공평한 일을 감당하도록
부추겼다고 나를 신랄하게 비난할까 두려워하기도 했다.

그렇다면 이제 도대체 어떻게 해야 한단 말인가? 나를 짓누르는
엄청난 죄책감이 점점 더 무거워졌다. 단지 내가 일꾼을 보내달
라고 구하지 않았기 때문에 일꾼들이 앞으로 나서지 않는 것처럼
느껴졌으며, 중국으로 나아가지 못하는 것만 같았다. 그런데 중
국 땅에서는 날마다 수많은 사람이 그리스도를 알지 못한 채로
무덤으로 들어가고 있었다. 멸망하는 중국이 온통 내 마음과 생
각을 차지하고 있어서 낮에는 평안을 찾을 수가 없었고, 밤에는
잠을 이룰 수가 없었다. 급기야 건강이 몹시 나빠지게 되었다.”

이처럼 중국을 떠나 조용히 영국에서 지내던 시절에도 나름대로 많은 일이 이루어지고 있었다. 하나님이 사용하실만한 그릇이 준비되고 있었으며, 영국 런던 동쪽에 위치한 조그만 집에서 올려드리는 설복하는 기도들은 신속하게 예기치 않은 응답으로 나타나기 시작했다.

깊은 어둠을 뚫고 나와

오직 믿음은 홀로 걸어가는 것이다. 앞에도 뒤에도
아무것도 없다. 믿음의 발걸음은 허공을 내딛는 듯하지만
발아래서 든든한 반석을 발견하게 된다.

여름이 다시 찾아왔다. 런던 동쪽 거리는 무덥고 지저분했다. 건강이 그다지 좋지 않다는 소식을 듣고서 오랜 친구인 런던선교회 피어스 총무가 브리턴 해변으로 와서 며칠 쉬다 가라고 테일러 부부를 초대했다. 남편의 건강을 걱정하던 테일러 부인은 해변으로 와서 쉬도록 하라는 제안에 몹시 기뻐했다. 비록 남편이 현재 고민하는 것들을 단편적으로밖에 이해할 수 없었지만 말이다. 심지어 부인에게조차도 견디기 힘든 영혼의 고뇌를 충분히 털어놓을 수가 없었던 것이다.

그런 까닭에 바로 그 주일 아침에 브리턴 해변의 모래사장을 걸으면서 일생일대의 위기를 맞이한 순간에 그는 혼자였다. 그날 이른 아침부터 다른 사람들과 함께 교회 예배에 참석했지만 자신이 구원받은 것만을 축복으로 여기면서 기뻐하는 수많은 사람의 모습은 도

저히 견디기 힘든 광경이었다. 광활한 중국에서 죽어가고 있는 잃어버린 영혼들에 대해서는 아무도 관심을 기울이지 않고 있었다. "또 이 우리에 들지 아니한 다른 양들이 내게 있어 내가 인도하여야 할 터이니 그들도 내 음성을 듣고 한 무리가 되어 한 목자에게 있으리라"(요 10:16). 주님의 나지막한 음성이, 주님의 얼굴에 비치는 인자하신 사랑이 조용히 간청하고 있었다.

허드슨 테일러는 하나님이 말씀하고 계신다고 느꼈다. 지금까지 살펴본 대로 자신이 하나님의 뜻에 순종하여 하나님의 인도하심 아래 기도하기만 하면 중국 내륙 지방에 복음을 전할 전도자들을 보내주신다는 것을 잘 알고 있었다. 그 사람들을 후원하는 문제에 관해서도 아무런 걱정이 없었다. 일꾼을 불러서 보내신 하나님이 일용할 양식도 분명히 공급해주실 것이기 때문이다.

그러나 만약 선교사들이 도중에 넘어지면 과연 어떻게 해야 한단 말인가? 지금 허드슨 테일러는 뻔히 정답을 아는 상황으로 고민하고 있었다. 그는 중국의 생활 여건에 친숙했으며, 실제로 어떤 어려움을 겪어야 하는지, 가까운 주변에 어떤 대적들의 견고한 요새가 구축되어 있는지 잘 알고 있었지만, 동료 사역자들이 이런 환경을 견디다 못해 쓰러진 채로 자신에게 비난의 화살을 돌린다면 도대체 어떻게 해야 한단 말인가? 이때의 상황을 허드슨 테일러는 이렇게 회상했다.

"그것은 단지 자기 안에 불신앙을 끌어들이는 것이나 마찬가지였다. 사탄은 끊임없이 이렇게 느끼도록 속삭였다. 가령 기도와 믿음이 점점 더 우리를 곤경에 빠져들게 한다면 얼른 거기에서 도

망쳐 나오는 게 상책이라고 말이다. 나는 그 당시에 주님이 일꾼
들을 보내주시고 재정적인 필요를 채워주시는 전능하신 하나님
이라는 사실을 제대로 깨닫지 못하고 있었다. 바로 그 하나님이
심지어 깊숙한 중국 내륙 지방에서도 그들의 믿음을 충분히 지켜
주실 분임을 믿지 못하고 있었던 것이다."

한편 전도자의 아름다운 소식을 기다리는 거대한 중국에서는 한
달에 100만 명이나 되는 영혼들이 하나님을 모른 채 죽어가고 있었
다. 이것이 바로 허드슨 테일러의 영혼을 불타오르게 했다. 이제는
결단해야 할 때라는 것을 잘 알고 있었다. 더는 갈등으로 세월을 헛
되이 보낼 수 없었기 때문이다. 단지 일꾼들을 보내달라고 기도하는
것은 비교적 쉬운 일이었으나 과연 지도력을 발휘해야 하는 부담에
대해서는 어떻게 해야 한단 말인가?

"엄청난 영적 번민을 거듭하면서 홀로 모래사장 위를 이리저리 걷
고 있었다. 그런데 바로 거기에서 주님은 내 불신앙을 정복해주
셨으며, 중국 선교 사역에 대해서도 나를 하나님께 굴복시키셨
다. 여러 가지 문제나 결과에 대한 모든 책임은 분명히 주님께 있
다고 고백했다. 하나님의 종으로서 주님께 순종하면서 따르는 책
임은 내 몫이지만 나 자신을 비롯하여 나와 함께 수고할 사람들
을 인도하고 돌보아주시는 책임은 하나님의 몫이었다. 그와 동시
에 무거웠던 마음은 곧장 평안을 회복하고 기쁨이 찾아들었다.
바로 그 자리에서 중국에서 일할 24명의 동료 사역자를 보내달라

고 간구했다. 아직도 선교사가 전혀 들어가지 않은 11개의 성(城)에 각각 2명씩 파송하고, 몽골 지방에 2명을 파송하기 위해서였다. 그리고 내가 들고 있던 성경 여백에다 간구 내용을 기록하고서 즐거운 마음으로 집으로 발길을 돌렸다. 마치 낯선 사람처럼 수개월 동안 그런 평안을 누리지 못했었다. 주님이 그분의 사역을 축복하실 것이며 나는 그 축복에 동참하기만 하면 된다는 확신이 샘솟았다.

드디어 갈등과 불신앙이 사라지고, 이제 모든 것이 평안하고 기뻤다. 피어스 총무의 집으로 올라가는 언덕을 날아오를 것만 같은 기분이었다. 그날 밤에는 얼마나 깊은 단잠을 이루었는지 모른다. 사랑하는 아내는 브리턴 여행에서 무슨 경이로운 일이라도 일어난 것처럼 생각했는데, 그것은 정말 사실이었다!"

가난한 자 같으나 부요한 자

그대, 항상 주님을 의지하기만 하면 늘 주님의 안전한 날개
그늘 아래 거하리. 그대, 언제나 주님의 일에 시선을 고정하면
어디서나 그대의 일이 형통하리.

오직 믿음의 길로 나아가도록 부르심을 받은 자, 일평생 지지와
도움을 아끼지 않는 동반자가 있는 사람은 복되도다. 7년 반 동안 결
혼생활에서는 완벽한 세월을 보냈다. 허드슨 테일러는 사랑하는 아
내에게 한 번도 실망해본 적이 없었으며, 지금도 여전히 아내는 남편
을 실망시키지 않고 있었다. 몸이 여린데다 겨우 스물여덟 살에 지나
지 않은 테일러 부인의 두 손은 언제나 어린 네 자녀를 돌보느라 분
주했다. 그러나 남편이 겉으로는 불가능해 보이는 중국 내지선교라
는 막중한 임무에 부르심을 받았다는 사실을 깨닫는 순간부터 테일
러 부인은 새로운 방식으로 남편에게 위로와 통찰을 불어넣어 주었
다. 그 손은 남편을 위해 대서(代書) 일을 하였고, 그 믿음은 남편의
믿음을 북돋아 주었으며, 그 기도는 전체 사역을 든든히 뒷받침하였

고, 실제적인 경험과 사랑스러운 마음씨는 자연스레 테일러 부인을 '중국 선교의 대모'로 통하게 했다.

머지않아 테일러 부부가 이사한 영국 런던 코본가의 큰 집은 중국 선교 후보생들로 넘쳐나기 시작했다. 꽤 널찍하게 보였던 응접실도 토요일 기도회에 참석한 사람들을 전부 다 수용할 수 없을 정도였다. 전 재산인 50달러로 테일러 선교사는 '중국내지선교회'라는 이름으로 은행 계좌를 열었는데, 전혀 요청하지 않았음에도 중국 선교에 동참하기 원하는 사람들의 자발적인 헌금으로 얼마 지나지 않아 은행 잔고가 수백 달러에 이르게 되었다. 그리하여 1차 선교팀을 파송하기 위한 계획이 차츰 수립되기 시작했다.

그러니까 코본가 30번지의 주일 응접실 모습을 한번 상상해보자. 이날은 테일러 선교사가 조용히 앉아서 글 쓸 기회를 잡을 수 있는 유일한 시간이었다. 식탁에는 테일러 부인이 손에 펜을 들고 앉아 있고, 테일러 선교사는 이리저리 왔다 갔다 하면서 두 사람을 사로잡고 있는 주제에 몰두하고 있었다. 왜냐하면 루이스 목사가 의뢰한 기사들은 전혀 새로운 의미를 띠게 되었기 때문이다. 중국의 절박한 영적 필요를 널리 알릴 뿐만 아니라 하나님을 의지하면서 그런 필요를 충족시키기 위해 새롭게 출발하는 구체적인 노력을 기울여야 했기 때문이다.

「중국의 영적 필요와 요청들」은 이렇게 두 사람이 기도하면서 글을 쓰고, 글을 쓰면서 기도하는 가운데 모습을 드러낸 조그만 논문 형태의 책자였다. 아마 어떤 현대적인 책도 하나님 백성의 마음을 감동시키는 데 있어서 이보다 더 효과적일 수는 없을 것이다. 이 책은

판을 거듭하여 출판되면서 얼마나 많은 선교사를 중국으로 보냈는지, 전 세계적으로 얼마나 많은 사람에게 선교 사역에 대한 공감을 불러일으켰는지 모른다. 이 책이 얼마나 믿음을 강하게 하였으며, 기도와 헌신을 촉진시켰는지에 관해서는 모든 사람의 마음속에 간직된 비밀이 밝히 드러나서야 비로소 알려지게 될 것이다. "모든 문장에 기도가 깊이 스며들어 있었다." 그래서 문장마다, 단어마다, 글자마다 하나님의 능력이 생생하게 살아 움직이는 듯했다.

이 책은 많은 친구를 만들어주었으며 곳곳으로 연결되는 통로를 열어주었다. 출판된 지 3주 만에 재판을 찍어야 했으며, 이 책을 읽은 래드스톡 경(Lord Radstock)은 다음과 같은 격려 편지를 보내주었다.

"본인은 귀하의 책자를 읽고 큰 감명을 받았습니다. 본인은 귀하께서 성령님의 도우심으로 말씀을 전하기 위하여 수많은 일꾼을 들판으로 보낼 수 있으리라고 확신합니다. 친애하는 형제여, 귀하의 열망을 더 크게 키우십시오! 100명의 일꾼을 보내달라고 간구하십시오. 그러면 주님이 귀하에게 그만큼 일꾼들을 보내주실 것입니다."(이처럼 놀라우나 예언적인 제안을 하면서 래드스톡 경은 400달러나 되는 후원금을 아낌없이 보내주었다. 래드스톡 경은 살아 있는 동안에 허드슨 테일러가 1년 이내에 100명의 사역자를 보내달라고 요청하는 모습을 지켜보았다. 그리고 실제로 기도 응답이 이루어지는 모습도 생생히 지켜보았다.)

허드슨 테일러가 처음에 목표로 잡은 것은 100명이 아니라 고작 24명이었다. 테일러 선교사의 명확하지만 빛바랜 필체로 24명의 일꾼을 보내달라는 기도가 기록된 낡아빠진 성경책이 우리 앞에 놓여 있다. 일련의 사건으로 촉발된 이와 같은 변화로 말미암아 의기양양해지는 것과는 달리, 이 책자에 대한 좋은 반응과 성공은 오히려 더욱 커다란 책임감을 느끼게 만들 뿐이었다. 그리하여 다른 사람들에게 하나님과 같은 마음을 품도록 일깨우면서 허드슨 테일러는 기억에 남을 만한 그해 겨울에 이곳저곳으로 다니면서 하나님이 허락하신 메시지를 더욱 열심히 전했다.

　　믿음 하나만을 충분히 든든한 재정적인 기반으로 삼아 지구 반대편 끝으로 나가서 선교 사역을 감당하라고 강권하는 것이 그 당시에는 굉장히 새로운 개념이었던 것으로 보인다. 그때까지만 해도 '믿음 선교'라는 개념은 듣지도 보지도 못한 것이었으며, 그 당시에 존재하던 유일한 선교 단체들은 정규교단 소속 선교회뿐이었다. 그러나 비록 어린 나이였으나 허드슨 테일러는 매우 실제적인 방식으로 하나님을 아는 법을 이미 터득하고 있었기에 믿음 선교라는 개념이 전혀 생소하지 않았다.

　　이미 여러 차례 밝힌 대로 허드슨 테일러는 명확한 기도 응답으로 바다에서 사나운 폭풍우를 잠재우신 하나님, 바람의 방향을 바꾸어주신 하나님, 가뭄이 들었을 때 단비를 내려주시는 하나님을 만나보았다. 기도 응답으로 살인자의 손을 붙잡으시며 성난 폭도를 멈추게 하시는 하나님을 만나보았다. 기도 응답으로 질병을 꾸짖으시고 모든 회복의 희망이 사라진 것처럼 보일 때조차도 죽어가는 사람을 다시 살리시는 하나님을 만나보았다.

선교사로서 지난 8년 남짓 세월을 보내는 동안, 기도 응답을 통하여 자기 가족과 사역에 필요한 것들을 채워주시는 하나님의 신실하심을 구체적으로 증명해 보였으며, 그러한 수많은 필요가 전혀 생각지도 못한 방법으로 채워져 왔다. 그러니 절대 우리를 잊지 않으시는 사랑과 저버리지 않으시는 신실하심을 신뢰하도록 어찌 다른 사람들에게 권면하지 않을 수 있겠는가? 그래서 허드슨 테일러는 독자들에게 이렇게 상기시켰다.

"우리가 믿는 하나님은 전지전능하신 주님이십니다. 그분은 '여호와의 손이 짧아 구원하지 못하심도 아니요 귀가 둔하여 듣지 못하시는'(사 59:1) 분도 아닙니다. 영원토록 변하지 않는 말씀으로 우리를 인도하셔서 '무엇이든지 구하는 바를 그에게서 받도록'(요일 3:22) 하셨으며, '우리의 기쁨이 충만하게'(요일 1:4) 하셨으며, 우리 입을 크게 열게 하시고 채워(시 81:10) 주셨습니다. 그러므로 우리는 마땅히 믿는 자의 기도에 따라 그분의 전능하신 능력을 베푸시기 위하여 기꺼이 자기를 낮추시는 이토록 놀라운 은혜의 하나님이, 멸망하는 영혼을 구원하는 일에 헌신하기를 게을리하는 사람들의 중대한 범죄행위를 절대 가벼이 여기지 않으신다는 사실을 명심해야 할 것입니다.

언약을 지키시는 하나님의 신실하심을 증명하도록 부르심을 받은 적이 없는 사람들에게는 '오직 하나님 한 분만을 바라보며' 머나먼 이방 땅으로 24명의 유럽 전도자를 파송한다는 것이 무모한 실험이라고 느껴졌을지도 모릅니다. 그러나 지난 수년 동안 고국에서나 타국에서나, 육지에서나 해상에서나, 질병 중이거나 건강할 때나, 위험에서나 궁핍에서나 죽음의 문턱에서나 하나님을 그런 식으로 시험해보는 특권을 누렸던 사람들은 신실하신 하나님에 대한 이해를 도저히 피할 수가 없을 것입니다."

이미 테일러 선교사 일행이 착수한 사역은 너무나 방대한 규모여서 이제 어느 한 교단에 제한시킬 수 없는 수준이었다. 중국내지선교회에서는 전혀 생활비를 지급하지 않는다는 사실은 믿음으로 하나님의 채우심을 확실하게 경험한 사람이 아니라면 전부 단념시키기에 충분했다. 그러나 이런 믿음을 소유한 영혼들은 단순한 명성보다는 더욱 소중한 유산을 가지고 있었다. 계속해서 허드슨 테일러는 책자에 이렇게 말을 이어 나갔다.

"우리는 다양한 교단의 구성원들이 진지한 의견 차이에도 아무런 다툼 없이 단순하고 복음적인 기초 위에서 함께 사역할 수 있는지를 심사숙고해 보아야 했습니다. 우리는 기도하는 가운데 그것이 가능하다는 결론을 내리고서 교단적인 관점에 상관없이 동료 신자들에게 협력을 요청하기로 했습니다. 하나님의 말씀이 성령의 영감으로 기록되었다는 사실을 전적으로 지지하고, 오직 성경에 나타나는 약속을 보증삼아 기꺼이 중국 내륙 지방으로 들어가겠다는 믿음을 증명해 보일 수 있는 신자라면 누구도 괜찮다는 것입니다.

성경에서는 이렇게 말씀하고 있습니다. '너희는 먼저 그의 나라와 그의 의를 구하라. 그리하면 이 모든 것을 너희에게 더하시리라' (마 6:33). 이 모든 것에는 먹을 것과 입을 것이 다 포함됩니다. 이렇게 하나님이 말씀하신 진리를 믿지 못하는 사람이라면 중국으로 들어가서 믿음을 전하지 않는 편이 더 나을 것입니다. 이 말씀대로 믿는 사람에게는 그 약속이 분명히 이루어질 것입니다.

우리에게는 또 다른 확신이 있습니다. '여호와 하나님은 해요 방패이시라 여호와께서 은혜와 영화를 주시며 정직하게 행하는 자에게 좋은 것을 아끼지 아니하실 것임이니이다'(시 84:11). 진정으로 정직하게 행하기를 원하지 않는 사람은 아예 그대로 고국에 머물러 있는 편이 더 낫습니다. 정말로 정직하게 행하기를 원하는 사람은 자신에게 필요한 모든 것을 이미 하나님께 보증금 형태로 맡겨놓고 있는 것이나 마찬가지입니다. 하나님은 이 세상의 모든 금은보화를 소유하고 계시며 도처에서 풀을 뜯고 있는 가축들도 소유하고 계십니다. 하나님의 일꾼이라고 해서 반드시 채소만 먹고살 필요는 없습니다!

과거에도 우리가 그렇게 마음만 먹었다면 얼마든지 보증금을 찾아서 쓸 수 있었을 것입니다. 그러나 굳이 그럴 필요가 없다고 느꼈으며, 오히려 해로울지도 모른다고 생각했습니다. 적절하지 못하게 투입된 재정이나 그릇된 동기로 제공된 금전은 둘 다 굉장히 우려스러운 것입니다. 우리는 주님이 허락하시는 만큼 아주 적은 돈으로도 얼마든지 살아갈 수 있지만 거룩하지 못한 돈이나 적절하지 못한 위치에서 제공되는 돈을 탐내서는 안 됩니다. 차

라리 빈털터리로 머물러 있는 게 훨씬 더 나을지도 모릅니다. 심지어 빵 한 조각이라도 마음대로 구입하지 못할 만큼 빈손으로 살아가는 게 낫습니다.

중국에도 까마귀가 상당히 많습니다. 그러므로 주님이 빵과 고기를 물고 있는 까마귀들을 얼마든지 보내실 수 있습니다. 그분은 광야에서 40년 동안 3백만 명의 이스라엘 백성을 먹이셨습니다. 우리는 하나님이 중국에 3백만 명의 선교사를 파송하시리라고 기대하고 있지는 않지만 그분께서 그렇게 하시고자 한다면 그 모든 선교사를 충분히 먹여 살릴 수 있을 만큼 풍성한 자원을 갖고 계신 분입니다.

그러니 하나님을 바라보는 시선을 다른 데로 돌리지 마십시오. 하나님의 길을 따라 걸어가도록 하십시오. 크고 작은 모든 일에 하나님을 기쁘시게 하며 그분께 영광을 돌리도록 하십시오. 하나님을 의지하며 하나님의 방법으로 하나님의 일이 이루어진다면, 절대 하나님이 공급하시는 은혜가 부족하지 않을 것입니다."

테일러 선교사가 각별히 신경 쓴 일이 한 가지 있었는데, 그것은 바로 새롭게 시도하는 일이라고 해서 이전부터 존재하던 기존 선교 단체들로부터 사람이나 자원을 끌어들이지 않아야 한다는 점이었다. 이런 의미에서 베드로에게서 빼앗아 바울에게 주는 것은 하나님의 일에 전혀 유익하지 않았다. 그러므로 준비과정에서 대학 교육을 받지 못했기 때문에 다른 선교 단체에서 받아들이지 않을지도 모르는 사역자들에게 문호를 개방하는 것은 테일러 선교사가 생각한 계획의 일부였다. 그러나 누구에게도 중국내지선교회에 동참하라고 강요하지는 않았다. 추수하시는 주님이 중국이라는 특별한 현장으로 보내시고 싶은 사람이 있다면 친히 그 마음에 말씀해주실 것이기 때문이다.

그와 마찬가지로 아예 별다른 모금 운동도 펼치지 않았다. 중국내지선교회가 아무런 후원자 명단이나 어떤 형태로든 헌금을 요청하는 권유도 하지 않고서 오직 기도 응답만으로 유지될 수 있다면, 기존 선교 단체에게 익숙한 경로를 활용하여 받을 수 있는 자원들을 가로챌 위험 없이 그 단체들 사이에서도 얼마든지 성장할 수 있을 것이다. 그로 말미암아 가장 위대하신 사역자 하나님께 주의를 돌리는 동시에, 오직 하나님만이 하나님의 일을 수행하기에 충분하신 분이라는 기본 원칙에 관한 구체적인 예화를 제시함으로써 상당한 유익을 얻을 수 있을 것이다.

그 나머지에 대해서는 선교회를 운영하는 과정에서 지극히 적은 것에도 만족했다. 그리하여 중국 선교를 위한 영국본부 쪽에서는 얼마나 놀라운 섭리가 있었는지 모른다. 세인트 힐에 있는 버거 부부를 중심으로 거의 테일러 부부 못지않게 중국 선교를 마음에 품은 친구들이 일어나고 있었다. 이 부부는 동일한 헌신으로 중국 선교를 위하여 기도하고 헌신하였으며, 중국내지선교회의 모든 관심사를 진척시키려고 자기 집을 개방하여 선교본부로 삼았다. 테일러 선교사는 이와 같은 관계에 대하여 다음과 같이 회상했다.

"내가 중국으로 들어가는 일을 진행하기로 했을 때 버거 씨는 영국에서 우리를 대표하는 책임을 감당하게 되었다. 모든 일이 점차 순조롭게 진행되었다. 우리는 서로에게 훨씬 더 가까이 다가가게 되었다. 중국내지선교회란 이름은 버거 씨의 응접실에서 정해졌다. 우리는 둘 다 서로에게 요청하거나 임명하지 않았다. 그냥 자연스럽게 그렇게 되었다.

우리는 선교사 후보생들과 본질적인 영적 원리들에 관하여 이야기를 나누었는데, 그것이 바로 중국내지선교회의 기초라고 분명히 이해하게 되었다. 버거 씨가 동석한 자리에서 몇 가지 간단한 합의문을 작성하기로 결의했는데, 그것이 전부였다."

그리고 테일러 선교사가 이것을 간략하게 발표했다.

"우리는 하나님의 자녀로서, 하나님의 명령에 따라, 하나님의 공급하심을 믿으면서, 하나님의 일을 하기 위하여 이 자리에 모였습니다. 우리는 중국옷을 입고 중국 내륙 지방으로 들어가기 위해 이 자리에 모였습니다. 중국에서는 제가 안내자가 될 것입니다. 영국 본부에서 당면한 문제에 관하여 누가 결정을 내려야 할지에 대해서는 의문의 여지가 없습니다."

이처럼 버거는 영국본부를 책임지게 되었다. 버거는 선교사 후보생들과 서신을 교환하고, 후원금을 관리하고, 회계 보고를 담은 〈선교 보고〉라는 잡지를 발행하고, 재정 여건이 허락하는 대로 적절하게 선교사를 추가로 파송하고, 빚지지 않고 영국선교본부를 이끌어가는 책임을 맡았다. 이 마지막 원칙은 관련된 당사자들에게 철칙이었다.

거기에는 크고 작은 문제가 있었지만 오직 경험을 통해서만 해결할 수 있었다. 버거에 관한 구체적인 예화가 자주 마음에 떠올랐다. 버거는 번창하는 선교 사업에 앞장선 굉장한 실무자이자 활력을 불어넣는 사람이었다. 그리고 자기 땅에서 무럭무럭 자라고 있는 나무들처럼 살아 있는 것은 모두 성장할 수밖에 없다는 사실을 너무나 잘 알고 있는 사람이었다. 이와 관련하여 버거는 다음과 같이 말했다.

"가지가 무성하도록 나무를 키우기까지는 오랜 기다림이 필요합니다. 먼저 새싹이 돋아 가녀린 순으로 자라납니다. 그다음에는 잔가지들이 나타나지요. 마침내 커다란 나뭇가지가 되고, 드디어 거대한 재목으로 자라나게 됩니다. 그러나 여기에는 오랜 시간과 인내가 있어야 합니다. 만약 생명이 있다면 생명은 그 자체의 질서를 따라 성장하게 마련입니다."

이처럼 중국내지선교회의 1차 선교팀이 출항을 준비하면서 기도하고 있을 때 받았던 수많은 기도 응답은 여기서 일일이 다 늘어놓을 수 없을 정도이다. 한마디로 저마다 얼마나 놀라운 기도 응답이었는지 모른다! 너무나 많은 기도 응답이 이루어진 나머지 "항해와 여행에 필요하다고 언급되었던 모든 준비물이 벌써 다 채워졌습니다"라는 문구를 〈선교 보고〉지 창간호에 집어넣어야 했을 정도였다. 그러나 이러한 체험 뒤에는 테일러 선교사의 집에서 날마다 열리는 정오

기도 시간이 있었을 뿐만 아니라 이곳과 세인트 힐에서 일주일에 한 번씩 모이는 기도회, 그리고 특별한 날을 정해서 드리는 기도와 금식이 있었다. 이 모든 것은 하나님과 아주 친밀하고 행복하게 동행했다는 반증이었다.

인간의 비움과 하나님의 채우심, 이 둘은 코본가의 마지막 시절을 생생하게 사로잡고 있었던 분위기였다. 그곳을 드나드는 친구들은 이런 분위기를 느끼지 않을 수 없었다. 여행 보따리와 짐 꾸러미 사이에서 마지막 기도회가 열렸는데, 방과 계단 할 것 없이 가득 메운 사람들은 손에 닿는 대로 무엇이든 깔고 앉아 있었다. 벽에는 여전히 중국 지도가 걸려 있었으며, 식탁에는 여전히 성경이 펼쳐져 있었다. 허드슨 테일러는 이 새로운 선교회에 대하여 이렇게 기록했다.

"우리의 소망과 계획은 지금까지 누구의 발길도 닿지 않은 중국 11개 성과 중국령 타타르(Chinese Tartary)에 십자가의 깃발을 꽂는 것이다."

단지 어려운 부분에만 주목하는 사람들은 '무모한 짓'이라고 손가락질했다. 모든 일이 잘되기를 바라는 다른 사람들도 '초인적인 일'이라고 한숨을 지었다. 또한 수많은 친구조차도 염려할 수밖에 없었다. 어떤 사람들은 "이제 영영 못 볼지도 모르겠다"고 걱정했다. 또 어떤 사람들은 "공식적으로 아무런 후원기관이나 파송 단체도 없이 떠난다면 그토록 머나먼 땅에서 머지않아 목표를 잃어버리게 될 거예요. 오늘날 사람들에게는 너무나 많은 후원 요청이 쇄도하고 있단 말이에요. 오래지 않아 생필품마저도 조달하지 못할지도 모를 텐데 도대체 어떻게 하실 작정인지!"라고 비난하기도 했다.

그러면 "저도 우리 아이들을 함께 데리고 갑니다"라고 테일러 선교사가 조용히 대답했다. "우리 아이들도 아침, 점심, 저녁마다 끼니를 때워야 한다는 사실을 저도 분명히 기억하고 있답니다. 도대체 어떻게 제가 우리 아이들을 잊어버릴 수 있겠어요? 이처럼 하늘에 계신 우리 하나님 아버지는 이 세상의 가난한 아버지인 제가 우리 아이들을 생각하는 것보다 훨씬 더 민감하게 우리의 필요를 잊지 않으시리라고 생각합니다. 그렇지 않습니까? 그분은 절대 우리를 잊어버리지 않으실 것입니다!"

그때 이후로 수많은 세월이 흐르는 동안 하나님이 채워주신 모든 것을 통하여 그와 같은 확신은 넉넉히 입증되었다.

영적으로 절박했던 순간들

그대 곁 어둠 속에서 사람들이 죽어가네. 무덤을 뛰쳐나오리라는
아무런 소망도 없이. 횃불을 높이 들고 힘차게 흔들어라.
칠흑같이 어두운 시간을 밝히는 횃불을.

이처럼 새로운 선교여행을 떠난 지도자와 수많은 초기 사역자에
게는 그 뒤를 떠받치는 특별한 힘이 존재했다는 사실이 다음 몇 년
동안의 기록을 통해서 아주 분명하게 나타난다. 그 사람들을 특징짓
는 영혼의 절박함에 누구나 깊은 인상을 받을 수밖에 없었다. 온갖
종류의 어려움과 시련을 견뎌낼 수 있도록 이끈 절박함에는 두 가지
가 있었다.

먼저, 새롭고 깊은 방법으로 주님의 고난에 동참하면서, 그분을
알아가는 특권을 통해 자신들을 영광스럽게 만드신 우리 주 예수 그
리스도를 향한 사랑 때문에 그런 절박함을 간직하고 있었다. 둘째는
자신들 주변에서 하나님을 모른 채 죽어가는 영혼들에 대한 그리스
도의 구속하시는 사랑 때문에 느끼는 절박함이 도사리고 있었다.

오늘날 우리가 영혼들에 관한 이야기로, 곧 멸망하는 영혼들에게 구원이 필요하다고 목소리를 높인다면 곧바로 고리타분하다고 눈총을 받을지도 모른다. 그러나 요한복음 3장 16절의 가르침은 이 세상의 모든 지혜와 자원을 동원하더라도 절대 맞먹을 수 없는, 신자들을 통하여 신자들 안에서 열매를 맺을 수 있는 원동력이다. "하나님이 세상을 이처럼 사랑하사 독생자를 주셨으니 이는 그를 믿는 자마다 멸망하지 않고 영생을 얻게 하려 하심이라."

오늘날 선교사들에게 더 안정적인 재정, 더 나은 교육, 더 편리한 여행과 주변 환경을 제공할 수 있기는 하지만, 과연 우리에게는 우리보다 앞서갔던 사람들을 감동시킨 영혼의 절박함, 그리고 깊은 내적인 확신이 있는가? 과연 우리에게 그와 같은 열정과 헌신, 우리 주 예수 그리스도에 대한 인격적인 사랑이 있는가? 만약 이것들이 부족하다면 그건 다른 어떤 것으로도 보충할 수 없는 보배를 잃어버리는 것이다.

검푸른 바다 위에 자취 없이 사라지는 물결 너머로
소수의 무리가 하나님을 섬기러 가노라.

망망대해를 가로질러 머나먼 시님(Sinim) 땅으로
임마누엘의 구원하시는 이름을 전하러 가노라.
아득한 동방에서 들려오는 형제들의 핏소리,
중국에서는 매달 백만 명이나 하나님을 모르고 죽어가노라.

오직 하나님 아버지의 전능하신 팔 외에는 도울 자 없으리.

저 먼 이국땅에서도 채우시는 주님을 바라보리.

온 세상에 충만한 것은 다 주님 소유,

온 땅과 하늘의 '모든 권세'도 주님의 것.

주님이 허락하신 약속 안에서

약한 자 강해지고, 가난한 자 부유해지리.

바로 그 울부짖는 소리! 형제들의 핏소리를 듣고 있다네.

중국에서는 매달 백만 명이나 하나님을 모르고 죽어간다네.

※ 이 시는 1866년 5월 26일, 그랜탄 기니스(H. Granttan Guinness) 선교사가
중국내지선교회의 1차 선교팀과 함께 출항하면서 읊은 내용이다.

16명의 선교사와 4명의 어린이로 구성된 일행에게 800톤도 안 되는 범선을 타고 4개월 동안이나 이어지는 기나긴 항해는 결코 만만한 일이 아니었다. 그러나 항해 도중의 안전뿐만 아니라 하나님이 그분의 말씀으로 축복해주실 선원들을 위해 중국으로 떠나기 전부터 미리 많은 기도를 드리고 있었다.

어느 날 선교팀 일행은 선실을 깔끔하게 정돈한 다음, 모두 중국어 공부를 시작했다. 테일러 선교사가 오전 시간, 테일러 부인은 오후 시간을 맡아서 가르쳤다. 때로는 모든 학생이 뱃멀미로 몸져누워서 선생인 테일러 부부가 학생들을 돌보는 간호사 역할을 감당하기도 했다. 그러나 모두 대체로 배를 잘 타는 사람들이었으며, 머지않

아 젊은 사람들은 흔들리는 배에 익숙해지게 되었다. 전부 얼마나 젊은지 이제 갓 서른네 살의 지도자인 테일러 선교사가 일행 중에 가장 연장자였다.

먼 바닷길을 항해하는 동안 조그만 범선에서 거의 닿을 만큼 가까이 붙어서 지내는 통에 선교사들의 신앙 인격이 시험을 받게 되었는데, 선원들은 함께 승선한 선교사들이 신앙고백에 걸맞게 남부끄럽지 않게 행동하는지를 유심히 지켜보고 있었기 때문이다. 말할 것도 없이 선원들은 일할 때나 쉴 때나 빠짐없이 선교사들을 날카롭게 관찰하고 있었다. 함께 승선한 모든 일행에게 즐거운 항해가 될 수 있도록 최선을 다하는 동시에 선교사들은 선원들을 위해 기도하면서 기다렸다. 그러자 선원들은 스스로 집회를 열어달라고 요청했으며, 하나님의 일하심이 배 안에서부터 시작되어 결과적으로 대부분의 선원이 회심하기에 이르렀다.

그 당시에 선교사들이 쓴 편지들을 읽어보면 이처럼 놀라운 기록이 생생하게 담겨 있으며, 중국내지선교회의 개척자들은 오직 영혼을 그리스도께로 돌아오게 하는 일만을 위해 살고 있다는 사실을 아주 분명하게 보여주었다. 물론 이 선교사들에게 전혀 흠이 없었던 것은 아니다. 당연히 축복을 방해하는 실패에 관한 기록들도 있다. 그러나 이것을 당연하게 여기기보다는 오히려 진심으로 슬퍼하고 회개하면서 주님과 나누는 교제가 회복되기를 소망했다.

이처럼 선교사 일행의 믿음을 뒤흔들 수 없게 되자 "공중의 권세 잡은 자"(엡 2:2)인 대적 사탄은 배와 일행을 모두 침몰시키려고 작정한 듯 보였다. 이런 상황에서도 모든 일행이 목적지에 무사히 도착한 것은 기적이나 다름없었다. 왜냐하면 중국 해안에 도달할 때까지 줄곧 사나운 폭풍우와 풍랑에 끊임없이 시달렸기 때문이다. 특히 15일 동안은 줄기차게 몰아치는 태풍으로 말미암아 거의 추풍낙엽처럼 난파 직전까지 이르기도 했다. 허드슨 테일러 선교사는 이렇게 사경을 헤매고 난 지 12일 후에 다음과 같이 기록했다.

"사나운 태풍이 할퀴고 지나간 자리는 이제 정말 끔찍한 모습으로 변했다. 선체가 무섭게 흔들리면서 돛대와 활대가 내려앉는 바람에 유일하게 남아 있던 돛도 점차 찢어지고 있었으며, 거친 파도는 마치 망치로 세게 내리치듯 맨 밑에서 돛을 붙잡고 있는 활대를 사정없이 내리치고 있었다. 선수루(船首樓)에서 선미루(船尾樓)까지 갑판은 온통 바닷물로 뒤범벅이 되었다. 포효하는 파도 소리, 쇠사슬끼리 부딪치는 소리, 겨우 매달려 있는 돛대와 활대가 서로 부대끼는 소리, 돛이 찢어지면서 나는 날카로운 소리 등으로 온통 아수라장인데다, 다른 사람들이 말하는 소리를 거의 알아들을 수 없을 지경이었다."

그런데 이처럼 최악의 상황을 겪은 지 3일이나 지났는데도 사태는 점차 심각해지기만 했다. 배에서 먹을 물이 떨어져 가고 있었으며, 불이 다 꺼져버려 요리조차 할 수 없었다. 한동안 식수를 구할 수도 없었으며, 여자들도 예외 없이 갑판에서 뒤처리에 동원되었다. 그러나 이처럼 모진 시련 속에서도 모든 기도가 놀랍게 응답되어 생명을 잃거나 중상을 입은 사람은 단 한 명도 없었다. 심지어 자식들을 걱정스럽게 돌보고 있던 테일러 부인까지도 모든 지각에 뛰어난 하나님의 평강을 유지하면서 이렇게 말할 수 있었다.

> "하박국 선지자처럼 이전에는 결코 경험해보지 못한 평안 속으로 들어가 '나는 여호와로 말미암아 즐거워하며 나의 구원의 하나님으로 말미암아 기뻐하리로다'(합 3:18)."

더욱 놀라운 기도 응답은 중국에 도착한 이후 선교사 일행이 모두 중국옷으로 갈아입고 내륙 지방에 집을 구하기 위해 상하이를 출발한 지 얼마 지나지 않았을 때 이루어졌다. 중국 사람들이 거주용으로 사용하는 돛단배로 여행했기 때문에 이리저리 도시를 옮겨 다닐 때마다 호기심으로 몰려드는 군중으로부터 여자와 아이들은 보호될 수 있었다. 한편으로 다른 사람들은 일부 젊은 선교사들을 정착시킬 수 있는 집을 찾아다니느라 온갖 노력을 기울이고 있었다. 그러나 실망스러운 결과만이 기다리고 있었다. 번번이 성공하는가 싶더니 자꾸만 되풀이하여 흥정이 깨지는 바람에 선교사 일행은 흩어지지 않고 계속해서 항저우(抗州)까지 올라가게 되었다. 항저우에는 이미 두세 명의 선교사 가족이 자리를 잡아 살고 있었으므로 한꺼번에 너무 많은 일행이 들이닥쳐서 거부 반응을 일으키기라도 한다면 새로 도착한 선교사들뿐만 아니라 기존 선교사들에게도 심각한 위험을 초래할 수 있었다.

그렇다고 무슨 다른 묘안이 있단 말인가? 벌써 가을이 한창 깊어져서 수상에서 밤을 지내기 위해서는 혹독한 추위와 싸워야 했다. 일행 가운데 몇몇은 벌써 앓아누웠으며, 배에 있는 사람들은 겨울을 나기 위해 어서 빨리 집을 구해야 한다고 저마다 아우성치고 있었다. 테일러 선교사는 그 어느 때보다 더 무거운 책임감을 느꼈다. 그래서 배가 도시 외곽의 한적한 곳에 이르자 누구보다 앞서 배에서 내려 너무나 긴급하게 필요한 숙박시설을 찾아 나섰다.

테일러 부인도 사태의 심각성을 크게 느낀 나머지, 그러나 차분하고 확고한 믿음을 가지고 어린 선교사들을 모아놓고 기도회를 열어 그날 아침 성경 묵상 시간에 시편을 읽다가 자신에게 다가온 말씀으로 위로해주었다. "누가 나를 이끌어 견고한 성에 들이며 누가 나를 에돔에 인도할까. 하나님이여 주께서 우리를 버리지 아니하셨나이까. 하나님이여 주께서 우리 군대와 함께 나아가지 아니하시나이다. 우리를 도와 대적을 치게 하소서 사람의 구원은 헛됨이니이다. 우리가 하나님을 의지하고 용감하게 행하리니 그는 우리의 대적을 밟으실 이심이로다"(시 60:9-12). 다 함께 이 말씀을 읽고 이어서 합심하여 기도함으로써 지독하게 불안하고 초조하던 시간이 훗날에도 오랫동안 기억될 만한 뜨거운 교제의 시간으로 바뀌었다.

바로 이때 배 밖에서 떠들썩한 소리가 들려왔다. 혹시 이게 테일러 선교사의 목소리일까? 이렇게 빨리 돌아올 수가 없을 텐데? 도대체 무슨 소식을 가지고 왔을까? "그들이 부르기 전에 내가 응답하겠고 그들이 말을 마치기 전에 내가 들을 것이며"(사 65:24). 그랬다. 모든 일이 순조롭게 풀렸다! 집 한 채가 준비되어 선교사 일행을 기다리고 있었던 것이다. 항저우 선교사 가운데 한 명이 집을 비우면서 골고루 구색을 갖춰놓은 자기 집을 테일러 선교사 일행이 마음대로

써도 좋다는 말을 남기고 떠났던 것이다. 한적한 거리에 있어서 사람들 눈에 별로 띄지 않고서도 배에서 쉽게 다다를 수 있었기에 당장 그날 밤부터 피곤에 지친 여행객들은 감사한 마음으로 이 멋진 도시에서 편안히 쉴 수 있었다.

그로부터 며칠 안에 흔히 예상되는 온갖 어려움에도 불구하고 테일러 선교사는 자신들이 거처할 집을 구할 수 있었다. 한때 청나라 최고 관리인 만다린(Mandarin)이 살면서 이리저리 거닐던 대저택이었으나 세월이 흐르는 과정에서 여러 세대가 차지하여 지금은 각각 조그만 토끼 사육장처럼 나누어서 쓰고 있었다. 이 집은 각자 쓸모에 적합하도록 개조되어 새로운 주인들이 각각 부분적으로만 점유하고 있었기 때문에 선교사 일행은 주변의 이목을 너무 많이 끌지 않고서도 자기네 울타리 안에서 조용히 선교 사역을 시작할 수 있었다. 흘러넘치는 사랑의 마음을 표현하는 데는 그다지 많은 말이 필요하지 않았다. 그래서 일행 중에 가장 어린 폴딩(Faulding) 선교사는 이미 다른 중국 여성들과 나름대로 의사소통을 할 수 있을 정도였다. 폴딩 선교사는 그해 12월 중순에 이런 기록을 남겼다.

"아직도 손댈 곳이 많이 남아 있기는 하지만 이 집이 점점 더 편해지게 되었다. 테일러 선교사님과 젊은 선교사들이 나무판자를 붙인 천장을 종이로 도배하여 어느 정도 차가운 바람을 막아낼 수 있게 되었다. 2층 방에는 영국 교회당에서 볼 수 있는 것 같은 지붕이 자리 잡고 있다. 선교사들은 방 사이를 나누는 칸막이에도 역시 종이로 도배했다. 물론 아직도 어수선하지만 점차 익숙해지고 있으며 언젠가 충분히 안정될 날이 오리라고 기대한다.

이곳에서 기거하던 중국 사람들은 다음 주에 떠나기로 되어 있다. 이 사람들은 주로 아래층을 차지하고 있는데, 이 사람들이 여기에 머물고 있었기 때문에 많은 중국 사람들이 현지인 기도회에 참여하여 주의 깊게 경청할 수 있었다는 사실이 너무나 기쁘다. 아직 함부로 집 밖으로 나갈 수는 없었지만 날마다 우리를 찾아오는 중국인 여성들과 함께 성경 말씀을 읽고 이야기를 나누고 있는데, 모두 다 이 시간을 굉장히 좋아하는 것처럼 보인다. 그 가운데 한 여성에게 아주 커다란 기대를 걸고 있다."

그해 성탄절 이전의 주일예배에 주의를 기울이고 듣는 청중이 이미 50~60명으로 불어났으며, 테일러 선교사는 벌써 1차 전도 여행을 다녀오기도 했다. 테일러와 메도우즈 선교사는 이웃 도시인 항저우 샤오산에서 복음을 전하기 위한 탁월한 기회를 발견하였으며, 조그만 집을 한 채 임대할 수 있게 되었다. 새로 도착하는 선교사들 가운데 일부를 가능한 한 빨리 정착하도록 내보낼 목적으로 미리 거처를 준비해 놓았던 것이다. 영국에 있는 버거에게 보낸 테일러 선교사의 편지를 보면 선교사들이 어떤 영적 자세로 중국에서 벌어지는 엄청난 일들을 맞이하고 있었는지를 잘 보여주고 있다.

"해안에서 내륙 지방으로 현지 우편 체계를 통해 편지를 보내거나 돈을 송금하는 운송시설이 아주 편리하다는 소식을 들으면 기분 좋으시겠지요? 그다지 쉽게 극복될 수 없을 것 같았던 중국에서 이제 어느 지역으로나 돈을 송금하는 데 별다른 어려움은 없으리라고 생각합니다. 그와 마찬가지로 해안에서 가장 멀리 떨어진 지역에서 보낸 편지도 얼마든지 항구도시로 보낼 수 있습니다. 이런 왕래가 아주 느리고 다소 비싸다고 생각되기도 하지만 그런 대로 견딜 만합니다. 그리하여 우리는 내륙사역을 위한 길이 우리 앞에 열리고 있다고 생각하게 됩니다."

"그런데 이곳은 대단히 추운 곳입니다. 천장도 제대로 되어 있지 않고 벽이나 창문도 변변하지 않은 집에서 지내다 보니 어려움이 많습니다. 2평 남짓한 제 침실은 겨우 종이로 마감해 놓은 굉장히 허술한 벽이라서 단연코 외풍이 셀 수밖에 없습니다. 그러나 우리는 이러한 것들을 전혀 개의치 않습니다. 우리 주변에는 헐벗고 어두운 가운데 지내는 이방인이 너무나 많습니다. 선교사가 한 명도 없는 대도시들, 사람들로 넘쳐나는 중소도시들, 헤아릴 수 없이 많은 조그만 마을들이 모두 하나님의 은혜를 누리지 못하고 있습니다. 조그만 불편을 감수하는 게 두려워서 이 사람들을 잊어버린 채로 멸망하도록 내버려 두고 살아가는 그리스도인들의 마음 상태를 저는 하나도 부러워하지 않습니다. 하나님과 선교 사역에 충성을 다하도록 하나님이 우리를 도와주시기를 기도합니다."

한편 항저우에서도 테일러 선교사의 일손은 눈코 뜰 새 없이 바빴다. 중국 설날을 맞이하여 진료소에는 환자들이 넘쳐나 하루에 무려 200명이나 몰려들었으며, 주일예배에도 비슷한 숫자가 참석했다. 1867년 초 영국에서 처음으로 증원된 선교사 일행이 도착했을 때 테일러 선교사는 너무나 바쁜 나머지 몇 시간 뒤에야 새로운 선교사들을 만나볼 수 있었다. 그 시간조차도 식탁 위에 선 채로 마당에 잔뜩 모여든 환자들에게 말씀을 전하고 있어서 메도우즈 선교사가 일행을 안내해서 들어왔을 때에야 비로소 진심으로 뜨겁게 환영한다고 소리치는 정도였을 뿐이다.

새롭게 도착한 선교사들은 이러한 광경을 지켜보고서 대단히 만족했으며, 오래지 않아 존 맥카디(John McCarthy) 선교사가 테일러 곁에서 돕다가 곧이어 의료사역에서 수석 조력자로 섬기게 되었다. 이때는 수많은 외부적인 역경에도 어쨌든 동료 사역자들이 사랑하는 지도자와 매우 친밀한 교제를 나누는 기회가 자주 있었던 시절이었다. 그러면서 아주 광범위하게 중국 선교에 대한 이상을 하나씩 구체적으로 실현해 나가던 시절이었다.

맥카디 선교사는 중국 서부 지역에서 38년을 보낸 뒤 테일러 선교사에 관하여 다음과 같이 기록했다.

"지금까지 내가 알기로 허드슨 테일러 선교사님은 자신을 돌보지 않고 모든 사람에게 친절하고 사랑 넘치며 사려 깊은 태도를 보여주었다고 생각한다. 어디를 가나 축복을 나눠주는 사람이었으며 누구를 만나든지 새로운 힘과 위로를 불어넣어 주셨다. 실로 모든 선교사가 따라야 할 한결같은 본보기셨다."

그러나 심지어 이러한 초창기 시절에도 영성생활을 제대로 유지하지 못하면서 오히려 모든 주변 환경과 사람을 탓하는 선교사가 있었다. 항해 중에도 문제를 일으켰던 불편한 심기가 여전히 강하게 남아 있어서 각종 중상모략으로 커다란 상처를 입었던 남편 못지않게 테일러 부인도 많은 고통을 당했다. 그러나 몇 달이 지날 때까지도 테일러 부인은 그 문제를 전혀 언급하지 않았으며, 심지어 버거 부인에게 편지를 보낼 때도 마찬가지였다. 오직 사랑과 인내로 그 문제를 이겨낼 수 있기를 간절히 열망하고 있었다. 세인트 힐에서 보내온 질문에 답변하면서 마침내 조금씩 입을 열게 되었다.

"우리를 위해 아주 많이 기도해주세요. 현재 우리에게는 하나님의 지키시는 은혜가 너무나 필요한 시기거든요. 우리는 지금 사탄의 견고한 요새에서 치열한 싸움을 벌이고 있답니다. 사탄은 우리를 가만히 내버려 두지 않으려고 해요. 여기서 우리의 힘으로만 싸우려 했으니 우리가 얼마나 어리석었는지요! 우리를 대적하는 모든 원수보다 더 강하신 분이 우리 편인데 말이에요. 우리의 일행 중 자매들 사이에 싹튼 불협화음을 보여드리게 되어 대단히 송구스럽게 생각해요. 이것이 바로 제가 요즘 두려워하고 있는 악행 가운데 하나에요.

아무개 선교사 문제가 어떻게 전개될지 모르겠어요. 한 가지 분명한 것은 '이스라엘의 소망 되신 하나님'이 우리를 버리지 않으신다는 사실이지요. 한 번씩 '왜 아무개 같은 선교사가 파송될 수 있었을까?'라는 질문을 던지고 싶은 유혹을 강하게 느낀답니다. 아마 그것은 우리 중국내지선교회가 초창기부터 올바른 기초 위에서 철저히 세워지도록 인도하기 위해 허락된 고통이겠지요?"

그해 여름이 다 갈 무렵 믿음과 인내를 시험하기 위하여 또 다른 슬픔이 찾아왔지만 그러는 동안에도 계속해서 영혼들이 구원을 받고 있었으며, 오늘날 교인 수가 1,500명을 훨씬 뛰어넘는 교회의 기반을 다지게 되었다. 5월에 최초로 세례를 베풀게 되자 테일러 부인은 버거 부인에게 다시 편지를 썼다.

"아마도 사랑하는 주님이 우리 사역에 베풀어주시는 풍성한 축복에 대해 자고하지 않도록 우리를 지켜주시기 위해 우리에게 슬픔이 필요하다고 생각하시는 모양입니다."

그러나 뜨겁고 무더운 여름에 찾아온 엄청난 개인적인 슬픔은 너무나 뜻밖이었다. 자식 중에서 가장 귀엽고 똑똑한 아이가 바로 닝보에서 허락하신 맏딸이었다. 이 당시에 갓 여덟 살밖에 되지 않았다. 비록 나이는 어렸지만 우리 주 예수님과 주변 사람에 대한 사랑으로 가득했던 이 아이는 자기보다 어린 남동생들을 돌보는 일뿐만 아니라 선교 사역에서도 적지 않은 도움을 주었다. 동생들에게 더할 나위 없는 누나가 되어주었던 것이다. 그러나 뜨겁고 기나긴 여름을 보내면서 비록 아이들을 급히 피신시키기는 했지만 맏딸 그레이시(Gracie)는 축 늘어지기 시작하더니 어떤 방법으로도 이 귀여운 아이의 생명을 구할 수는 없게 되었다.

죽어가는 아이 곁에서 테일러 선교사를 비롯하여 그 아이를 사랑했던 사람들은 도무지 어찌할 바를 알 수 없는 상황을 맞이해야 했다. 이때의 심정을 테일러 선교사는 버거에게 이렇게 편지했다.

"이 땅에 관해서, 중국 사람들과 이곳 풍토에 관해서 잘 알고 있으면서도 나 자신을 비롯하여 아내와 아이들을 이와 같은 선교 사역을 위한 제단에 바치는 것이 쓸모없거나 무지한 행동이라고 생각하지는 않습니다. 너무나 보잘것없지만 단순하고 진실한 믿음으로 우리는 정성을 다하여 주님을 섬겨왔고, 지금도 그렇게 섬기고 있습니다. 그리하여 어느 정도 성공을 거두기도 하였습니다. 주님은 여전히 우리를 떠나시지 않았습니다."

테일러 선교사는 어머니에게 더 솔직하게 마음을 털어놓았다.

"우리 귀여운 그레이시! 아침마다 잠에서 깨어나면 가장 먼저 달려와 인사를 건네던 그 달콤한 목소리가 얼마나 그리운지요! 이제는 온종일, 황혼 무렵에도 들을 수 없답니다. 함께 산책을 나갈 때면 언제나 제 곁에서 경쾌한 발걸음을 떼던 아이였는데, 아이만 생각하면 고통스러운 전율이 새삼스럽게 전해져 옵니다. '이제 다시는 그 조그만 손에서 느껴지는 감촉과 온기를 느낄 수 없단 말인가? 두 번 다시는 그 초롱초롱한 눈에서 빛나는 눈빛을 볼 수 없단 말인가?'
그러나 감사한 것은 우리 딸이 구원받아 천국에 있다는 사실입니다. 어머니, 그레이시가 다시 돌아오지는 않겠지요? 또한 비록 그레이시가 우리 삶을 환하게 비춰주는 햇살 같은 존재이긴 했지만 우리 주님이 다른 아이보다 구원받은 그레이시를 먼저 데려가신 것에 감사해요!

그 아이가 남겨놓은 자취보다 더 완전하고 아름다운 것을 본 적이 없어요. 윤곽이 또렷한 이마 아래 비단결같이 길게 뻗은 눈썹, 아주 섬세하게 다듬어진 오뚝한 코, 깜찍하고 귀엽게 튀어나온 조그만 입, 티 하나 없이 하얗고 순결한 얼굴, 이 모든 것이 마음과 생각 속에 너무나 깊숙이 아름답게 아로새겨져 있습니다. 그레이시가 입던 자그맣고 귀여운 중국 재킷, 꽃 한 송이를 꼭 쥔 채 가슴에 포개고 있는 꼬마 손, 그냥 보내버리기에는 얼마나 아름다운 추억이란 말인가요! 영원히 눈앞에서 사라져버리도록 하기에는 얼마나 아까운 장면이란 말인가요!

어머니, 우리를 위해 기도해주세요. 때때로 저는 우리 선교 사역과 관련된 안팎의 시련으로 거의 기진맥진 되었습니다. 그러나 주님은 '내가 결코 너희를 버리지 아니하고 너희를 떠나지 아니하리라'(히 13:5)고 말씀하시고 '내 능력이 약한 데서 온전하여짐이라'(고후 12:9)고 말씀하셨습니다. 반드시 그렇게 될 것입니다."

이 같은 사별의 슬픔 속에서도 테일러 선교사 부부는 중국 내륙으로 복음을 전하는 일에 자신들을 새롭게 성별하여 하나님께 드렸다. 그해가 다 가기 전 저장성(浙江省)에 있는 모든 주(州)를 방문했다. 바로 이웃 성의 난징에는 이미 다른 선교사들이 자리 잡고 있었으므로 중국내지선교회 소속 선교사들은 거기에서 24일이나 더 들어가야 하는 여러 전초 기지에서 사역하고 있었다. 항저우에 있는 교회 역시 왕래전 목사가 잘 세워가고 있었으며, 이듬해 봄 무렵에는 중국내지선교회 지도자들이 그곳에서 빠져나와도 충분할 정도였다.

이때는 중국에서 선교본부가 하나씩 세워지는 곳마다 생명의 위협을 받지 않고 그냥 순순히 넘어간 적이 단 한 번도 없던 시절이었다. 폭동이 너무나 만연해서 거의 일상이 된 것처럼 보였으며, 팔다리를 잃고 목발에 의지하여 걸을 수밖에 없었던 어떤 선교사 후보에게 테일러 선교사가 이렇게 묻는 것은 너무나 당연했다.

"그런데 중국에서 폭동이 일어나 도망가야 할 상황에 처한다면 당신은 도대체 어떻게 하시겠습니까?"

그러자 "저는 도망쳐야 한다고 생각해본 적이 없습니다. 저 같은 '절름발이가 희생되는 수밖에' 더 있겠어요?"라고 차분하면서도 결연한 대답이 돌아왔다.

실제로 이 선교사에게 그런 기회가 와서 곤경에 맞서야 하는 특권을 누리게 되었을 때 자신이 말한 그대로 실행하였는데, 그로 말미암아 복음이 원저우(溫州)로 들어가게 되었다.

폭도들은 이 불구자 선교사에게서 모든 것을 빼앗았으며, 심지어 목발까지 가져가면서 "왜 당신은 도망치지 않소?"라고 소리쳤다.

"도망가라고요? 어떻게 다리 하나로 도망갈 수 있단 말이오? 그런 방법이 있다면 좀 가르쳐주시오!"

이 선교사의 용기와 친절한 태도에 폭도들은 무기를 내려놓게 되었으며, 오히려 더 나은 분위기가 조성되었는데, 이처럼 눈에 보이지 않는 기도의 능력이 그날을 승리로 이끌게 되었다(이 사람은 이미 중국에 들어온 지 몇 년 지난 조지 스토트(George Stott)라는 장애인 선교사였는데, 원저우 에다 교회를 개척한 것은 테일러 선교사의 장녀 그레이시가 죽은 지 얼마 되지 않았을 때였다. 원저우 교회는 저자인 하워드 테일러가 이 책을 쓸 무렵 성찬에 참여하는 모든 사람을 포함하여 장년 신자가 8천 명에 달했다 – 편집자 주).

훤칠한 키에 온순한 스코틀랜드 고지대 사람인 조지 던컨(Geor-ge Duncan) 선교사도 난징 최초의 거주 선교사로서 이와 같은 영적 자세를 가지고 활동하고 있었다. 다른 데서는 집을 구할 수 없게 되자 그냥 종탑에서 잠을 청하며 시끄러운 종소리에다 쥐들이 들락거리는 칸막이도 없는 다락방에서 지내는 것에도 만족하였다. 그러면서 낮에는 길거리나 찻집으로 나가 군중에게 복음을 전하였다. 하루는 돈이 거의 다 떨어져 가고 있었다. 유일한 동료이자 요리사였던 중국인 친구가 찾아와서 이제 어떻게 하면 좋겠느냐고 물었다. 누추하지만 그나마 지금까지 빌려서 생활했던 장소와 이 도시를 떠난다면 아마도 다시 돌아올 가망성은 거의 없었기 때문이다.

"아, 그래요? 그렇다면 '여호와를 의뢰하고 선을 행하라 땅에 머무는 동안 그의 성실을 먹을 거리로 삼을지어다'(시 37:3)라는 말씀을 굳게 붙잡아야지요." 이 선교사가 대답했다.

그로부터 여러 날이 지났다. 테일러 선교사는 현지 은행들을 통하여 난징으로 송금을 시도했으나 여의찮았다. 마침내 던컨이 너무나 걱정된 나머지 테일러는 한 형제 선교사를 보내서 이처럼 어려운 상황을 해결하려 했다.

이 무렵, 던컨의 선교 사역에 기꺼이 후원을 아끼지 않았던 중국인 친구마저 돈을 거의 다 쓰고 없어서 던컨과 그 사람 사이에는 단 1

달러도 남아 있지 않은 상태였다. 그러나 던컨은 여느 때와 다름없이 걱정스러워하는 동료에게 이런 말을 남기고는 말씀을 전하러 떠났다.

"지금도 여전히 하나님의 말씀은 동일하십니다. '여호와를 의뢰하고 선을 행하라. 땅에 머무는 동안 그의 성실을 먹을 거리로 삼을지어다'(시 37:3)."

바로 그날 저녁, 테일러가 보낸 러드랜드(Rudland) 선교사는 가뭄으로 대운하(톈진과 항저우 사이를 연결하는 운하 – 역주)의 물이 바짝 말라 있어서 배를 타고 오는 것보다 여러 날 일찍 난징에 도착할 수 있었다. 러드랜드 선교사가 던컨의 거처에 도착했을 때 거기에는 먹을 것과 돈이 다 떨어지고 아무것도 남아 있지 않았다. 끝없이 이어지는 길을 헤매고 다니면서 온종일 말씀을 전하던 던컨은 허기진 배를 움켜쥐고 지친 몸을 이끌고 돌아오고 있었는데 놀랍게도 중국인 요리사 친구가 자기를 만나러 달려오는 모습이 보였다.

"아, 선교사님! 이제 괜찮아요. 모든 것이 해결되었어요! 러드랜드 선교사님이 돈을 가져오셔서 훌륭한 저녁을 준비해 놓았어요!"

"그것 봐요. 내가 오늘 아침에 살아계신 하나님을 의뢰하면 항상 모든 문제가 해결될 거라고 말했죠?" 던컨은 친구의 어깨에 다정하게 손을 얹고는 미소를 지으면서 대답했다.

테일러 선교사는 단순히 개척 사역에 젊은 선교사들을 파견하는 것으로 만족하지 않았다. 테일러 선교사 부부는 어떤 위험이나 고난도 얼마든지 감수할 각오가 되어 있었으며, 선교회의 다른 선교사들과 마찬가지로 마음속에서 적어도 내적으로 강한 영적 책임감을 느끼고 있었다. 그럼에도 16개월 동안이나 정착생활과 사역을 이어온 항저우를 떠난다는 것이 말처럼 그렇게 쉬운 일이 아니었다. 교회는 이미 세례받은 교인 수가 50명을 넘어섰고, 교회에 열심히 나오는 구도자도 상당히 많았다. 맥카디 선교사의 지원 아래 왕래전 씨가 담임목사로 활동하고 있었으며, 폴딩 선교사가 여성들을 돌보고 있었기 때문에 멋진 사역이 계속 펼쳐질 것이었다.

한편 도움이 필요한 외로운 개척 선교사도 상당히 많았으며, 아직도 생명의 말씀이 들어가지 않은 대도시, 중소도시, 마을도 부지기수였다. 항저우를 떠나는 것은 그동안 정든 집을 떠나 어린아이들을 데리고 한동안 다시 돛단배에서 생활해야 한다는 뜻이기는 했지만, 지금까지 살펴본 대로 허드슨 테일러 선교사 부부는 이듬해 봄에 길을 떠나서 난징에서 던컨 선교사와 합류하든지 하나님이 길을 열어 주시는 곳이라면 어디서든지 다시 자리를 잡을 작정이었다.

두 달 동안이나 돛단배에서 생활한 끝에 여행자 일행은 대도시 양저우에 자리 잡을 수 있게 되었다. 일행은 널리 알려진 쑤저우라는 도시에서 이제 막 사역을 시작한 헨리 코든(Henry Cordon) 선교사와 3주 동안 시간을 보내다가 대운하와 양쯔강이 만나는 전장(鎭江)에 다다르게 되었다. 이 지역의 전략적 중요성을 직감하고서 테일러 선교사는 나중에 실제로 구입하게 되는 주택을 손에 넣기 위해 곧바로 교섭에 나섰다. 그러나 협상이 상당히 지연될 것 같아 양쯔강을 가로질러 계속 여행하여 대운하 상류 지역에서 북쪽으로 몇 km를 더 올라갔다. 그리하여 한때 마르코 폴로(Marco Polo)가 총독으로 다스리던 유명한 도시에 도착했는데, 포탑을 갖춘 성벽으로 둘러싸인 인구 36만 명의 도시지만 아직 아무도 그리스도를 증거하지 않은 곳이었다. 이 전도 여행에 관해서 테일러 부인은 버거 부인에게 이렇게 편지했다.

"중국에서 웬만큼 여행을 많이 해보지 않은 분이라면 지난주 월요일 저희가 이곳에 도착하여 느낀 감정을 아무도 이해할 수 없을 거라고 생각해요. 비가 조금이라도 많이 오는 날이면 어느 하나라도 새지 않는 방이 없었던 불편한 돛단배생활을 청산하고, 중국 일류 호텔 같은 주거지역에다 방을 마련했으니까 말이에요. 중국 여행자들의 숙박시설을 상당히 많이 구경해 보았던 저희 남편도 예전에는 만난 적이 없는 그런 곳이라는군요. 더구나 이 같은 훌륭한 호텔이 양저우 시내에 자리 잡고 있으니 금상첨화였지요."

친절해 보이는 집주인과 관심 있는 방문자들이 대거 몰려와서 처음부터 전망이 밝아 보였고, 그곳 만다린(중국 청조시대의 고위 관리직 - 역주)의 호의적인 발표가 있은 뒤 일행은 쉽게 집을 구할 수 있었으며, 7월 중순 경에는 그곳으로 이사할 수 있었다. 뜨거운 한여름 무더위가 이미 한창이어서 선교사들은 8월에 좀 조용히 하루하루를 보내고 싶어 했으나 환자와 방문객이 끊임없이 쇄도했다. 중국인들은 이 도시에 사는 외국인들에게 지대한 관심을 보였으며, 특히 테일러 선교사는 의술이 뛰어난 의사라 더욱 그랬다. 테일러 부인의 유창한 중국어 실력과 겸손한 태도는 많은 중국 여성에게 커다란 매력을 주었으며, 항저우에서와 마찬가지로 많은 심령이 복음에 문을 여는 것처럼 보였다.

그러나 원수들도 역시 분주하게 움직였다. 대적의 진영에서 벌어지는 이러한 하나님 나라의 쾌거가 방해받지 않을 리가 없었다. 이 도시의 지식 계층인 선비들이 회의를 열어 반란을 일으키기로 결정하였던 것이다. 익명으로 온 도시에 전단을 살포하여 가장 혐오스러운 범죄들이 일어난 이유를 외국인 탓으로 돌렸는데, 특히 본업이 '예수교'를 전파하는 사람들 탓이라고 뒤집어씌웠다. 오래지 않아 선교사들은 중국인들의 태도가 점점 달라지고 있음을 깨닫게 되었다. 우호적인 방문객들마저도 가장 사나운 폭도의 무리에게 대문간 자리를 내주고 말았으며, 폭도가 새롭게 내다 붙인 일련의 벽보는 활활 타오르는 불에다 기름을 끼얹는 꼴이 되었다. 테일러 선교사는 거듭 되풀이하여 인내와 호의를 베풂으로써 폭동을 피해 나갔으며, 며칠 동안 건물 입구를 감히 떠나지 못하고 온갖 질문에 일일이 성의 있게 대답하면서 군중의 질서를 유지하고 있었다.

소동이 조금 잦아들었을 때 러드랜드 부부와 던컨 선교사가 도착하여 합세함으로써 온 집안사람들에게 굉장히 커다란 감사와 위안이 되었다. 8월의 불볕더위가 맹렬한 소나기로 한풀 꺾이면서 군중도 흩어지게 되었다. 그러나 이런 안도감도 잠깐뿐이었다. 그곳 선교사들과는 달리 중국옷을 입지 않고 공공연히 서양 옷을 그대로 입은 외국인 두 명이 양저우에 나타나자 커다란 평지풍파를 일으켰다. 이것은 두 번 다시 놓칠 수 없는 기회였다. 지식인 계층의 선비들은 다시금 분주하게 움직였다. 모든 것이 평온해 보이는 분위기 속에서 이 방문객들이 떠나자마자 온 사방에서 아이들이 사라져버렸다는 풍문이 돌기 시작했다. 사람들이 말하는 바에 따르면 적어도 24명의 아이가 무자비한 외국인 마귀들에게 생명을 잃었다는 것이다.

"용기를 내서 우리 원수를 갚읍시다! 공격합시다! 원수를 무찌릅시다! 모든 약탈품은 우리의 것입니다!"

48시간 후에 전장 인근의 돛단배 속에서, 온갖 상처로 고통스러워하면서도 요동하지 않는 의연한 자세로, 선교사 일행은 거의 온 사방을 뒤덮었던 살인적인 격동으로부터 자신들을 기적적으로 보호해주신 하나님께 감사하고 있었다. 테일러 부인은 바로 이 여행 중에 이렇게 편지를 보냈다.

"하나님은 이토록 끔찍한 시련 속에서도 우리를 무사히 통과시켜주셨습니다. 앞으로는 더욱 철저하게 하나님을 찬양하고 영광을 돌리면서 살아갈 수 있기를 기도합니다. 말하자면 우리는 거의 2년 전 바다 위에서 겪었던 문자 그대로 태풍 같은 시련을 경험했습니다. 그때만큼 오랜 시간은 아니었지만 적어도 우리 생명에는 동일한 위협이 가해졌으며, 그것이 지속되는 동안에는 훨씬 더 끔찍했습니다. 이런 경험을 통해서도 하나님이 영광을 취하실 것으로 믿습니다. 또한 복음이 더욱 확장될 수 있기를 바랍니다. 임재하시는 구세주 안에서."

"임재하시는 구세주." 폭도가 이와 같은 평온함과 능력의 비밀을 도대체 어떻게 알 수 있겠는가! 아무튼 격노한 폭도는 자신들도 알지 못하는 어떤 외경심에 사로잡혀 최악의 난동을 삼가게 되었다. 죽음이 목전에 들이닥쳤지만 거듭 되풀이하여 기적같이 고비를 넘길 수 있었던 것이다. 이 지역의 만다린에게 도움을 청하러 가는 도중에 광분한 폭도의 온갖 위험에 노출되었던 테일러 선교사뿐만 아니라 뒤에 남아 포위된 집에서 각종 공격과 방화의 위험을 견뎌내야 했던 나머지 일행 역시 보이지 않는 손이 보호하고 있었다.

그러나 이번 사건은 악몽 같은 시간이었다. 테일러 부인은 아이들과 일행 가운데 여성들을 다락방에 피신시켰는데, 갑자기 불이 나는 바람에 안절부절못하는 어머니로서 격심한 고통을 겪어야 했다. 테일러 선교사는 멀리 떨어진 만다린의 관아에 붙잡힌 채 모든 것을 파괴하느라 정신이 팔린 폭도의 고함 소리를 들으면서, 또한 아버지로서 격심한 고통을 겪어야 했다. 적어도 겉으로는 아무렇지도 않은 듯 태연하게 행동하면서 테일러 부인은 이처럼 끔찍한 광경을 직접 겪는 와중에도 마음의 평정을 잃지 않고, 완벽하게 중국어를 구사하여 목숨을 잃을지도 모르는 위기를 여러 번 넘길 수 있었다. 하지만 내심으로는 사랑하는 남편을 영원히 보지 못할지도 모른다는 걱정 때문에 가슴이 찢어지는 것 같았다.

이처럼 광란의 폭풍우가 사납게 몰아친 뒤, 폭도가 파괴한 양저우 집을 다시 수리하고 선교사 일행이 다시 돌아갈 수 있도록 허락을 얻기까지는 상당히 오랫동안 힘겨운 협상이 뒤따라야 했다. 이렇게 무사히 돌아가기까지 오랜 작업이 진행되었는데, 중국내지선교회의 지도자인 테일러 선교사는 감사한 마음을 담아 이렇게 말할 수 있었다. "이번 사건의 모든 결과로 말미암아 내륙 지방에서 선교 사역을 펼칠 모든 가능성이 크게 높아지게 되었습니다." 이처럼 선교사들의 가족생활과 따뜻한 마음씨는 결국 중국인들의 의심스러운 눈초리를 거두게 했다. "말보다 행동이 더 크게 말한다." 그토록 혹독한 대가를 치르고서도 아이들까지 다시 데려왔으며, 평화와 고요가 절실히 요구되는 상황 속에서도 테일러 부인마저 지체 없이 돌아오는 모습을 보면서 이웃 사람들이 이전과는 다르게 생각하기 시작했다. 이때의 상황을 테일러 부인은 사랑하는 친구인 버거 부인에게 이렇게 편지했다.

"이번 사건을 계기로 하나님은 다시 한번 제 마음속에 한 가지 소망을 불어넣어 주셨습니다. 제가 아이를 안전하게 낳을 수만 있다면 다른 어떤 곳보다 이 도시, 이 집, 이 방에서 아이를 낳고 싶어요. 당연히 고국인 영국의 아름다운 집에서 낳는 것은 기대하지도 않습니다. 물론 거기서는 너무나 편안하게 보살핌을 받을 수 있고, 당신의 집에서 살아본 적이 있는 저로서는 영국의 안락하고 편안한 환경이 얼마나 감사한 것인지 잘 알고 있지만 말이에요."

폭동으로 인하여 다친 모든 선교사가 재빨리 회복되는 과정에서 네 번째 아이가 태어남으로 말미암아 모두에게 커다란 기쁨을 선사했다. 양저우에서 처음으로 선교사 일행을 받아준 집주인과, 폭도가 날뛰는 와중에서도 용감하게 많은 친절을 베풀어주었던 다른 두 사람이 그리스도를 믿는다고 고백하면서 세례를 받겠다고 나섰다는 사실도 훨씬 더 커다란 보상을 하고도 남았다. "울며 씨를 뿌리러 나가는 자는 반드시 기쁨으로 그 곡식 단을 가지고 돌아오리로다"(시 126:6).

어둠에 사로잡힌 나날들

온 땅과 지옥이 다 함께 나를 대적하나 주님의 신령한 권세는
내 편일세. 예수께서 만유이시니 그분이 내 편일세.

영국 본부의 버거는 그해 겨울 중국에 머무는 선교사 일행에게 휘몰아쳤던 것보다 훨씬 더 혹독한 시련을 맞이하고 있었다. 양저우 폭동으로 말미암아 영국 의회와 온 나라에서 거의 믿을 수 없을 정도로 격렬한 비난이 쏟아졌기 때문이다. 여러 가지 오해와 억측을 근거로 언론에서는 영국과 중국 사이를 전쟁 일보 직전까지 몰고 간 선교사들에게 온통 비난의 화살을 퍼부었다. 선교사들이 '대포와 총검을 앞세워' 중국인들에게 고유 종교를 버리고 기독교로 개종하라는 시위를 벌이면서 영국 함대에 불필요할 정도로 과도한 보호를 요청했다고 보도했던 것이다.

두말할 나위 없이 테일러 선교사와 동료들은 이러한 비난의 근거가 될 만한 행동을 전혀 하지 않았다. 이런 식으로 물의가 일어난 이

유는 주중 영국영사관에서 선교사들이 결코 기대하거나 바라지 않는 방향으로 일을 처리했기 때문이다. 영국 외교부의 훈령에 따라 행동해야 하는 협상 대표들이 서둘러 조약상의 권리를 억지로라도 보장받기 위해 최대한 기회를 활용하려고 애썼지만, 주중 영국대사관의 합리적인 요구가 중국 측의 수락을 받기도 전에 영국 내각이 대거 물갈이되면서 상황을 더욱 복잡하게 만들어놓았던 것이다.

난처한 입장에 처한 남편을 도우려는 의도에서 테일러 부인은 버거 부부에게 세세한 부분까지 일일이 해명하는 편지를 보냈다. 그 편지의 내용은 이랬다.

"세상의 여러 가지 신랄한 판단이나 심지어 그리스도인 형제들마저도 오해하고 있다니 매우 고통스러운 일이기는 하지만, 우리는 대체로 흔들림 없이 선교 사역을 계속하는 동시에 우리의 결백을 입증하는 것은 하나님께 맡기는 편이 최선이라고 생각하고 있습니다. 두 분은 우리 일행이 어떻게 활동해 왔으며, 왜 그렇게 행동했는지를 자세히 아시는 게 좋을 것 같습니다.

모든 사실을 시시콜콜하게 여기에 다 적는 것은 바람직하다고 생각하지 않지만, 사건의 전말은 주중 총영사인 메드허스트 씨를 통하여 러더포드 알콕 경이 그 문제를 우리에게 물어보지도 않고 마음대로 처리했기 때문입니다. 신임 외교부 장관은 이전 장관이 선교사들에게 지시한 정책에 대하여 여기에 나와 있는 사람들을 비난하고 있습니다. 그러니까 말하자면 주중 영사관 대표들에게 모든 책임을 돌리는 것은 그 사람들의 입장을 더욱 난처하게 만들기 때문에 옹졸하기 짝이 없으며, 배은망덕한 처신이라고 생각됩니다."

이와 같은 폭풍을 헤치고 나가기 위해서는 기도하면서 인내하는 수밖에 다른 도리가 없었다. 그런데 이런 어수선한 분위기는 허드슨 테일러가 양저우의 평화로운 옛집으로 돌아와서 살게 된 지 한참 후까지 계속되었다. 그로부터 4개월 후에 버거는 세인트 힐에서 허드슨 테일러 선교사에게 다음과 같은 편지를 보냈다.

"양저우 문제는 지금 상원에 상정되어 있습니다. 이 사건이 영국에서 어떤 반향을 불러일으키고 있는지 쉽게 상상하지 못하실 것입니다. 그러나 하나님께 감사하게도 '이 모든 것은 저를 흔들지 못한다'는 사실입니다. 저는 하나님께서 이 중국 선교 사역으로 우리를 부르셨다고 믿기에 우리는 이 사역을 회피하지 않을 것이며, 어떤 어려움이 닥치더라도 절대 포기하지 않을 것입니다. 그러니 용기를 잃지 마십시오. 주님이 우리를 위해 싸우실 것입니다."

그런 위기 상황에서 더욱 머리를 아프게 하는 골칫거리가 터져나왔다. 중국내지선교회에 불만을 품은 몇몇 선교사의 불평이 절정에 달했으며, 초창기부터 말썽을 일으키던 몇몇 선교사가 사표를 던지고 나왔던 것이다. 그리고 각종 문제에 대한 이 사람들의 진술이 영국에서 더욱 거센 오해를 불러일으켰다. 그리하여 버거의 지혜롭고 강력한 지도력에도 적지 않은 후원자들이 중국 선교 사역에서 멀어지게 되었다. 대중언론의 혹평과 더불어 이것은 재정수입에 심각한 위협을 가했으며, 결과적으로 중국내지선교회를 이끄는 지도자들을 압박하는 온갖 시련은 적지도 작지도 않았다. 테일러 선교사는 양저우 폭동 직후에 이렇게 편지를 썼다.

"우리를 위해 기도해주십시오. 우리에게는 많은 은혜가 필요합니다. 날마다 저희에게 얼마나 많은 일이 일어나는지 아마 상상하기 어려우실 것입니다. 거기에는 상당한 인내와 관용과 기지가 있어야 합니다. 서로 다른 국적과 언어, 기질이 다른 수많은 사람 사이에서 일어나는 온갖 어려움과 오해를 다루어야 하니까요. 제 임무를 효과적으로 감당하는 데 필요한 올바른 눈과 마음, 명확한 판단력, 지혜와 온유함, 끈기, 확고한 결단력, 흔들리지 않는 믿음, 그리스도를 닮은 사랑을 부어주시도록 주님께 기도해주세요. 이제 갓 시작해 놓은 이 거대한 중국의 선교 사역을 위해 충분한 재정과 적절한 조력자들을 우리에게 보내주시도록 주님께 간구해주세요."

이 모든 상황에도 중국내지선교회가 부름받은 내륙개척 전도사역은 결코 중단되지 않았다. 심지어 양저우 문제가 안정되기 전이라도 테일러 선교사는 북쪽 성들에 복음을 전하기 위한 거점 도시를 개척하겠다는 소망으로 대운하를 거슬러 올라가는 중요한 여행을 떠났다. 그래서 메도우즈 선교사는 닝보에서 맡았던 사역을 다른 사람들에게 넘기고 전장 서쪽에 위치한 내륙 지방인 안후이성(安徽省)으로 선발대를 이끌고 최초로 들어가게 되었다. 이곳은 당시에 이미 인구 200만이나 되는 지역이었으며, 단 한 명의 개신교 선교사도 없는 성이었다.

그러나 선교사 일행이 기도하고 있던 사람과 재원은 점차 늘어나는 대신에 영국에서 보내오는 후원금은 현저하게 줄어들었다. 그러나 선교사들 편에서는 전혀 예견하지 못했지만, 아무튼 하나님은 선교사들에게 커다란 위로를 안겨주는 상황을 예비하고 계셨다. 고난을 받도록 허락하신 하나님이 또한 놀라운 방법으로 친히 재정을 준비해주셨기 때문이다.

문자 그대로 공중에 나는 새나 들에 핀 백합화와 다름없이 아무것도 가진 것 없는 무일푼의 영국 사람이 있었는데, 오직 기도와 믿음으로 이미 약 2천 명에 달하는 고아를 도왔으며, 나중에는 그 숫자가 4천 명으로 늘어난 대가족을 이끌고 있었다. 단 한 푼의 기부금도 없이, 어떤 식으로든 전혀 후원을 요청하지 않으면서, 하늘에 계신 하나님 아버지 외에는 아무에게도 어려운 사정을 알리지 않은 채로, 주님의 약속만을 신뢰함으로써 하나님의 신실함을 많은 사람에게 증명해 보였다.

이 사람은 바로 조지 뮬러(George Muller)였으며, 허드슨 테일러의 믿음을 비롯하여 다른 많은 신자의 믿음에 오랫동안 커다란 자극제가 되었다. 영국 브리스틀에 살던 이 하나님의 사람은 너무나 거대한 마음을 품은 나머지 지구상에 여전히 남아 있는 미전도 지역들을 향한 선교 사역에 직접 동참하지 않고서는 결코 만족할 수가 없었다. 그래서 중국을 비롯한 많은 나라에 복음을 전하기 위한 재정을 달라고 기도하였으며, 수많은 어려운 상황에서도 이처럼 도움의 손길을 펼치시는 주님의 통로가 되는 기쁨을 누리게 되었던 것이다. 마치 하나님은 아주 특별한 방법으로 조지 뮬러의 귀를 훈련하셔서 다른 사람들은 보지 못하고 지나가거나 전혀 준비되지 않은 필요한 사역을 위하여 언제든지 사용하시는 것 같았다.

예를 들면 양저우 폭동이 발생하자마자 그 소식이 영국에 도달하기 훨씬 전인데도 조지 뮬러에게 중국내지선교회를 재정적으로 도와야겠다는 마음을 불러일으키셨던 것이다. 그래서 이미 나름대로 후원을 계속하고 있었으나 양저우 폭동이 일어난 지 하루 이틀 만에 버거에게 편지를 보내서 기존에 후원하는 선교사들을 제외하고 중국내지선교회에서 일하는 다른 선교사들의 사역을 위하여 기도할 수 있도록 추가 명단을 요청하게 되었던 것이다. 버거는 6명의 선교사 명단을 보내어 그 가운데서 선택하도록 했으나 조지 뮬러는 모든 선교사를 후원하기로 했다.

그로부터 1년 후, 중국 현지에서 선교사들이 재정 부족으로 극심한 어려움을 겪고 있을 때 조지 뮬러는 다시 재정 후원을 늘리겠다는 편지를 보내왔다. 영국에서 이 편지가 버거에게 배달되는 동안 중국에 있던 테일러 선교사는 각지로 흩어져 있는 선교사들에게 송금하면서 사역자 가운데 한 명에게 이렇게 편지했다.

"올해 상반기에는 헌금이 작년보다 약 1,000파운드 이상 적었습니다. 저는 이제 요리사를 데리고 있지 않습니다. 매월 1인당 1달러로 식당에서 음식을 대놓고 먹는 게 훨씬 더 싸다는 걸 알았지요. 그로 말미암아 우리 선교 사역을 위축시키지 않도록 하나님께 재정을 달라고 믿음으로 기도합시다."

일상생활에서 안락함을 줄이는 것은 허드슨 테일러에게 그다지 커다란 문제가 되지 않는 듯했지만 '우리 선교 사역을 위축시키는 것'은 절대로 해서는 안 되는 일이었다! 그해가 다 가기 전에 재정 문제로 어려움을 겪고 있는 허드슨 테일러에게 다음과 같은 내용으로 조지 뮬러의 편지가 도착했다.

"사랑하는 형제에게.
중국에서 진행되고 있는 하나님의 일이 점점 더 많이 내 마음을 사로잡아서 저는 그에 관해 점점 더 많이 기도할 뿐만 아니라 재정적으로도 더 많이 후원할 수 있기를 바라면서 기도해 왔습니다. 그런데 특히 최근에는 그대와 함께 사역하는 모든 사랑하는 형제와 자매를 재정적인 방식으로 돕고 싶은 마음이 더욱 강해졌습니다. 모든 분에게 각각 개인적으로 관심을 갖고 있다는 사실을 알아주셨으면 좋겠다는 각별한 바람도 말씀드리고 싶습니다. 이와 같은 제 마음의 소원을 이제 주님이 이루어주셨습니다."

이 편지에는 중국내지선교회의 모든 선교사에게 보내는 11장의 수표가 함께 들어 있었는데, 이 중에는 조지 뮬러가 지금까지 후원하지 않았던 선교사들도 포함되어 있었다. 이 편지와 함께 도착한 버거의 편지에는 이런 내용이 담겨 있었다.

"상당히 오랫동안 충분히 심사숙고하신 끝에 조지 뮬러 씨는 중국 내지선교회와 연결된 모든 형제, 자매 선교사의 명단을 요구하셨습니다. 별다른 어려움이 없다면 각 사람에게 할 수 있는 한 후원금을 보내겠다는 생각이십니다. 분명히 하나님은 우리의 재정이 줄어들고 있다는 사실을 알고 계셨으며, 그래서 하나님이 귀하게 여기시는 종의 마음에 우리를 돕고자 하는 강한 마음을 불어넣으신 것입니다. 할렐루야!"

중국 현지 선교사들에게 놀라운 위로와 격려가 되었던 것은 조지 뮬러가 단지 재정적인 후원뿐만 아니라 각 선교사에게 기도하는 마음으로 공감과 지지를 표하는 편지를 보냈기 때문이다.

"제가 이 편지를 보내는 주목적은 하나님 안에서 여러분을 사랑한다고 말하고 싶기 때문입니다. 저는 중국에서 벌어지는 하나님의 일에 지대한 관심을 가지고 있으며, 날마다 여러분을 위하여 기도하고 있다는 사실을 말씀드리고 싶습니다.
하나님 앞에서 여러분을 위하여 느끼고 기억하는 사람이 한 명이라도 있다는 소식이 온갖 어려움과 시련과 역경과 좌절을 겪고 있는 여러분에게 조금이라도 위로가 되기를 바랍니다. 그러나 비록 그렇지 않더라도, 이 세상에서 여러분에게 관심을 보여주는 사람이 단 한 명도 없다 하더라도, 적어도 겉으로는 마치 아무도 여러분에게 관심을 나타내지 않는 것 같은 상황에 처해 있는 듯하더라도 언제나 하나님이 여러분과 동행하십니다. 바울이 로마에서 머물러 있던 시절을 기억해보십시오(딤후 4:16-18).

그러니 하나님을 생각하고 바라보고 의뢰하십시오! 여러분이 하나님과 동행하고 하나님을 바라보고 하나님의 도우심을 기대한다면 그분은 절대 여러분을 실망시키지 않으실 것입니다. 지난 44년 동안 하나님을 알아 왔으며 지금 이 편지를 쓰고 있는 나이 많은 형제가 여러분을 격려하기 위하여 하나님은 지금까지 단 한 번도 저를 실망시키지 않으셨다고 감히 말씀드리는 바입니다.

아무리 커다란 어려움 속에서도, 아무리 극심한 시련에도, 아무리 쪼들리는 가난과 궁핍 속에서도 하나님은 지금까지 단 한 번도 저를 실망시키지 않으셨습니다. 하나님의 은혜로 말미암아 제가 하나님을 신뢰할 수 있었으므로 하나님은 항상 저를 도와주시기 위하여 나타나셨습니다. 이처럼 주님의 영광스러운 이름을 찬양할 수 있어서 기쁩니다."

(그로부터 몇 년 동안 조지 뮬러가 낸 후원금은 해마다 거의 1만 달러에 달하는 액수였다. 그런데 이것은 양저우 폭동 이래 중국 내지선교회의 수입에서 부족했던 바로 그 금액이었다.)

이러한 위로는 테일러 선교사 자신에게도 계속해서 몹시 필요했었다. 다소 이상한 소리처럼 들릴지도 모르지만 양저우 폭동으로 말미암은 시련은 내적으로 겪은 시험에 비하면 오히려 가벼운 것이었다. 아마도 영적인 기쁨과 안식을 빼앗아 갔던 외적인 환경도 나름대로 스트레스를 많이 주었을 것이다. 그러나 점점 더 가까이 다가오고 있는 더 깊은 내면의 고뇌를 경험하면서 아무리 커다란 외적인 시련도 이것만큼 하나님 안에서 맛보는 즐거움을 방해하지는 못했을 것이다.

테일러 선교사는 자주 이렇게 말했다. "그 문제가 얼마나 심각한 것인지는 그다지 중요하지 않습니다. 오직 그 문제의 원인이 어디에 있는지가 훨씬 더 중요합니다. 그게 당신과 하나님 사이를 가로막지 않도록 주의하십시오. 그런 문제가 점점 더 심각해질수록 당신은 하나님의 마음을 점점 더 많이 아프게 하는 것입니다."

그러나 이 당시만 하더라도 테일러 선교사는 그 나머지 인생을 찬란하게 빛나도록 해주는 비밀을 아직도 충분히 터득하지 못했다. 그리하여 내적인 어둠과 절망의 수렁에서 많은 시간을 헤매고 있었다. 그래서 허드슨은 자주 어머니에게 이렇게 편지를 보냈다.

"어머니께서 기도하실 때 저를 기억해달라고 자주 요청했었지요? 제가 그런 요청을 드릴 때는 그런 기도가 정말 절실히 필요하기 때문입니다. 그 기도가 지금보다 더 절실하게 필요한 적은 일찍이 없었습니다. 어떤 사람들에게는 질시를 받고, 많은 사람에게 멸시받고, 다른 사람들에게는 미움을 당하고, 지금까지는 전혀 들어본 적이 없거나 아무런 관련도 없는 일로 비난을 당합니다. 때때로 선교사들의 관행에서 마치 무슨 규범처럼 확립되어 있는 방식을 깨뜨리는 터무니없는 혁신자라고, 이방철학과 미신이라는 견고한 체계를 무너뜨리는 훼방꾼이라고 비난을 받습니다. 여러 가지 측면에서 아무런 선례도 없이, 노련한 조력자도 거의 없이 사역을 펼치고 있습니다. 가끔 몸이 아플 뿐만 아니라 마음에서도 당혹스러움을 느끼며, 전혀 다른 환경 때문에 깜짝 놀라게 됩니다. 그러므로 하나님이 저에게 특별한 은혜를 부어주시지 않았다면, 제 마음에 이 선교 사역이 하나님의 일이며 '아무리 깊은 고난의 수렁에서도' 건져주시기 위하여 하나님이 언제나 저와 함께하신다는 확신이 없었다면, 저는 틀림없이 쓰러지거나 주저앉고 말았을 것입니다. 그러나 이것은 주님의 싸움이며, 반드시 그분이 승리하실 것입니다. 우리는 넘어질 수 있으며 계속해서 넘어지지만 하나님은 절대 우리를 저버리지 않으십니다. 그러므로 다른 어느 때보다 더 많이 어머님의 기도가 절실합니다.

저의 위치는 계속해서 점점 더 책임이 무거워지고 있으며, 이 책무를 완수하기 위해서는 저에게 하나님의 특별한 은혜가 더 많이 필요합니다. 그러나 저는 너무나 멀리 떨어져서 주님을 따르고 있는 제 모습에 계속해서 애통해할 수밖에 없으며, 너무나 천천히 보배로운 주님을 닮아가고 있음을 깨닫게 됩니다.

때때로 저도 온갖 유혹과 악전고투하고 있다는 점을 말씀드리지 않을 수 없네요! 제가 얼마나 거짓된 마음을 가졌는지 전혀 깨닫지 못했습니다. 그러나 한편으로 저에게 하나님을 사랑하며 하나님의 일을 사랑하려는 소망, 범사에 오직 하나님만을 섬기고 싶다는 소망도 품고 있음을 깨닫게 됩니다. 그리고 다른 무엇보다도 오직 저를 영접해주신 보배로운 구세주를 소중하게 여깁니다. 저처럼 죄로 가득한 사람은 도저히 하나님의 자녀가 될 수 없다고 생각하려는 유혹을 받기도 합니다. 그러나 이런 부정적인 생각을 내던져버리고 오히려 예수님의 보배로우심을 더 많이 생각하면서 '사랑하는 아들 안에서 우리를 영접해주신' 하나님의 풍성한 은총을 더 많이 즐거워하려고 노력합니다.

사랑하는 아들은 하나님과 함께 계시며, 사랑하는 아들은 또한 우리와 함께 계셔야 합니다. 그러나 아, 여기서 저는 다시금 얼마나 부족하고 연약한 사람인지요! 하나님이여, 제가 주님을 더 많이 사랑하고 더 잘 섬길 수 있도록 도와주소서. 어머니, 저를 위하여 기도해주세요. 주께서 저를 온갖 죄악으로부터 지켜주시도록, 저를 완전히 성별해주시도록, 주님을 섬기는 일에 저를 더 크게 사용하시도록 기도해주세요."

내적으로 완전히 변화된 삶

아, 내 안에 주님이 계신다네. 내가 주님 안에, 주님이 내 안에!
주님이 텅 빈 내 영혼을 채우시네. 지금부터 영원무궁토록!

　　앞서 언급한 편지를 보낸 지 6개월 뒤, 테일러 선교사는 조그만
돛단배를 타고 대운하를 거슬러 북쪽으로 향하고 있었다. 이때 테일
러 선교사의 마음은 새롭게 발견한 커다란 기쁨으로 흘러넘치고 있
었다. 당시 양저우의 주드(Judd) 선교사는 친구이자 지도자인 테일
러 선교사가 나타나기를 학수고대하고 있었다. 그러나 아무리 테일
러 선교사를 잘 알고 있는 친구라 하더라도 그 마음속에서 일어난 놀
라운 변화를 눈치챘을 리가 만무했다. 두 사람 사이에 인사가 채 끝
나기도 전에 테일러 선교사는 자기 안에서 일어난 변화에 대해 털어
놓기 시작했다. 평소 습관대로 두 손을 허리 뒤로 두른 채 허드슨은
방을 이리저리 왔다 갔다 하면서 이렇게 소리쳤다.
　　"오, 주드 선교사! 하나님이 나를 완전히 새로운 사람으로 만드셨

어! 하나님이 나를 전혀 새로운 사람으로 변화시키셨다네!"

기도 응답으로 찾아온 경험은 실로 놀라웠다. 그러나 너무나 단순하여 거의 말로 설명하기도 어려운 체험이었다. 마치 오래전에 벌어졌던 일처럼 느껴졌다.

"지금까지 눈이 멀었던 내가 이제는 눈을 떴다네!"

전장에서 테일러 선교사를 기다리고 있는 편지 더미 가운데에는 존 맥카디 선교사가 항저우에 있는 옛집에서 보낸 편지도 포함되어 있었다. 맥카디 선교사에게 찬란한 영광의 태양이 떠올랐던 것이다. 만물을 새롭게 만드는 해 뜰 녘의 새벽빛이 내면에 찾아든 것이었다. 테일러 선교사에게 이 소식을 너무나 전하고 싶어서 편지를 쓴 것이었다. 왜냐하면 친구인 테일러 선교사가 털어놓은 영혼의 고민을 잘 알고 있었기 때문이다. 그러나 어디서부터 어떻게 말을 시작해야 할지 도통 알 수가 없었다. 맥카디 선교사는 이렇게 썼다.

"지금 당장 거룩함에 이르는 길에 관하여 선교사님과 허심탄회하게 이야기를 나눌 수 있으면 좋으련만. 선교사님이 그에 관하여 저에게 말하고 있었을 무렵, 그건 온통 제 생각을 사로잡고 있는 주제였지요. 제가 읽고 있던 어떤 책으로도 해결할 수 없었고, 너무나 좌절감에 사로잡혀 있었던 탓에 마땅히 목표로 삼아야 할 기준에 계속 미치지 못하고 있다는 불안한 마음으로 가득했지요. 계속해서 주님과 교통하고 교제하는 방법을 찾아서 끊임없이 분투하고 있는데, 그래서 때로는 주님과 생생한 교제를 나누기도 하지만 대부분 환상에 지나지 않거나 아득히 멀게만 느껴질 뿐이었답니다!

선교사님도 잘 알다시피 이제는 제가 좀 더 나은 날이 오도록 이렇게 애쓰고 갈망하고 소망하는 것은 거룩함, 행복, 유용함에 이르는 참된 길이 아니라고 생각해요. 물론 그게 아주 형편없는 성취에도 만족하고 살아가는 것보다 더 낫다고, 분명 훨씬 더 낫기는 하겠지만 다른 무엇보다 그게 최선의 방법은 아니겠지요. 그런데 최근 「그리스도는 나의 전부」(Christ is All)라는 제목이 붙은 책에서 읽은 단락들에 커다란 충격을 받았어요. 그건 이런 내용이었지요.

'우리 주 예수 그리스도를 영접하는 것이 거룩함의 시작이요, 우리 주 예수 그리스도를 소중히 품고 있는 것이 거룩함의 진척이요, 우리 주 예수 그리스도를 절대로 없어서는 안 될 분으로 의뢰하는 것이 거룩함의 완성이라.'

'자기 내면에 그리스도를 모신 사람이 가장 거룩한 자이며, 주님이 다 이루신 일을 가장 철저하게 기뻐하는 사람이 가장 거룩한 자이다. 우리 발걸음을 자꾸만 붙잡고 끊임없이 넘어지게 만드는 것은 바로 믿음 부족 때문이다.'

이 마지막 문장에 전 이제 충분히 동의한다고 생각해요. 사랑하는 구세주께서 제 안에서 그분의 뜻대로 일하시도록 하는 것, 곧 제 성화를 위하여 일하시도록 하는 것이야말로 제가 그분의 은혜로 말미암아 살아간다는 뜻이겠지요. 제 편에서 억지로 애쓰거나 고군분투하는 게 아니라 그냥 주님 안에 머물러 있는 것, 주님에게서 눈길을 떼지 않는 것, 지금 당장 필요한 능력에 대해 주님을 신뢰하는 것, 모든 죄에서 완전히 구원해주신 것을 기뻐하면서 전능하신 구세주의 사랑 안에서 편안히 쉬는 것, 이런 것들은 전혀 새로운 것이 아니지만 저에게 전혀 새롭게 다가왔어요. 마치 찬란한 아침 햇살이 저에게 내리쬐는 것 같았지요.

저는 떨리는 마음으로, 동시에 신뢰하는 마음으로 이것을 기꺼이 맞아들였답니다. 망망한 바다의 겨우 한쪽 끝에 다다른 것 같았지요. 겨우 살짝 맛보았을 뿐이지만 거기에 완전히 만족하고 있지요. 이제 그리스도는 문자 그대로 저에게 모든 것이 되셔서 섬김을 위한 능력, 유일한 능력이요, 변함없는 영원한 기쁨을 위한 유일한 반석이지요.

그렇다면 어떻게 우리의 믿음이 성장할 수 있을까요? 오직 예수님이 어떤 분이신지, 예수님이 우리를 위해 무엇을 하셨는지를 생각함으로써 가능하겠지요. 예수님의 생애, 예수님의 죽음, 예수님의 사역, 그리고 하나님 말씀에 계시된 예수님의 모습 따위를 끊임없이 우리 생각의 주제로 삼는 것이겠지요. 믿음을 가지려고 억지로 애쓰는 게 아니라 그냥 신실하신 분에게서 눈길을 떼지 않는 것이야말로 우리에게 필요한 전부인 것 같아요. 언제나 영원토록 사랑하는 예수님 안에서 편안히 쉬는 것이겠지요."

우리는 그런 기적이 도대체 어떻게 일어났는지 정확히 알지 못한다. 그러나 테일러 선교사는 "맥카디 선교사의 편지를 읽으면서 그 모든 것을 깨달았다. 나는 예수님께로 시선을 돌렸다. 이렇게 예수님을 바라보게 되자, 아, 얼마나 놀라운 기쁨이 흘러넘치게 되었는지 모른다!"고 고백했다. 이 일에 관하여 나중에 주드 선교사는 이렇게 기록했다.

"테일러 선교사는 이제 기쁨으로 가득한 사람, 쾌활하고 행복한 그리스도인이 되었다. 이전에는 억지로 애쓰면서 무거운 짐을 지고 살아왔기에 최근에는 영혼의 안식을 그다지 많이 누리지도 못한듯했다. 그러나 이제는 예수님 안에서 쉬면서 주님이 일하시도록 내어드리고 있다. 이것이 그 모든 차이를 만들어내고 있는 것이다.
그 이후로 집회에서 말씀을 전할 때마다 테일러 선교사에게서 새로운 능력이 흘러나오는 것 같다. 일상생활에서 어떤 구체적인 일을 진행하는 경우에도 새로운 평화에 사로잡힌 듯한 모습이다. 예전처럼 온갖 수고로 걱정하지 않는다. 전혀 새로운 방식으로 모든 것을 하나님께 맡기면서 더 많은 시간을 할애하여 기도하기 때문이다. 밤늦게까지 일하는 대신 일찍 잠자리에 들고 새벽 5시면 일어나 성경 공부와 기도로 시간을 보낸다. 흔히 하루 일과를 시작하기 전에 그런 식으로 2시간 정도를 사용한다."

이것이 바로 테일러 선교사에게 찾아온 내적으로 완전히 변화된 삶이었다. 실제로 '이제 더는 내가 아닌' 삶이 시작되었던 것이다. 6개월 전까지만 하더라도 "그러나 저는 너무나 멀리 떨어져서 주님을 따르고 있는 제 모습에 계속해서 애통해할 수밖에 없으며, 너무나 천천히 보배로운 주님을 닮아가고 있음을 깨닫게 됩니다"라고 안타까워했는데, 이제는 억지로 주님을 닮아가야겠다고 생각하지 않았다. 이미 "그리스도께서 내 안에 살아계신다"는 복된 현실을 누리고 있었기 때문이다.

이 얼마나 엄청난 차이란 말인가! 멍에 대신 자유, 실패 대신 고요한 내적인 승리, 두려움과 연약함 대신 주님 안에서 맛보는 편안한 안식이 있었다. 이 해방감이 너무나 큰 나머지 테일러 선교사는 그때로부터 계속해서 기회가 있을 때마다 굶주린 심령이 이 소중한 비밀을 명확하게 이해하도록 도와주려고 온갖 노력을 다했다. 오늘날에도 이러한 도움이 필요한 굶주린 심령이 너무나 많기 때문에 우리는 이 주제에 관하여 최초로 보낸 여러 편지 가운데 하나를 상세하게 인용하여 소개하려고 한다. 이것은 브룸홀 부인이 된 여동생에게 보낸 편지인데, 이 여동생은 이제 아이들 숫자가 10명으로 늘어난 대가족을 돌보면서 대단히 현실적이고 무거운 짐을 감당하고 있었다.

"네가 보낸 장문의 다정한 편지 정말 고마워. 우리가 중국으로 들어온 이후로는 나에게 그런 편지를 보내준 적이 없었던 것 같아. 내가 바쁜 것처럼 너도 많이 바쁜 걸 잘 알고 있단다. 아마 일부러 편지를 안 쓴 게 아니라 제대로 편지를 쓸 수 없었을 테지. 우리 몸과 마음은 일정 수준 이상의 지나친 긴장이나 과로를 견딜 수 없을 거야.

일에 관해서라면 나도 굉장히 무거운 책임감 때문에 상당히 힘들었지만, 이제 그런 중압감과 긴장감은 모두 사라져버렸어. 지난달 이후로 아마 내 인생에서 가장 행복한 시절이 이어지고 있는

데, 우리 주님이 내 영혼에 행하신 일에 관해 조금만이라도 네게 말해주고 싶구나. 그에 관해 얼마나 잘 설명할 수 있을지 모르겠지만 말이다. 왜냐하면 하나도 새롭거나 이상하거나 놀라울 건 없기 때문이야. 그런데 신기하게도 모든 것이 새로워졌어!

아마도 잠시 과거로 돌아가 본다면 좀 더 명확하게 설명할 수 있을지도 모르겠구나. 글쎄, 사랑하는 아멜리아야! 내 마음은 지난 6~8개월 동안 몹시 고민에 빠져 있었단다. 개인적으로나 우리 선교회를 위해서도 각 사람의 영혼에 더 많은 거룩함, 생명, 능력이 부어질 필요가 있었기 때문이지. 그럼에도 개인적인 필요가 언제나 앞섰고, 가장 중차대했었어. 나는 하나님과 더 가까이에 머물지 못하면서 감사하지 못하는 태도로 위험에 빠져서 죄악 가운데 살아가고 있었어. 그래서 기도하고 괴로워하면서, 금식하고 몸부림치면서, 이런저런 다짐도 하고, 성경 말씀도 더욱 부지런히 읽고, 묵상할 시간을 더 많이 내려고 애써 보았지만 모든 게 허사였지. 날마다, 거의 매시간 죄책감이 나를 짓눌렀었지.

단지 내가 그리스도 안에 머물기만 하면 모든 일이 잘될 거라는 사실을 충분히 알고 있었지만 도저히 그렇게 할 수 없었어. 기도로 하루를 시작하면서 단 한 순간도 주님에게서 눈길을 돌리지 않겠다고 작정했지만, 각종 일에 대한 부담감이나 때로는 몹시 힘들게 만들거나, 아주 쉽게 너무나 지치게 만들면서 끊임없이 방해하는 것들 때문에 곧장 주님을 잊어버리고 말았지. 그러니까 이런 형편에서는 한 사람의 신경이 극도로 예민해진 나머지 화를 내고 싶은 유혹, 극단적인 생각, 때로는 불친절한 언사들이 오히려 점점 더 통제하기 힘든 지경에까지 도달하게 되었어. 날마다 죄악과 실패의 기록, 능력 부족에 관한 기억을 남기게 되었단다. 사실상 '마음에 원함은 내게 있으나' 그걸 실행할 방법이 마땅히 떠오르지 않았던 거지.

그러자 마음속에 이런 질문이 떠올랐어. 과연 아무런 해결책도 없단 말인가? 이처럼 끊임없는 갈등과 너무나 빈번한 패배의 경험이 끝까지 계속되어야 한단 말인가? 나 자신은 그렇게 경험하지도 못하면서 '영접하는 자, 곧 그 이름을 믿는 자들에게는 하나님의 자녀가 되는 권세를 주셨으니' 라고 과연 내가 말씀을 전할 수 있단 말인가? 죄에 대해 점점 더 강하게 성장하기보다는 점점 더 약해질 뿐만 아니라 더 적은 힘을 발휘하게 되는 것 같았어. 그런데 그도 그럴 것이 믿음도, 심지어 소망도 점점 더 없어지는 것 같았기 때문이야. 그래서 나 자신을 미워하고 내 죄를 미워하기는 했지만 죄를 이길 만한 힘은 키우지 못했단다. 물론 내가 하나님의 아들이라고 느끼고는 있었지. 이 모든 상황에도 불구하고 내 마음속에 계시는 성령님은 '아빠 아버지' 라고 부르짖고 있었어. 그러나 나는 이 모든 특권을 가진 아들이면서도 너무 무기력했단다.

거룩함, 곧 실제적인 거룩함은 은혜라는 수단을 부지런히 사용하여 점진적으로 얻어지는 것이라고 생각했었지. 나는 다른 무엇보다 더 많이 거룩함을 갈망했고, 더 많이 거룩함이 필요했어. 그러나 어느 정도라도 거룩함에 도달하기보다는 거룩함을 붙잡으려고 더 노력하면 할수록 점점 더 그 손아귀에서 벗어나고는 했었지. 그래서 거룩함에 관한 소망 자체마저 거의 다 사라지고, 아마 천국을 더욱 달콤하게 느끼도록 하기 위해 하나님이 여기 이 땅에서는 거룩함을 허락하지 않으시려나 보다 하고 생각하기 시작했어. 나 자신의 힘으로 거룩함에 도달하려고 억지로 애썼다고 생각하지는 않지만 나 자신이 너무 무기력했다는 사실은 잘 알고 있어. 주님께도 그렇게 고백했으며 나에게 도움과 힘을 달라고 간구했었지. 때때로 주님이 나를 지켜주시며 보호해주신다고 거의 믿기는 했지만 저녁마다 하루를 반성해보노라면 죄악과 실패뿐임을 고백하면서 하나님 앞에서 애통해할 수밖에 없었단다.

물론 이처럼 길고도 침울하게 여러 달을 보내는 동안 그것이 유일한 경험이었다는 뜻은 아니란다. 단지 그런 생활이 너무나 빈번하게 일어났던 영혼의 상태였으며, 그로 말미암아 결국에는 커다란 절망에 빠지는 경향을 보이게 되었다는 뜻이지. 그러는 와중에서도 그리스도가 그 어느 때보다 더 귀하게 여겨졌으며, 나 같은 죄인도 구원하실 수 있으며, 또한 구원하려고 하시는 구세주를 소중하게 생각하게 되었던 거야! 그리고 때로는 주님 안에서 평안과 기쁨을 누리던 시절도 당연히 있었지. 그러나 그건 잠시뿐이었으며, 기껏해야 능력이 부족한 슬픈 현실을 어쩔 수가 없었어. 오, 이 모든 갈등에 종지부를 찍으시는 우리 주님은 얼마나 좋으신 분이란 말인가!

언제나 내게 필요한 모든 것이 그리스도 안에 있다고 확신하는 듯했지만, 실제적인 문제는 어떻게 그걸 끄집어내느냐는 거였어. 주님은 정말 부유한 분이시지만 난 가난하고, 주님은 강하시지만 난 연약한 존재이기에 주님의 뿌리와 줄기에는 풍성한 영양분이 있다는 것은 너무나 잘 알고 있으면서도 그 영양분을 어떻게 나 같은 보잘것없는 가지에까지 도달하도록 만드느냐가 문제였던 거지. 점차 새벽빛이 밝아오자 믿음이 유일한 필수 항목임을 깨달았으며, 오직 믿음만이 주님의 충만함을 붙잡아서 내 것으로 만들 수 있는 유일한 열쇠임을 깨달았단다. 그런데 나에게는 이런 믿음이 없었어.

이런 믿음을 갖기 위하여 열심히 노력했지만 그런 믿음은 쉽사리 생겨나지 않았단다. 이런 믿음을 발휘해 보려고 애썼지만 모두 소용없는 짓이었어. 예수님 안에 있는 은혜의 놀라운 공급하심과 우리 보배로운 구세주의 충만하심을 점점 더 많이 보면 볼수록 내 죄책감과 무기력함은 점점 더 커지는 것 같았어. 일상생활에서 저지르는 죄악들은 그 원인으로 작용하는 불신앙의 죄와 비교하면 아주 사소한 것처럼 보이는 반면, 그 불신앙은 성경 말씀대로 하나님을 받아들이는 대신 오히려 거짓말쟁이로 만든단다. 그러니까 불신앙은 이 세상에서 가장 끔찍한 죄악임에도 내가 거기에 푹 빠져 있었던 거야. 믿음을 달라고 기도했지만 그런 믿음은 생기지 않으니 도대체 어떻게 해야 할지 몰랐었지.

영혼의 번민이 극도에 달했을 때 맥카디 선교사의 편지에서 읽은 한 문장이 내 눈의 비늘을 벗겨냈으며, 하나님의 성령은 이전에 알던 것과는 전혀 다른 차원에서 우리와 예수님이 하나라는 진리를 나에게 계시해주셨던 거야. 동일한 실패를 수없이 거듭하다가 나보다 먼저 이 빛을 보았던 맥카디 선교사가 이때 나에게 편지를 보내주었단다. 기억을 더듬어서 인용해 본다면 '그런데 어떻게 하면 믿음을 강하게 할 수 있을까요? 믿음을 얻기 위해 억지로 애쓰기보다는 신실한 분을 의뢰하는 것이겠지요.' 이 문구를 읽는 순간, 그 모든 것을 깨달을 수가 있었어. '우리는 미쁨이 없을지라도 주는 항상 미쁘시니 자기를 부인하실 수 없으시리라'(딤후 2:13). 주님을 바라보면서 이렇게 말씀하셨다는 것도 새삼 깨닫게 되었지(그런 깨달음이 왔을 때, 아, 내 안에서 얼마나 커다란 기쁨이 흘러넘쳤는지 몰라!). '내가 결코 너희를 버리지 아니하고 너희를 떠나지 아니하리라'(히 13:5).

마침내 '아, 여기에 안식이 있구나! 주님 안에서 안식하려고 지금까지 너무나 부질없이 애써왔던 거야. 이제 더는 억지로 애쓸 필요가 없어졌어. 주님이 친히 나와 함께 계신다고 약속하지 않으셨던가? 절대 나를 버리지도 아니하고 떠나지도 않는다고 약속하지 않았던가?' 하고 생각할 수 있게 되었던 거야. 그래, 사랑하는 동생 아멜리아야! 주님은 그 약속처럼 절대 우리를 떠나지도 버리지도 않으신단다.

주님이 내게 보여주신 건 이게 전부가 아니었어. 아마 절반도 안 될 거야. 포도나무와 가지에 대한 비유를 생각해보니 복되신 성령이 내 영혼에 얼마나 놀라운 빛을 친히 쏟아부어 주셨는지 모른단다. 내가 주님으로부터 충만함을 억지로 짜내고 싶어 했다는 게 너무나 커다란 실수였던 것 같아. 예수님은 절대 우리를 떠나지 않으실뿐더러 우리는 예수님의 몸에 붙어 있는 지체이며, 예수님의 살과 뼈를 구성하는 지체라는 깨달음이 찾아왔지.

포도나무는 뿌리만 있는 게 아니라 뿌리와 줄기, 가지와 잔가지, 이파리와 꽃, 그리고 열매를 비롯하여 모든 부분을 두루 갖추고 있지. 그런데 예수님은 단지 그뿐만이 아니잖아. 예수님에게는 토양, 햇빛, 공기, 소나기도 있으며, 우리가 상상하거나 바라거나 필요한 것보다 감히 헤아릴 수 없을 정도로 크신 분이잖아. 이 진리를 깨달은 기쁨이란 얼마나 놀라운 것인지! 너도 얼른 눈을 떠서 이 진리를 깨달을 수 있으면 좋겠구나. 그리하여 그리스도 안에서 값없이 허락하시는 부요함을 깨달아 알고서 마음껏 누릴 수 있도록 기도할게.

오, 사랑하는 아멜리아야! 부활하여 승천하신 구세주와 참으로 하나가 되어 그리스도의 지체가 된다는 것은 정말 놀라운 일이란다! 거기에는 어떤 의미가 내포되어 있는지 한번 곰곰이 생각해 보렴. 그리스도께서 부유하신데 내가 가난할 수 있을까? 네 오른손이 부유한데 왼손이 가난할 수 있을까? 네 머리는 잘 먹고 있는데 몸뚱이는 굶주릴 수 있을까? 이런 깨달음이 기도에 어떤 영향을 미치고 있는지 다시 한번 생각해봐.

은행 직원이 고객에게 '이 수표를 쓴 것은 당신 손이지 당신이 아닙니다. 그러므로 이 돈을 당신 손에 지불해야지 당신에게는 지불할 수 없어요' 라고 말할 수 있겠니? 단지 그리스도를 위해서가 아니라 우리는 그리스도의 소유이며 그리스도의 지체라는 사실을 근거로 어지간한 한계를 훨씬 뛰어넘는 그리스도의 신용 범위 안에 머물러 있는 한, 예수님의 이름으로 요청하기만 하면 네 기도나 내 기도는 절대로 부도를 내지 않겠지. 물론 우리가 성경적이지 않은 것을 구하거나 하나님의 뜻대로 구하지 않는다면 그리스도께서도 어쩔 도리가 없겠지만 말이야. 그러나 '그를 향하여 우리가 가진 바 담대함이 이것이니 그의 뜻대로 무엇을 구하면 들으심이라. 우리가 무엇이든지 구하는 바를 들으시는 줄을 안즉 우리가 그에게 구한 그것을 얻은 줄을 또한 아느니라'(요일 5:14-15). 어떤 부분을 다른 것보다 더 달콤하다고 말할 수 있다면 이 세상에서 가장 달콤한 경험은 그리스도와 완전히 동화하는 데서 찾아오는 안식이란다. 이 사실을 깨닫고 나서 이제 더는 아무것도 걱정하지 않아. 주님은 얼마든지 그분의 뜻을 이루실 수 있으며, 주님의 뜻이 곧 내 뜻이기 때문이지. 주님이 나를 어디로 보내시는지, 어떻게 보내시는지는 그다지 중요하지 않아. 그건 내가 염려할 일이 아니라 주님이 생각하실 몫이기 때문이지. 아무리 수월한 자리에 있더라도 주님은 분명히 나에게 은총을 베푸실 것이며, 아무리 힘겨운 환경에 처하더라도 주님의 은총은 언제나 충분할 거야.

내게 하인이 있을 경우 몇 푼 안 되는 물건을 사 오라고 시키든 값비싼 물건을 사 오라고 시키든 그 하인에게는 아무런 문제가 되지 않겠지. 어떤 경우이든 하인은 나에게 돈을 받아서 시키는 물건을 사 오기만 하면 되는 거니까. 그와 마찬가지로 만약 하나님이 나를 굉장히 곤란한 지경에 처하게 하신다면 주님이 그에 합당하게 인도해주시지 않겠니? 큰 어려움이 있는 곳에 은혜가 넘치지 않겠니? 엄청난 압박과 시련이 있는 환경에서 더 많은 능력이 나타나지 않겠니? 어떤 위급한 상황에서도 주님의 자원이 불충분할지도 모른다고 두려워할 필요가 없단다! 주님이 내 것이기 때문에 주님은 항상 나와 함께 계시며, 내 안에 임재해 계시기 때문에 주님의 모든 자원이 곧 내 것이란다.

이처럼 믿음으로 말미암아 그리스도께서 내 안에 머물러 계신 이후로는 내가 얼마나 행복했는지 몰라! 이렇게 편지를 쓰는 대신 직접 만나서 이야기를 나눌 수 있으면 좋으련만. 내가 이전보다 본질적으로 더 나아진 건 없어. 어떤 의미에서 난 그러고 싶지도 않고 그러려고 억지로 애쓰지도 않고 있어. 그러나 나는 그리스도와 함께 죽었고 장사 지낸 바 되었으니, 아아, 또한 그리스도와 함께 부활했단다! 그래서 이제는 그리스도께서 내 안에 살아계셔서 '이제 내가 육체 가운데 사는 것은 나를 사랑하사 나를 위하여 자기 자신을 버리신 하나님의 아들을 믿는 믿음 안에서 사는 것이지'(갈 2:20).

자, 이제 그만 줄여야겠구나. 그러나 하려고 했던 이야기를 절반도 못 한 기분이구나. 더 쓰고 싶어도 시간이 없네. 하나님이 너도 이 복된 진리를 붙잡을 수 있도록 해주시기를 기도할게. 이제 더는 '네 마음에 누가 하늘에 올라가겠느냐 하지 말라 하니 올라가겠느냐 함은 그리스도를 모셔 내리려는 것이요 혹은 누가 무저갱에 내려가겠느냐 하지 말라 하니 내려가겠느냐 함은 그리스도를 죽은 자 가운데서 모셔 올리려는 것이라'(롬 10:6-7)고 말하지 않도록 하자.

다시 말해 하나님이 그분과 우리를 하나가 되게 하셔서 그분의 몸에 붙은 지체가 되게 하셨는데, 그분이 저 멀리 계신 것처럼 생각하지 않도록 하자. 또한 이 경험이나 이러한 진리가 소수만을 위한 것으로 생각하지 않아야겠지. 이러한 깨달음은 하나님의 모든 자녀에게 열려 있는 생득권이며, 그 특권을 제대로 누리지 못한다면 오히려 주님을 욕되게 하는 것이지. 죄에서 해방되거나 참 예배를 위한 유일한 능력은 바로 그리스도시란다.

그런데 이것은 너무나 간단하고 실제적인 깨달음이었단다! 그래서 아무리 분주한 엄마라도 이 같은 믿음의 안식 속으로 들어가자 드디어 깨닫게 되었단다."

"그런데 당신은 그리스도 안에 머물러 있다는 사실을 항상 의식하고 계십니까?" 몇 년 후에 누군가 테일러 선교사에게 이렇게 질문했다. 그러자 테일러 선교사가 대답했다. "지난밤 잠자는 동안 제가 당신의 집에 머물러 있다는 사실을 의식하지 못하고 있었다고 해서 당신의 집에 없었습니까? 우리는 그리스도 안에 머물러 있지 않다는 생각조차 할 필요가 없습니다."

난 늘 변하나 주님은 언제나 한결같으시니,
그리스도는 결코 죽으실 수 없다네.
내 진리가 아닌 주님의 진리는 영원히 안식할 처소요,
내 사랑이 아닌 주님의 사랑은 든든히 매는 줄이라네.

이제 더는 갈증 없는 영혼의 안식

"이다음엔 또 뭐야?" 별 조심성 없이 물었다네. 눈물과 두려움과
슬픔이 기다리고 있음을 알았기 때문이지. 그러자 사랑의 구세주께서
가까이 다가와 "내일 일은 내가 책임지겠다"고 말씀하신다네.

앞장에서 이야기한 '내적으로 완전히 변화된 삶'은 모진 세월을
보내면서 숱한 시련을 견뎌낸 경험이었다. 불만과 불평으로 가득한
나날들은 이제 다시는 돌아오지 않을 것이다. 아무리 심란한 영혼이
라도 이제 다시는 그리스도의 충만하심과 나눠지지 않을 것이다. 이
전보다 더 깊고 엄중한 시련이 여전히 찾아오기는 했지만, 그 과정에
서 하나님의 임재하심으로 말미암아 넘쳐나는 온갖 기쁨은 전혀 방
해받지 않았다. 허드슨 테일러 선교사는 이제 드디어 영혼의 안식을
찾는 비밀을 발견했기 때문이다. 이와 같은 경험을 통하여 허드슨 테
일러는 그리스도께서 우리에게 어떤 분인지에 대해서 충분히 이해했
을 뿐만 아니라 더욱 철저한 순복, 그러니까 실제로 예수님께 자신을
온전히 포기하는 법을 이해하게 되었다. 앞장에서 살펴본 대로 허드

슨 테일러는 자기 동생 아멜리아에게 다음과 같이 편지했다.

"이제 더는 아무것도 걱정하지 않아. 왜냐하면 주님은 얼마든지 그분의 뜻을 이루실 수 있으며, 주님의 뜻이 곧 내 뜻이기 때문이지. 주님이 나를 어디로 보내시는지, 어떻게 보내시는지는 그다지 중요하지 않아. 그건 내가 염려할 일이 아니라 주님이 생각하실 몫이기 때문이지. 아무리 수월한 자리에 있더라도 주님은 분명히 나에게 은총을 베푸실 것이며, 아무리 힘겨운 환경에 처하더라도 주님의 은총은 언제나 충분할 거야.

내게 하인이 있을 경우 몇 푼 안 되는 물건을 사 오라고 시키든 값비싼 물건을 사 오라고 시키든 그 하인에게는 아무런 문제가 되지 않겠지. 어떤 경우이든 하인은 나에게 돈을 받아서 시키는 물건을 사 오기만 하면 되는 거니까. 그와 마찬가지로 만약 하나님이 나를 굉장히 곤란한 지경에 처하게 하신다면 주님이 그에 합당하게 인도해주시지 않겠니? 큰 어려움이 있는 곳에 은혜가 넘치지 않겠니? 엄청난 압박과 시련이 있는 환경에서 더 많은 능력이 나타나지 않겠니? 어떤 위급한 상황에서도 주님의 자원이 불충분할지도 모른다고 두려워할 필요가 없단다! 주님이 내 것이기 때문에, 주님이 항상 나와 함께 계시며 내 안에 임재해 계시기 때문에 주님의 모든 자원이 곧 내 것이란다."

그리스도께 순복한다는 것을 오래전부터 이미 알고는 있었지만 이것은 더 깊고 새로운 차원의 순복으로써 이제부터 자신을 비롯한 모든 것을 기쁜 마음으로 무조건 넘겨준다는 뜻이었다. 그것은 단순히 주님이 요구하실 때 이런저런 것을 포기하는 문제가 아니었다. 그것은 작은 일에나 큰일에나 하나님의 뜻에 충성하며 사랑하는 마음으로 받아들이면서 기쁜 마음으로 맞이한다는 것이다. 최선을 다하여 하나님의 뜻이 이루어질 수 있도록 하겠다는 것이었다. 이것은 이듬해 여름에 닥쳐온 많은 시련을 하나님의 은혜가 승리하는 기회로 만들어 '통곡의 계곡'을 축복의 샘물이 끊임없이 흘러넘치는 '생명샘'으로 변화시켰다.

덴진 대학살 사건으로 절정에 달한 위험과 흥분의 시기를 맞이하기 이전에도 테일러 선교사 부부는 이미 개인적으로 깊은 슬픔을 통과하도록 부르심을 받고 있었다. 이제는 어쩔 수 없이 아이들과 헤어지는 것을 더는 미룰 수 없는 시간이 다가오고야 말았던 것이다. 중국에는 아이들을 계속해서 교육할 만한 학교가 없었으며, 오늘날 같은 휴양지도 없어서 뜨거운 여름철을 피해서 쉴 만한 곳도 없었다. 중국에서 맞이하는 기후 풍토와 궁핍한 생활은 아이들의 건강을 해쳤으며, 이미 큰딸을 잃어 중국 땅에 묻었기 때문에 부모의 마음은 더욱 아팠다. 그런데 감사하게도 비서이자 헌신적인 친구 선교사인 에밀리 블래철리(Emily Blatchley)가 세 아들과 어린 딸 하나를 영국으로 데려가 거기에서 아이들을 돌봐주었으면 좋겠다는 제안을 흔쾌히 받아들였다.

이것은 굉장히 오랫동안 아이들과 헤어져 있어야 한다는 뜻이었으며, 당시에 동양과 서양은 오늘날보다 훨씬 더 멀었다. 그런데 심지어 이 어린 여행자들을 해안으로 데리고 가기도 전에 또 하나의 기나긴 영원한 이별을 맞이해야 했다. 유난히 귀엽던 겨우 다섯 살짜리 막내아들의 건강이 무척 좋지 않았다. 테일러 부부는 이제 곧 다가오는 이별의 긴장까지 겹쳐 막내 아이의 고질병이 도지지나 않을까 노심초사하고 있었다. 부부는 양저우에서 대운하를 타고 내려가는 배 안에서 밤새도록 막내아들 곁을 지켰다. 그러나 다음 날 새벽녘 동이 틀 무렵, 막내아들은 깊고 영원한 잠에 빠져들었다. 양쯔강의 어지러운 물결을 타고 아무런 고통이나 두려움 없이 더 나은 세상으로 들어간 것이다.

폭이 3km에 달하는 폭풍우가 몰아치는 강을 건너서 두 부부는 전장에 있는 공동묘지에 보배로운 아들의 시신을 묻고, 다른 사람들과 함께 상하이로 계속해서 항해했다. 얼마 후, 이제 곧 동이 트면 떠나게 될 프랑스 우편선에 아이들을 모두 태운 뒤, 테일러 선교사는 버거에게 이렇게 편지했다. 테일러 선교사는 여전히 증기선에 남아 있던 부인을 데리고 돌아오는 중이었다.

"저는 이제 마지막으로 우리 아이들이 깨어 있는 모습을 보았습니다. 우리 아이들 중 둘에 대해서는 이제 별다른 걱정이 없습니다. 둘 다 예수님의 품에서 안식하고 있기 때문이지요. 그런데 친애하는 형제님, 지금 하염없이 눈물이 흘러내리고 있지만 아무런 자격도 없는 저에게 이 위대한 중국 선교 사역에서 중요한 역할을 감당하게 해주시니 하나님께 감사할 따름입니다. 저는 이 일에 뛰어들게 된 것을 전혀 후회하지 않습니다. 이것은 하나님의 일입니다. 제 일도, 당신 일도 아닌 우리의 일이지요. 우리가 이 일에 동참하고 있어서가 아니라 우리가 그분의 것이기 때문이지요. 또한 우리가 그분의 일을 이루시는 하나님과 하나이기 때문이지요."

이것이 바로 테일러 선교사 부부를 지탱하고 있는 실재였다. 중국에서 1870년에 맞이한 여름보다 더 힘겨웠던 적은 예전에는 단한 번도 없었다. 그러나 이 모든 어려움과 아이들을 보고 싶은 마음을 억누를 수 없음에도 두 사람은 하나님 안에서 누리는 안식과 기쁨을 결코 잃지 않았다. 훗날 테일러 선교사는 이 시절을 회상하면서 이렇게 기록했다.

"가장 애절한 모정을 너무나 잘 뒷받침하고 위로해주시는 하나님의 은혜에 감탄하고 경탄하지 않을 수 없었다. 그 비밀은 예수님이 우리 마음과 영혼의 깊은 갈망을 만족시켜주신다는 데 있었다."

테일러 부인도 그해 여름에 한창 좋은 시절을 맞이하고 있었다. 주변에서 휘몰아치는 온갖 고난의 광풍을 그런대로 잘 극복하는 듯했다. 중국내지선교회 안에 질병이 유행하고 있었다. 테일러 선교사 부부가 아이들과 헤어지고서 미처 전장에 도달하기도 전에 거기에 머물러 있던 주드 부인이 이미 거의 사경을 헤매고 있다는 소식을 듣게 되었다. 테일러 선교사는 또 다른 환자 때문에 배를 떠날 수 없었기에 테일러 부인 혼자 길을 떠나 필요한 도움을 줄 수 있도록 조치했다.
　며칠 동안 밤낮으로 아내를 간호한 탓에 주드 선교사는 이때 거의 기진맥진한 상태였다. 바로 그때 뜰 밖에서 예기치 않은 누군가가 자기 집에 당도하는 소리를 듣게 되었다. 이 한밤중에 도대체 어디서 누가 온단 말인가? 증기선이 강을 따라 올라간 적도 없고, 현지인 돛단배는 어둑해지면 다니지 않는데! 더구나 뜰에서 들려오는 것은 인력거 소리가 아닌가? 용수철 탄력도 없는 딱딱한 쇠바퀴 인력거를 타고 온종일 지루한 여행 끝에 한 여성이 혼자 몸으로 거기에 도착했던 것이다. 머지않아 그 어떤 사람보다 더 보고 싶어 했던 얼굴이 등장했다. 다름 아닌 사랑하는 테일러 부인이었다. 그 당시를 주드 선교사는 이렇게 회상했다.

"그 당시 테일러 부인 자신도 상당히 몸이 불편한데다 힘든 여행으로 고단했음에도 한사코 저에게 잠자리에 들도록 강권했으며, 자기가 대신 간병하겠다고 말씀하셨지요. 어떤 말로도 테일러 부인에게 먼저 쉬라고 설득할 수 없었답니다. 오히려 '아니에요. 선교사님께서는 이제 더는 밤을 새우지 않으셔도 돼요. 선교사님이 주무시든 않든 간에 저는 부인 곁에서 밤새워 간호할 거예요' 라고 단호하게 말씀하셨지요. 저는 이 말속에서 묻어나는 단호함과 애정을 절대 잊을 수가 없습니다. 또한 주님 안에 머물러 있는 것을 기쁨과 능력의 원천으로 삼고 있는 부인의 얼굴이 주님의 온화함으로 빛나는 모습을 절대 잊을 수가 없답니다."

그해 여름 수많은 난관을 겪으면서도 오직 기도로 그 모든 상황을 이겨냈던 것처럼 이번에도 오직 기도만이 질병에서 환자를 구해주었다. 이 크신 은혜를 테일러 선교사는 선교회의 친구들에게 이렇게 편지했다.

"이전에는 차례대로 하나씩 시련을 맞이했는데, 이번에는 거의 동시다발적으로 광범위하게 널리 퍼진 분노가 중국 사회를 기초까지 뒤흔들어 놓았습니다. 현지인 마법사(중국인 그리스도인)가 자기들에게 마법을 걸었다(복음을 전했다)고 믿게 되었을 때 중국인들이 경악하는 모습은 감히 표현하기 어려울 정도입니다. 이 교활한 마법사들이 결국 외국인 선교사들의 앞잡이라는 소식에 중국인들은 더욱 분개하고 분노하였습니다. 분개한 중국인들이 톈진에서 들고일어나 가톨릭 수녀회, 사제들, 심지어 프랑스 영사마저도 무참히 살해했다는 소식이 널리 퍼져 있습니다. 우리 형제자매들은 아무런 인간적인 도움도 받지 못한 채 멀리 떨어진 내륙 지방에서 지내면서 중국인들의 손아귀에 있었으나 무엇이 이런 폭동에서 그 사람들을 보호해주었을까요? 모든 능력에 뛰어난 예수님의 이름으로 연합하여 끊임없이 기도한 응답으로 오직 '하나님의 전능하신 손길'이 지켜주셨을 따름입니다. 이와 같은 능력이 우리로 하여금 예수님에게, 곧 그분의 임재하심, 그분의 사랑, 그분의 섭리에 계속해서 만족하도록 지켜주었습니다."

그런 경험에 관한 이야기를 그냥 가만히 앉아서 듣거나 읽는 것은 굉장히 쉬운 일이나, 그와 비슷한 위험의 시기를 온몸으로 겪어낸 사람들만이 거기에 내포된 긴장감을 진정으로 이해할 수 있을 것이다. 그해 더위는 유난히도 심하고 길었는데 이로 말미암아 중국 현지인들의 불편한 심기가 한층 심각해졌다. 그래서 외국인 여성과 어린 아이들은 상하이 같은 안전한 해안지역으로 내려보내야 했으며, 한동안 중국 관청에서도 모든 외국인에게 떠나라고 요구하는 것처럼 보였다. 이것은 중국 관리와 외국 관리들에게 빈번하게 탄원서를 보내야 했으며, 위험에 처한 사역자들에게도 수시로 편지를 보내야 했다는 뜻이다. 전장에 있는 선교회 본부의 거처에 대해서는 굉장히 높은 세금이 부과되었으며, 외국인을 향한 반감이 너무나 컸기 때문에 추가로 어떤 거처를 구할 수도 없는 상황이었다. 테일러 선교사는 양저우 폭동을 언급하면서 6월에 이렇게 기록했다.

"과거 양저우 폭동 같은 회오리가 다시 몰아칠 것 같은 분위기지만 그때와 차이가 있다면 우리가 염려해야 할 곳이 단지 어느 한 지역에 국한되어 있지 않다는 것이다."

이 무렵 모든 강가에 위치한 선교 거점을 철수해야 하는 것처럼 보이기도 했다. 테일러 선교사 부부는 양저우보다 좀 더 중앙으로 내려온 전장을 본부로 삼고 있었으며, 아내와 다른 여성들이 함께 방을 쓰도록 하면서 테일러 선교사는 응접실이나 복도의 바닥에다 자리를 깔고 잠을 청했다. 톈진 학살 사건 이후에 대해서는 이렇게 편지가 이어지고 있었다.

"이런저런 어려움이 차례대로 급격하게 몰려왔습니다. 그러나 모든 것은 우연히 일어난 게 아니라 하나님이 주관하고 계십니다. 난징에서 중국인들의 소요는 아직까지도 무시무시할 정도입니다. 여기에서 험악한 소문은 거의 사라져가고 있는 것으로 기대하고 있으나 양저우에서는 여전히 아주 좋지 않은 소문이 돌고 있습니다. 우리를 위해 아주 많이 기도해주십시오. 제 마음은 평온하지만 제 머릿속은 끊임없이 하나씩 차례대로 이어지는 어려움으로 말미암아 대단히 복잡합니다."

그러나 이 당시의 온갖 고난에도 선교 사역의 영적인 측면은 전혀 방해받지 않도록 각별히 유의하면서 테일러 선교사 부부는 모든 노력을 다 기울였다. 가장 무더운 6월 어느 날에 테일러 부인은 영국에 머물고 있는 블래췰리 선교사에게 이렇게 편지했다.

"우리는 주일에 여러 가지 성경 공부반을 운영하고 있습니다. 그리고 주중에도 두세 번 저녁 성경 공부반을 운영하고 있지요. 이로써 글을 읽을 수 있는 중국 그리스도인들에게 성경 탐구에 관심을 갖게 하고, 글을 읽을 수 없는 그리스도인들에게 성경을 탐구하는 법을 배우는 데 관심을 갖게 하려는 것이지요. 우리에게할 일이 굉장히 많다는 것을 잘 알고 있는 선교회의 젊은 선교사들에게 모범을 보여주려는 것이기도 하지요. 또한 그리스도인들과 다른 사람들이 스스로 하나님의 말씀을 읽고 이해하는 법을 배우도록 확실하게 조치해두는 게 얼마나 중요한지를 실제로 보여주려는 것이기도 하답니다."

이런 영적인 경험을 통하여 테일러 선교사에게 찾아온 기쁨은 그 당시의 긴박한 위기 상황 속에서 방해받기보다는 오히려 점점 더 깊어지는 것처럼 보였다. 테일러 선교사가 쓴 편지들을 살펴보면 온갖 어려움과 문제를 겪으면서 압박감을 느끼기보다는 그 모든 것을 통과하면서 충만한 축복의 물결이 다가왔음이 잘 드러난다. 예를 들어 6월 중순 데스그라즈 선교사가 양저우 사건에 대해 문의하는 편지에 조심스럽게 답장을 쓰면서 테일러 선교사는 이렇게 말했다.

"자, 지금 당신에게 주시는 하나님의 말씀을 한 단락 소개해드리고 싶군요! 하나님께서 이 말씀으로 제 영혼을 너무나 많이 축복해주셨으니까요. 요한복음 7장 37~39절입니다. '예수께서 서서 외쳐 이르시되 누구든지 목마르거든 내게로 와서 마시라. 나를 믿는 자는 성경에 이름과 같이 그 배에서 생수의 강이 흘러나오리라 하시니 이는 그를 믿는 자들이 받을 성령을 가리켜 말씀하신 것이라.' 과연 목마르지 않은 사람이 누가 있을까요? 도대체 누가 생각의 갈증, 마음의 갈망, 영혼의 갈급함, 육신의 목마름을 느끼지 않는단 말입니까? 글쎄요. 어떤 갈증을 어느 정도로 느끼고 있든 문제가 되지 않아요. 주님은 일단 '내게로 오라'고 말씀하십니다. 그럼에도 여전히 갈증이 남아 있을까요? 아, 전혀 그렇지 않습니다. '내게로 와서 마시라'고 말씀하고 계십니다.

그렇다면 예수님이 내 모든 필요를 채우실 수 있을까요? 물론이지요. 단지 필요를 채워주시는 것 그 이상입니다. 내 길이 아무리 복잡하더라도, 내 섬김이 아무리 어려울지라도, 가족을 잃은 슬픔이 아무리 클지라도, 사랑하는 자들이 아무리 멀리 떨어져 있을지라도, 내가 아무리 무기력하다 할지라도, 내 영혼의 열망이 아무리 깊을지라도 예수님은 그 모든 필요를 채우실 뿐만 아니라 단지 채워주시는 것 이상으로 우리 가운데서 일하시지요. 예수님은 나에게 평안을 주시겠다고 약속하셨을 뿐만 아니라 모든 갈증을 없앨 수 있도록 마시라고 약속해주셨지요. 아, 여기에는 얼마나 많은 환영의 의미가 내포되어 있는지. 그것이 전부라 하더라도 이 한마디에 얼마나 많은 의미가 담겨 있는지 몰라요! 그런데 그뿐만이 아니라 그것을 훨씬 더 초월하지요. '나를 믿는 자는 성경에 이름과 같이 그 배에서 생수의 강이 흘러나오리라.'

과연 이것이 가능할까요? 과연 메마르고 목마른 영혼이 새롭게 생기를 회복하고, 갈라진 땅이 촉촉해지고, 건조한 지역이 서늘해지고, 온 대지가 흠뻑 젖어 들어 샘물이 솟고 시내가 흘러내리는 일이 가능할까요? 물론 그렇습니다! 마치 깊은 계곡의 급류처럼 비가 내리는 동안에는 세차게 흐르다가 이내 말라버리는 게 아니라 항상 가득 차 있는 깊고 거대한 양쯔강처럼 그 배에서 생수의 강이 흘러나올 것입니다. 가뭄이 오면 시냇물은 자주 바닥을 드러내고 심지어 운하마저도 흔히 메말라버리지만 양쯔강은 절대 마르지 않습니다. 언제나 깊고 강력한 물줄기가 유유히 흐르고 있어 아무도 막아설 수 없습니다!"

테일러 선교사는 6월에 보낸 또 다른 편지에서 이렇게 썼다.

"내게로 와서 마시라는 말씀은 와서 급히 목을 축이라는 것이 아닙니다. 와서 가볍게 목을 축이라는 것도 아니에요. 또한 단지 한 동안만 갈증을 달래라는 것도 아니지요. 그것은 끊임없이 습관적으로 와서 '마시라'는 것입니다. '계속해서 마시라'는 것이지요. 갈증의 원인은 단번에 쉽게 고칠 수 있는 게 아닙니다. 한 번 와서 한 번 마시는 것으로 새로운 생기를 얻고 평안을 얻을 수도 있습니다. 그러나 우리는 늘 와서 마셔야 합니다. 강물이 다하거나 샘물이 마를지도 모른다고 두려워할 필요가 없습니다!"

바로 그해 여름, 자기 심령에서 그리스도의 평안이 얼마나 필요했는지 이 편지를 쓸 때는 거의 깨닫지 못하고 있었지만, 테일러 선교사가 새롭고 더 깊은 차원에서 의지하고 있었던 주님은 결코 그런 기대를 저버리지 않으셨다.

6주 뒤, 전장의 선교본부에는 이상하리만치 기쁨과 슬픔이 뒤섞여 있었다. 아들이 새로 태어나 테일러 선교사 부부의 마음에 커다란 기쁨을 안겨주었다. 그러나 콜레라가 발병하여 엄마인 테일러 부인의 건강이 극도로 쇠약해졌으며, 그로 말미암은 영양 부족으로 아기에게도 악영향이 미쳤다. 중국인 유모를 구해왔을 때는 이미 아기의 생명을 구하기에는 너무 늦은 상황이었다. 이 땅에서 일주일을 더 살다가 아기는 위에 있는 본향으로 돌아갔다. 그로부터 얼마 지나지 않아서 엄마도 아기를 따라 하늘나라로 올라갔다. 테일러 선교사는 아내에 대해 회고하면서 이렇게 기록했다.

"몸이 극도로 쇠약해져 있었음에도 아내는 깊은 영혼의 평안을 잃지 않았으며, 주님의 임재에 대한 깨달음과 주님의 거룩한 뜻 안에서 맛보는 기쁨으로 가득했었지요. 저도 조금이나마 동참하기는 했지만 그걸 다 어떻게 표현해야 할지 모를 정도였답니다."

테일러 부인은 장례식에서 불러달라고 찬송가를 미리 골라놓았다. 그 가운데 하나인 "오 거룩한 구세주, 보이지 않는 친구"라는 찬송이 특히 마음에 위로를 주었던 것 같았다.

"우리 믿음과 소망은 자주 시험을 받지만
주님을 붙드는 영혼은
어떤 다른 도움도 굳이 필요하거나 요구하지 않네.
충분히 안전하고 고요하며 만족한다네.

사탄도 무덤도 두려워하지 않는다네.
우리를 구할 만큼 충분히 가까이 계시는
강한 분을 알고 있기 때문이라네.
주님을 굳게 붙들고 있는 동안에는
요단강의 험난한 물결을 건너는 것도 두려워하지 않는다네."

비록 테일러 부인이 약하기는 했지만 살아 있을 날이 얼마 남지 않았다는 사실은 부부에게 실감 나지 않았다. 두 사람의 마음을 묶어주는 바로 그 사랑이 너무나 끈끈하여 헤어진다는 것은 상상도 할 수 없었다. 이제 겨우 서른세 살밖에 되지 않았으니 말이다. 점점 더 피곤하다는 느낌은 있었지만 마지막 순간까지도 고통을 느끼지는 못했다. 최후를 맞이하기 이틀 전, 버거 부인에게서 편지가 도착했다. 블래췰리 선교사가 큰아이들을 데리고 영국 세인트 힐에 무사히 도착했다는 소식이었다(양저우 폭동 직후에 태어난 넷째 아들은 아직 어린 아기라서 테일러 선교사 부부와 함께 남아 있었다 – 편집자 주).

아이들이 편안히 생활할 수 있도록 버거 부부가 베풀어준 따뜻한 환영과 온갖 세심한 배려에 엄마인 테일러 부인의 마음은 기쁨으로 가득했다. 감사한 마음을 금할 수가 없었다. 하나님의 선하심을 찬양하는 것 이외에는 다른 어떤 소망도 없는 것 같았다. 버거 부인의 편지는 이전에도 여러 차례 가장 적절한 순간에 테일러 선교사 부부에게 도착했었다. 그런 편지를 받을 때마다 버거 부인의 다정한 마음씨로 미루어 보아 아이들이 처해 있는 환경을 충분히 예상할 수 있었다. 그럼에도 이번 편지만큼 그렇게 커다란 기쁨을 전해준 적은 없었다. "자, 그럼, 존귀한 친구여, 안녕히 계세요. 주님이 그대를 영원한 팔로 안아주실 거예요"라고 버거 부인은 편지를 마무리했다.

테일러 부인은 이제 그러한 팔에서 안식하고 있었다. 테일러 부인의 임종을 함께 지켜주었던 사람들 가운데 한 명은 그 당시를 이렇게 회고했다.

"전 이전에는 이런 장면을 목격한 적이 한 번도 없었어요. 사랑하는 테일러 부인께서 마지막 숨을 거두실 때 테일러 선교사님은 무릎 꿇고 아내를 주님께 올려드렸지요. 아내를 허락하셔서 너무나 행복한 시절을 12년 반 동안이나 함께 보내게 해주신 주님께 감사하셨어요. 주님의 임재 가운데로 아내를 데려가신 것에 대해서도 감사하셨으며, 자신의 여생을 새롭게 주님을 섬기는 데 엄숙하게 바칠 수 있게 하신 것에 대해서도 감사하셨지요."

그 여름의 태양은 여느 때나 다름없이 높이 떠올라 온 도시와 언덕과 강을 내리쬐고 있었다. 집집마다 거리마다 분주한 생명의 고동소리가 요동치고 있었다. 파란 하늘을 올려다볼 수 있는 어느 중국식 거처의 다락방에서는 놀라운 평안의 고요만이 잔잔히 흐르고 있었다.

"영원히 목마르지 않으리라." 이게 사실이라고 지금 입증할 수 있을까? 이 구절에서 '영원히' '목마르지' '않으리라'는 말들은 문자 그대로 그런 의미임을 알고서 테일러 선교사는 훗날 자주 이렇게 말했다. "이 진리는 하나님이 우리 영혼에 허락하시는 가장 커다란 계시들 가운데 하나입니다." 그와 같은 약속이 상한 심령에게 그토록 생생하게 다가온 것은 이처럼 극도로 쓸쓸함을 느끼던 시절이었다.

테일러 선교사는 8월에 어머니에게 이렇게 편지했다.

"제 영혼 깊은 곳에서부터 하나님이 만사를 운행하고 계시며, 하나님을 사랑하는 사람들에게 만사를 합력하여 선을 이루어주신다는 사실을 깨닫고서 크게 기뻐하고 있습니다. 오직 주님만이 저에게 사랑하는 아내가 얼마나 소중했는지 알고 계시며, 오직 주님만이 아내를 통해 제 눈빛과 제 마음의 기쁨이 얼마나 넘쳐 났는지 알고 계십니다. 아내가 이 세상에 살아 있던 마지막 날,

우리는 그것이 마지막인지도 모르고 서로에 대한 사랑을 고백하는 끝없는 이야기로 기쁜 마음을 절절히 나누고 있었습니다.

그리고 살아서는 거의 마지막 행동으로 한쪽 팔을 내 목에 두르고는 다른 팔을 내 머리에 올렸지요. 제 생각에 입술로는 이미 말할 기력조차 잃은 채 그렇게라도 나를 위해 축복을 간구했던 것 같아요. 그러나 주님은 아내를 데려가는 것이 좋겠다고 여기셨기에, 아내에게 가장 좋은 선택이라고 보셨기에 그분의 사랑 안에서 아내를 고통 없이 데려가셨어요. 그리고 이제 홀로 남아 결코 혼자가 아니지만 땀 흘리며 수고해야 하는 저에게도 결국에는 좋은 일이지요. 왜냐하면 하나님이 그 어느 때보다 더 가까이 계시기 때문입니다."

그리고 버거에게는 이렇게 편지했다.

"제가 느끼는 상실감을 가만히 생각해볼 때 제 마음은 거의 찢어질 듯이 아프지만, 아내를 슬픔 없는 곳으로 데려가셔서 이루 다 말할 수 없이 행복하게 해주신 주님께 오히려 감사한 마음이 생겨나기도 한답니다. 그래서 제 눈물은 슬픔보다는 오히려 기쁨의 눈물이기도 하지요. 그러나 다른 무엇보다 저는 우리 주 예수 그리스도를 통하여 하나님 안에서 기뻐합니다. 하나님의 일하심과 하나님의 길과 하나님의 섭리, 그리고 하나님 자신 안에서 기뻐하고 있지요. 그분은 저에게 '하나님의 선하시고 기뻐하시고 온전하신 뜻이 무엇인지 분별하도록(시련을 통하여 알도록)' 해주셨습니다. 저는 그 뜻을 즐거워합니다. 그 뜻은 제가 충분히 받아들일 만한 것이며, 그 뜻은 온전하며 사랑 가운데 행하는 것입니다. 그리고 머지않아 이와 같은 달콤한 뜻 안에서 우리는 이제 더는 헤어지지 않고 재결합하게 될 것입니다. '아버지여 내게 주신 자도 나 있는 곳에 나와 함께 있어 아버지께서 창세 전부터 나를 사랑하시므로 내게 주신 나의 영광을 그들로 보게 하시기를 원하옵나이다'(요 17:24)."

그러나 특히 몸이 아파서 긴 밤을 뜬눈으로 지새워야 할 경우에는 정말이지 견디기 힘들 정도였다. 테일러 선교사는 이렇게 회상했다.

"꼼짝도 못 하고 방에 갇혀 있는 신세로 기진맥진하여 외로운 시간을 보내는 심정이란! 사랑하는 아내에 대한 그리움과 영국에 멀리 떨어져 있는 아이들의 목소리를 듣고 싶어서 견딜 수 없을 지경이었다! 그때야 비로소 주님이 '내가 주는 물을 마시는 자는 영원히 목마르지 아니하리니'(요 4:14)라는 말씀을 나에게 그토록 생생하게 다가오게 하신 이유를 이해하게 되었다. 아마 하루에도 수십 번씩, 심령의 갈증이 찾아올 때마다 주님께 이렇게 부르짖었다. '주님, 주님께서 약속하셨습니다! 제가 영원히 목마르지 않으리라고 저에게 약속해주셨습니다.'
그런데 내가 이렇게 밤이든 낮이든 간구하기만 하면 주님은 얼마나 재빨리 나를 찾아오셔서 내 슬픈 마음을 만족시켜주시는지 모른다! 그 만족감이 너무나 큰 나머지 나는 가끔 주님이 데려가신 사랑하는 아내일지라도 지금 외로운 구석방에서 내가 누리는 하나님의 임재보다 더 많이 누릴 수 있을까 하고 의아하게 생각하기도 했다. 주님은 이런 기도를 문자 그대로 이루어주셨기 때문이다. '주 예수님, 주님께서 항상 제 안에 살아계시는 찬란한 실체가 되게 하소서. 당장 눈에 보이는 어떤 외적인 실체보다는 예리한 믿음에 기초한 이상이 더욱 생생하게 하소서. 심지어 이 세상의 가장 달콤한 유대감보다 더욱 사랑스럽고 더욱 친근하게 하소서.'"

이 시기에 오간 수많은 편지 중에서 마음속에 엄청난 사랑을 품고 그리워하는 아이들에게 보낸 편지보다 더 소중하고 감동적인 것은 없다.

"얼마나 자주 아빠가 너희들을 생각하고 있는지 아마 모를 거야. 아빠 눈에 눈물이 가득 고일 때까지 얼마나 자주 너희 사진을 하염없이 바라보고 있는지 모른단다. 때로는 너희들이 나에게서 얼마나 멀리 떨어져 있는지를 생각하면서 혹시 스스로 낙심하지나 않을까 조바심을 느낄 정도란다. 그러나 결코 아빠를 떠나지 않으시는 사랑하는 주 예수님은 '두려워하지 말라. 내가 네 마음에 만족을 지켜주리라'고 말씀하고 계신단다. 그러니 주님께 감사할 수밖에 없지. 주님이 내 마음속에 살아계시며 내 마음을 붙잡아 주시니 너무나 기쁘단다.

사랑하는 아이들아, 너희도 날마다 예수님이 지켜주시도록 자기 마음을 올려드리는 게 무엇인지를 알면 좋겠구나. 지금까지 나는 내 힘으로 내 마음을 올바로 지켜내려고 애써 보았지만 그런 노력은 항상 수포가 되고 말았단다. 마침내 스스로 노력하는 것을 포기하고, 주님이 대신 내 마음을 지켜주시겠다는 제안을 받아들여야 했었지. 너희도 이게 최선의 방법이라고 생각되지 않니? 아마 너희도 때때로 '이제 나도 이기적이지 않고, 불친절하지 않으며, 불순종하지 않을 테야'라고 생각할 거야. 하지만 아무리 열심히 노력해도 그다지 잘되지 않았을 거야. 그러나 예수님은 이렇게 말씀하신단다. '너희 마음을 내게 맡겨야 한단다. 너희가 마음을 나에게 맡기면 내가 너희 연약한 마음을 지켜주겠노라.' 당연히 실제로 그렇게 지켜주기도 하시지.

한때 나는 예수님을 한순간도 잊지 않고 굉장히 많이 생각하려고 억지로 애쓴 적이 있지만 자주 잊어버리게 되었단다. 이제 난 억지로 주님을 기억하려고 애쓰기보다 주님께 맡겨서 내 마음속에서 주님을 기억나게 하시도록 맡겨드리고 있지. 그러니까 주님은 그렇게 해주신단다. 이게 최선의 방법이야. 이 방법에 관하여 친애하는 블래췰리 선교사님에게 좀 더 가르쳐달라고 말씀드려보렴. 그리고 이 진리를 분명히 깨닫게 해달라고 하나님께 기도해보렴. 그리고 실제로 그렇게 예수님을 신뢰할 수 있도록 도와달라고 기도하렴."

그리고 블래췰리 선교사에게도 동일한 주제로 편지를 보냈는데, 중국 연안을 항해하는 증기선의 불편한 숙소에서 쓴 편지였다.

"저는 사랑하는 아이들에게 지금까지 여러 번 편지를 보내서 우리 아이들은 그리스도와 하나 되는 것과 그리스도께서 내재하는 것에 관한 소중한 진리를 일찍부터 배우면 좋겠다는 마음을 전달했답니다. 이런 것은 구속에 관한 진리보다 이해하기가 더 어려워 보이지는 않습니다. 둘 다 성령님의 가르치시는 은혜가 필요하며, 그 이상 다른 아무것도 필요 없습니다. 하나님의 도우심으로 우리 아이들 앞에서 블래철리 선교사님이 그리스도를 삶으로 보여주면서 아이들에게 그리스도를 섬기는 모습을 보여줄 수 있기를 기도합니다. 얼마나 놀랍게 하나님이 우리를 인도하시고 가르쳐주시는지요! 그런데 나는 지금 내가 누리고 있는 마음의 안식과 평안이 여기 이 세상에서 가능하다고는 거의 생각하지 못했으니! 천국은 여기 이 땅에서부터 시작되는 거잖아요? 이처럼 그리스도와 연합을 이루는 경우에 그것이 하늘에서든 땅에서든 그다지 중요하지 않은 사건입니다."

테일러 선교사는 여동생인 워커 부인(Mrs. Walker)에게도 편지를 보냈다.

"예수님이 네 안에 살아계신다고 느끼고, 네 마음이 예수님으로 온통 가득 차 있으며, 항상 너와 함께 교통하기 원하시는 예수님의 사랑을 생각한다니 참 기쁘구나. 이건 예수님 안에 머물러 있겠다고 고통스러울 정도로 몸부림친다고 되는 일이 아니란다. 그분은 우리 생명, 우리 힘, 우리 구원이시지. 그분은 우리 '지혜와 의와 성화와 구속' 이시지. 그분은 우리 섬김과 열매 맺는 일을 위한 능력이시며, 그분의 품은 이제부터 영원까지 우리 안식처란다."

그러는 동안에도 외적인 어려움은 결코 줄어들지 않았다. 정치적으로 중국에서 벌어지는 여러 가지 일의 양상은 테일러 선교사가 지금까지 알고 있었던 것보다 훨씬 더 위협적이었다. 프랑스 영사를 포함하여 21명의 외국인이 목숨을 잃은 톈진 대학살 사건으로 촉발된 여러 가지 요구는 여전히 해결되지 않았으며, 중국 당국에서는 유럽이 전쟁 상태에 돌입했음을 알면서도 반외국인 감정을 완화하기 위한 아무런 조치도 취하지 않았다. 여러 가지 측면에서 그 당시 상황은 비록 작은 규모이기는 했지만 현재 상황(1932년 당시)과 너무나 흡사했기에 1870년의 위기로 말미암아 처해 있었던 상황을 잘 보여주는 장문의 편지 하나를 감히 여기에다 소개하려고 한다. 그 당시에 채택했던 여러 가지 원칙은 여전히 동일하게 남아 있으며, 그 당시에 취했던 입장이 오늘날 우리 중국내지선교회가 서 있는 자리나 마찬가지이기 때문에 테일러 선교사는 그해 마지막 날을 금식과 기도의 날로 선포하는 메시지를 이렇게 보냈다.

"올해는 여러 면에서 놀라운 해였습니다. 아마도 우리 가운데 단 한 사람도 예외 없이 이런저런 위험과 곤경과 고통을 겪어왔습니다. 그러나 주님은 이 모든 어려움에서 우리를 구해주셨습니다. 그래서 우리 '슬픔의 인자' 이신 예수님의 잔을 과거 어느 때보다 더 깊이 마셨던 사람들은 우리 영혼에 가장 복된 해였음을 증언할 수 있으며, 그에 대해 하나님께 감사를 돌릴 수 있을 것입니다. 개인적으로도 올해는 제 인생에서 가장 슬프면서도 가장 복된 한 해였습니다. 다른 분들 역시 어느 정도 저와 같은 경험을 했으리라고 믿습니다. 우리는 지금까지 하나님의 신실하심을 시험해보았습니다. 또한 위험에서 구해주시는 하나님의 능력뿐만 아니라 곤경에서도 우리를 지지하시는 하나님의 능력을 시험해보았습니다. 설령 이보다 더 커다란 위험이 우리를 기다리고 있다 하더라도, 이보다 더 깊은 슬픔이 찾아온다 할지라도 우리는 하나님을 믿는 더욱 강한 믿음으로 이 모든 것을 이겨낼 수 있으리라고 소망합니다.

우리는 다음과 같은 점에서 하나님께 감사를 돌려야 할 커다란 이유가 있습니다. 곧 우리 처지가 너무나 위급한 나머지 우리 역시 위험에 처해 있으며 앞으로도 얼마든지 그럴 수 있음을 중국 그리스도인들에게 자기네 처지와 마찬가지로 속속들이 보여주었다는 것입니다. 중국 그리스도인들이 '외세'에 의존하기보다 하나님이 보호해주시도록 의지해야 한다는 사실을 깨닫게 되었다는 것입니다. 이는 외세란 불확실하고 믿을 수 없다고 느껴왔다는 점, 우리가 다방면에서 해야 할 일을 수행하면서 초연하고 기뻐하는 자세를 잃지 않았다는 점 때문입니다. 만약 어떤 면에서 이번 기회에 우리가 중국 그리스도인들에게 선을 끼치지 못했거나 하나님의 능력으로 자신을 지탱하거나 위험에서 자신을 보호하면서 스스로 안식을 누리지 못했다면 겸손하게 이와 같은 사실을, 우리가 알고 있는 모든 실수에 대해 신실하게 언약을 지키시는 하나님께 고백하도록 합시다.

저는 우리가 현재 맡고 있는 각자의 모든 임무에 하나님의 보내심을 받은 종으로서 중국 그리스도인들에게 하나님의 일을 수행하고 있다는 사실에 크게 만족하고 있다고 믿습니다. 하나님은 지금까지 우리가 들어갔던 열린 문을 예비해두셨으며, 과거 광란의 시기에도 우리를 보호해주셨습니다. 우리가 중국 땅에 온 것은 이곳의 선교 사역이 안전하거나 쉽기 때문이 아니라 하나님이 우리를 부르셨기 때문입니다. 우리는 인간의 보호를 보장받고서 현재의 위치로 들어온 게 아니라 하나님이 함께하신다는 약속을 믿고 이곳에 왔습니다. 쉬운 일이든 어려운 일이든, 겉으로 보기에 안전한 일이든 위험한 일이든, 사람이 인정하는 일이든 인정하지 않는 일이든 간에 그건 우리 임무에 아무런 영향을 미치지 않습니다.

우리에게 특별히 위험해 보이는 환경이 조성된다 하더라도 우리는 여전히 은혜 가운데 거할 것입니다. 그로 말미암아 하나님을 믿는 우리 확신의 깊이와 현실을 분명하게 보여줄 수 있다고 믿기 때문입니다. 또한 우리가 책임지는 일에 신실한 태도를 보임으로써 자기 목숨을 걸고서 양 떼를 지키는 선한 목자이신 분을 따르는 사람들임을 증명할 수 있다고 믿기 때문입니다. 그러나 장차 맞이할 위기의 순간에 그런 영적 자세를 보여주려면 지금 우리에게 필요한 은혜를 구해야 합니다. 이미 원수가 들이닥쳤을 때에야 겨우 무기를 찾아 훈련을 시작하는 것은 너무 늦습니다."

물질적인 공급에 관해서도 테일러 선교사는 계속해서 이렇게 언급했다.

"주님이 여러 후원자를 통하여 가장 필요한 때에 우리에게 직접 보내주셨던 너그러운 도우심에 관해서는 새삼 거론할 필요가 없을 테지요. 또한 주님은 항상 신실하셔서 그분 자신을 부인할 수 없다는 복된 사실에 관해서도 다시 상기할 필요가 없습니다. 만약 우리가 진정으로 주님을 신뢰하면서 그분을 추구한다면 절대 아무런 수치를 당하지 않을 것입니다. 만약 그렇게 하지 않는다면 그런 다른 기초가 얼마나 빈약한지를 더 빨리 깨달을수록 훨씬 더 나을 것입니다. 중국내지선교회의 기금이나 후원자들은 단지 살아계신 하나님의 빈약한 대리자일 뿐입니다."

1871년 초에는 '슬픈 나날과 괴로운 밤들'을 보내다 보니 신체적으로 쇠약해질 수밖에 없었다. 테일러 선교사는 간장이 심하게 나빠져서 밤에 잠을 잘 수 없었으며, 그로 말미암아 고통스러울 정도로 영적 침체에 빠지게 되었다. 이것은 흉부 질환을 심화시켜 고통을 더했을 뿐만 아니라 호흡을 대단히 어렵게 했다. 아무리 시간이 지나도 이런 상실감은 사라지지 않았다. 이런 환경에서 테일러 선교사는 이미 너무나 생생하게 체험했던 것처럼 예수님의 약속 안에서 새로운 힘과 아름다움을 발견하게 되었다. "내가 주는 물을 마시는 자는 영원히 목마르지 아니하리니 내가 주는 물은 그 속에서 영생하도록 솟아나는 샘물이 되리라"(요 4:14). 여기서 '마시다'는 헬라어 동사의 시제가 가리키는 것은 계속되는 습관적인 행동인데, 그것은 이 단락에 새로운 의미를 불어넣었으며, 오랫동안 계속 느끼던 갈증을 단번에 풀어주었다. 테일러 선교사는 훗날 자주 이렇게 말하곤 했다.

"구세주의 말씀을 함부로 바꾸지 않도록 합시다. '내가 주는 물을 이미 마신 자는'이 아니라 '내가 주는 물을 마시는 자는'입니다. 지금 예수님은 물을 단 한 모금만 마시는 것을 말씀하시는 게 아닙니다. 또한 한꺼번에 벌컥벌컥 많이 마시는 것을 말씀하는 것도 아닙니다. 계속해서 습관적인 영혼의 행동으로 물을 마시는 것을 의미합니다. '예수께서 이르시되 나는 생명의 떡이니 내게 오는 자는 결코 주리지 아니할 터이요 나를 믿는 자는 영원히 목마르지 아니하리라'는 요한복음 6장 35절의 온전한 의미 역시 '습관적으로 계속해서 내게 나아오는 자는 결코 주리지 아니할 터이요 나를 믿는 자는 영원히 목마르지 아니하리라'는 것입니다. 믿음으로 주님께 나아오는 습관이 있다면 채워지지 않은 굶주림과 목마름은 절대 있을 수 없습니다.
우리를 비롯하여 주변의 많은 사람이 흔히 저지르는 실수는 물을 마시는 것을 과거의 일로 여기면서도 현재 계속해서 갈증을 느끼고 있다는 사실입니다. 우리에게 필요한 것은 계속해서 습관적으로 물을 마시는 것입니다. 영원한 생수를 더욱 마음껏 들이켜도록 우리를 몰아가는 각자의 상황에 감사합시다."

흘러넘치는 하나님의 은혜

주의 강한 팔에 안기세.
그러면 주께서 내 일을 이루시리.
누가 전능자만큼 놀라운 일을 행할 수 있을까?

테일러 선교사는 중국내지선교회의 최고 책임자로서 30년 동안 적극적으로 활동하는 삶을 살았으며, 이제 그러한 책임을 내려놓은 지도 벌써 30년이 더 지났다(이 책을 쓰던 시기를 기준으로 – 역주). 이렇게 두 세대가 흐른 60년이란 세월은 그 열매로 나무를 시험해볼 수 있는 충분한 시간이었다. 다시 말해 테일러 선교사의 삶이 뿌리는 내리고 있는, 곧 하나님을 믿는 가운데 기쁨을 누리는 삶의 결과가 무엇이었는지를 충분히 입증할 수 있는 시간이었다. 만약 우리가 지금까지 추적해 보았던 테일러 선교사의 온갖 체험이 감정적이고 비현실적이었다면, 만약 영적인 체험이 또한 실제적인 체험이 아니었다면, 만약 각종 재정적인 보장이나 인간적인 보호장치와는 상관없이 하나님이 그분의 일을 이루시기에 필요한 것을 충분히 공급하시지 않았다면 험악한 세월의 시험을 거치는 과정에서 모든 환상은 분명히 깨어지고 말았을 것이다. 그러나 만약 이 모든 한계에도 허드슨 테일러 선교사가 우리 주 예수 그리스도와 살아 있는 연합에서 흘러나오는 능력과 축복을 제대로 발견했다면 그 결과는 지금도 남아 있으며, 앞으로도 여전히 남아 있을 것이며, 영원토록 남아서 후세에 영향을 미치게 될 것이다.

하나님께는 모든 것이 가능하다네.
그리스도는 인간에게 나타나는 하나님의 능력.
내 모든 것이 새로워질 때
그리스도 안에서 완전히 다시 태어날 때
그래서 죄의 권세에서 자유로워질 때
나 역시 모든 것이 가능해진다네.

시련을 겪던 시절인 1870년, 허드슨 테일러는 여전히 한창인 30대 젊은이였으며, 중국내지선교회에는 겨우 33명의 선교사밖에 없었다. 지금까지 세 지역에 선교본부를 열었으며, 10~12개에 이르는 조그만 교회로 점점 더 많은 회심자가 모여들고 있었다. 아직도 이런저런 소소한 일로 가득한 하루를 보내고 있었다. 그러나 이러한 책임이 모두 한 사람에게만 몰리게 되자 그 짐은 상당히 무겁고 버거웠으며, 테일러 선교사는 벌써 5년 동안이나 중국에서 이렇게 피곤한 나날들을 쉼 없이 보내느라 몹시 지쳐 있었다.

1871년 말쯤, 그동안 중국내지선교회의 영국 본부를 너무나 원활하게 돌봐왔던 버거 부부가 이제 더는 정력적으로 활동을 계속할 수 없는 처지가 되었다. 건강 악화로 어쩔 수 없이 그해 겨울을 해외에서 보내야 했던 것이다. 결과적으로 세인트 힐의 영국 본부를 팔아야 했으며, 모든 서신 왕래, 회계 업무, 편집 업무, 선교사 후보생 모집, 기타 세부적인 일 등에 관한 구체적인 관리와 운영도 다른 사람의 손에 넘겨야 했다. 사랑으로 연결된 각종 선교 사업은 변함없이 계속되어야 했다. 그러니 온갖 책임을 떠맡아야 했던 테일러 선교사는 황망한 마음을 느낄 수밖에 없었으며, 한동안 다시 영국에 머무를 수밖에 없는 처지가 되었다.

세인트 힐에서 멀리 떨어진 런던 북쪽 교외에 위치한 파이어랜드가로 영국 본부를 옮겨야 했는데, 버거의 서재에서 이곳의 조그만 골방으로 옮겨 서재 겸 사무실로 사용해야 했던 공간은 매우 안성맞춤이었다. 그러므로 이곳 '6번가'를 방문했던 수많은 사람의 마음에 서려 있는 온갖 추억은 너무나 애틋하고 성스러운 것이며, 주변 건물들도 필요가 생길 때마다 차례로 손에 넣게 되었다. 그로부터 20년 동안 중국내지선교회의 본부 사역은 이 센터에서 지속되었는데, 현재 선교본부 건물과 단 몇 걸음밖에 떨어져 있지 않은 곳이었다.

매주 열리는 기도회도 아래층 방 둘을 하나로 터서 열었으며, 이 방에는 헌신 된 수많은 사람이 70~80명씩 수시로 드나들고 있었다. 이처럼 1872년에는 조그만 규모로 시작했으나 이제는 훨씬 더 큰 규모로 운영되고 있다. 그 당시에는 테일러 선교사가 중국내지선교회의 유일한 경영자였을 뿐만 아니라 그와 동시에 중국 본토 사역의 총 책임자이기도 했다. 그해 초의 상황을 테일러 선교사는 이렇게 기록했다.

"내가 걷는 길은 결코 평탄하지 않다. 그러나 예수님 안에 있을 때가 가장 행복했으며, 예수님이 나를 실망시키지 않으리라고 확신한다. 중국내지선교회가 창립된 이후로 지금보다 더 많이 주님을 의지해본 적이 없다. 그렇게 하는 것은 당연하고 다행스러운 일이다. 각종 어려움은 주님이 자신을 보여주시기 위한 발판이다. 그런 어려움이 없었다면 우리는 결코 우리 하나님이 얼마나 온화하고 신실하며 전능하신 분인지를 알 수 없었을 것이다. 버거 부부와 관련한 변화는 나에게 굉장한 시련을 겪게 했다. 난 정말 두 사람을 끔찍이 사랑한다! 버거 부부가 떠난 것은 내 머리에서 결코 떠나지 않는 소중한 아내를 떠나보냈던 쓰라린 경험 같은 슬픈 과거와 연결되는 것처럼 보인다. 그러나 주님은 '보라, 내가 만물을 새롭게 하노라'(계 21:5)고 말씀하신다."

중국내지선교회에 맡겨진 거대한 중국 선교 과업을 현장에서 직접 추진해나가고 싶은 마음이 간절했지만, 테일러 선교사는 사무실의 반복적인 일로 세월을 보내는 자기 자신을 어떻게 할 수 없어서 굉장히 착잡한 마음이었을 것이다. 그럼에도 주님이 품고 계신 마음이나 계획에 관하여 아무런 조짐도 느끼지 못할 경우에는 성급하게 서둘면서 어떤 새로운 일에 뛰어들지는 않았다. 그러나 적절한 조력자를 보내달라고 아무리 기도해도 별다른 응답이 없는 것처럼 보이고, 일상적으로 처리해야 할 업무 때문에 더 중요한 일이라고 여겨지는 것들을 못 하게 될 때는 참지 못하고 조바심내면서 낙심하기도 했을 것이다. 이와 비슷한 어려움을 겪고 있는 사람에게 테일러 선교사는 그 당시에 자기도 여전히 배우고 있는 몇몇 교훈을 나눠주려고 애썼다.

"하나님이 지금 내가 하는 일로 부르셔서 현재 위치에 이 모습으로 머물러 있게 하신 것은 결코 적지 않은 위로가 됩니다. 나는 그 위치를 억지로 구하지도 않았지만 마음대로 떠나지도 않을 것입니다. 하나님은 왜 나를 여기에 두셨는지 잘 알고 계십니다. 무슨 일을 해야 하는지, 무엇을 배워야 하는지, 어떤 고난을 당해야 하는지를 너무나 잘 알고 계십니다. '믿음이 있는 자는 서두르지 않는다.' 이것은 선교사님이나 저에게 그다지 쉽지 않은 교훈입니다. 솔직히 10년이 걸리더라도 이 교훈을 철저히 배울 수만 있다면 충분히 그만한 가치가 있다고 생각합니다. 모세도 그 교훈을 배우느라 40년 동안이나 광야에서 생활했습니다. 그러므로 우리도 참을성 없이 충동적으로 행동하는 육신의 조급함에, 그에 따른 실망과 권태감에 하나같이 경각심을 갖도록 해야 합니다."

그러나 우리 주 예수 그리스도와 생생한 교제를 나눈 덕분에 이처럼 제한된 환경에서 살면서도 많은 열매를 맺고 있었으며, 많은 젊은 사람이 특히 테일러 선교사에게 좋은 영향을 받았다는 점은 흥미롭게 주목해볼 일이다. 한 가지 예로 런던 같은 분주한 세상에서 아주 총명한 어떤 청년이 주님께 자기 마음을 드리면서 중국에서 일생을 바쳐 헌신할 기회를 찾고 싶어 했다. 파이어랜드가에 위치한 선교 본부를 방문하고서 이 청년은 간소하게 가구를 배치해 놓은 방에서 기도회를 하려고 모여든 사람들을 발견하게 되었던 것이다. 이 청년은 그때의 상황을 이렇게 회상했다.

"처음 그 집에 들어섰을 때 출입문 위에 붙여놓은 '하나님이 네 모든 필요를 채워주실 것이다' 라는 커다란 문구와 마주치게 되었습니다. 그런 식으로 벽에 걸려 있는 문구를 보는 게 그다지 친숙한 광경은 아니었지만 그 구절은 저에게 매우 뚜렷한 인상을 남겼습니다. 거기에는 20명 남짓한 사람이 모여 있었지요.

테일러 선교사님이 찬송가를 나눠주고 오르간에 앉아 찬양을 인도하면서 기도회를 시작했습니다. 테일러 선교사님의 외모가 그다지 인상적이지는 않았습니다. 좀 깡마른 체격에 아주 나지막한 목소리였지요. 대다수의 젊은이와 마찬가지로 저는 굵직하고 무게 있는 목소리를 권위와 연결시키고 있었으며, 건장한 풍채의 지도자를 찾아다니고 있었나 봅니다.

그러나 테일러 선교사님이 '기도합시다!'라고 말하면서 기도회를 인도해 나갔을 때 제 생각은 곧바로 바뀌었답니다. 저는 어떤 사람이 그처럼 놀랍게 기도하는 소리를 결코 들어본 적이 없었습니다. 거기에는 저를 침묵시키고 압도하는 단순함, 온유함, 담대함, 능력이 도사리고 있었으며, 하나님이 테일러 선교사님을 가장 가까운 친구로 받아들이는 게 분명해 보였습니다. 그러한 기도는 은밀한 곳에서 오랫동안 머물면서 훈련한 결과임이 확실했으며,

마치 주님께로부터 내려오는 아침이슬 같았습니다.

그때 이후로 많은 사람이 대중 앞에서 공적으로 기도하는 것을 들어보았지만 테일러 선교사님과 스펄전 목사님의 기도는 남다른 데가 있었습니다. 한 번 두 분의 기도를 들어본 사람이라면 도대체 어떻게 그걸 잊을 수 있겠습니까? 스펄전 목사님의 기도를 듣는 것은 일평생 기억에 남을 만한 경험인데, 마치 6천 명이라는 거대한 회중을 인도하여 지성소로 들어가게 하는 것처럼 느껴졌습니다. 그리고 테일러 선교사님이 중국을 위하여 간구하는 소리를 들음으로써 '의인의 간절한 기도'가 어떤 의미인지를 깨닫게 되었지요. 그 기도회는 오후 4시부터 6시까지 계속되었지만 지금까지 제가 참석한 기도회 중에서 가장 짧았던 것처럼 느껴졌답니다."

또 다른 예로 교양과 단아한 모습을 지닌 한 젊은 여성이 런던 서부 지역에서 마일드메이 컨퍼런스에 참석하러 런던에 왔다가 파이어랜드가에서 방문객으로 머물고 있었다. 이 여성은 테일러 선교사의 개회사를 들었으며, 이때 거대한 강당에는 2~3천 명의 청중이 운집해 있었다. 이 과정에서 테일러 선교사가 기독교 사상계의 지도자들에게 어떤 영향을 미치는지 똑똑히 주목해보았다. 그러나 테일러 선교사가 이 여성에게 가장 깊은 인상을 남긴 것은 영국 선교본부의 일상생활에서였다. 온갖 부담을 짊어지고 믿음의 시련을 만나면서도 주님 안에서 날마다 기쁨을 잃지 않는 모습이 그랬다. 솔타우(Soltau)는 훗날 이렇게 회상했다.

"저는 테일러 선교사님이 모든 주변 사람에게는 입을 다물고 우리의 필요를 오직 하나님께만 알려드리자고 권고하던 모습이 생각납니다. 어느 날인가 아침 끼니도 넉넉지 않아 조금씩 나누어 먹고 난 뒤에 저녁거리가 다 떨어졌는데도 테일러 선교사님이 태연히 어린이 찬송가를 부르고 계시는 소리를 들으면서 오싹한 전율을 느낄 지경이었지요.

예수 사랑하심은 거룩하신 말일세.
우리들은 약하나 예수 권세 많도다.
날 사랑하심 날 사랑하심 날 사랑하심
성경에 써 있네.

내가 연약할수록 더욱 귀히 여기사
높은 보좌 위에서 낮은 나를 보시네.
날 사랑하심 날 사랑하심 날 사랑하심
성경에 써 있네.

그리고 나서는 우리를 다 함께 불러 모아놓고 주님의 변함없는 사랑을 찬양하면서 우리의 필요를 말씀드리고, 그분의 약속을 환기시키자고 요청했습니다. 그런데 그날이 다 가기도 전에 우리는 주님의 은혜로우신 응답을 받고 기뻐서 어쩔 줄 몰라 하고 있었지요."

버거가 영국 본부 사역을 그만둔 이후로 테일러 선교사는 선교기금 부족 때문에 좌절하는 대신에 그 어느 때보다 더 분명하게 미래를 향해 전진해 나가기를 고대하고 있었다. 어느 날인가 파이어랜드가에서 큼지막한 중국 전도를 펼쳐놓고 서서, 그 자리에 함께 있던 몇몇 친구에게 고개를 돌리고는 이렇게 말했다. "여전히 미전도 지역인 9개 성에 두 사람씩 짝을 지어 파송할 수 있도록 18명의 선교사를 보내달라고 하나님께 매달리는 일에 나와 동참하여 믿음을 보태주시지 않겠습니까?"

솔타우도 그 무리 중에 포함되어 있었는데 하나님이 18명의 복음 전도자를 허락하실 때까지 필요한 일꾼들을 보내달라고 날마다 기도하기로 지도에 손을 얹고서 진지하게 언약하는 모습을 지금도 생생하게 기억하고 있다. 이들의 믿음에 대해서는 조금도 의심의 여지가 없었다. 그러나 이 가운데 누구도 다가올 중국내지선교회의 폭넓은 확장에 대해서는 거의 꿈꾸지 못했다. 또한 솔타우 자신이 선교회의 발전에 굉장히 중요한 역할을 감당하게 되리라는 것도 전혀 예상하지 못했다. 그와 마찬가지로 앞서 언급했던 총명한 젊은이 볼러(F. W. Baller)가 감당하게 될 놀라운 사역에 대해서도 아무도 꿈꾸지 못했다. 두 젊은이는 이 당시에 테일러 선교사에게서 무의식적으로 흘러넘치는 은혜를 통해서 훗날 중국 선교 사역에 발을 들여놓게 되었던 것이다.

이처럼 영국에서 기다리면서 준비하는 기간에도 풍성한 열매가 맺히고 있었으며, 중국으로 다시 돌아갈 수 있을 무렵 파이어랜드가의 선교본부와 아이들을 책임지고 있었던 블래철리 선교사 이외에도 테일러 선교사는 오랜 시험을 거쳐 믿을 만한 친구들로 이루어진 이 사회를 구성해 놓았다. 테일러 선교사가 비상근 명예 이사진에게 인계한 기금은 그다지 많지 않은 액수였다. 단 21파운드가 수중에 있는 돈의 전부였기 때문이다. 그러나 빚이 전혀 없었으며, 테일러 선교사는 확신을 가지고 중국내지선교회에서 활동하는 친구들에게 이렇게 편지했다.

"이제 중국 선교 사역이 점차 성장함에 따라 영국 본부에서도 해외에서처럼 더 많은 조력자가 필요하게 되었지만 여전히 우리 선교회의 활동 원칙은 언제나 동일합니다. 지금까지 여느 때와 마찬가지로 우리는 기도함으로써 하나님의 재정적인 도움을 구할 것입니다. 하나님은 그분의 통로로 봉사하도록 사용하기에 적절해 보이는 사람들의 심령에 그런 마음을 부어주실 것입니다. 그래서 우리 수중에 돈이 생길 때 중국으로 송금하게 될 것입니다. 그러나 돈이 없을 때라도 빚을 내서 송금하지는 않을 것입니다. 우리는 영국 선교본부를 의지하지는 않을 것입니다. 그리하여 아무도 빚을 지는 일이 없도록 하겠습니다. 우리가 이전부터 지금까지 해왔던 것처럼 믿음으로 시련을 이겨낸다면 주님은 예전과 마찬가지로 자신의 신실함을 입증해 보이실 것입니다. 우리의 믿음은 우리를 실망시킬 수 있지만 그분의 신실하심은 절대 우리를 실망시키지 않을 것입니다. 디모데후서 2장 13절에 기록된 것처럼 '우리는 미쁨이 없을지라도 주는 항상 미쁘시니 자기를 부인하실 수 없을 것' 입니다."

버거 부부의 일로 영국에서 15개월 동안 머물다가 다시 중국으로 돌아갔을 때 중국내지선교회의 지도자인 테일러 선교사에게는 이와 같은 믿음이 그 어느 때보다 더욱 절실히 필요하게 되었다. 질병을 비롯한 여러 가지 장애물 때문에 몇몇 오래된 선교센터의 사역이 침체되고 있었다. 조그만 교회들은 예전의 모습이 아니었다. 여러 선교본부에서는 일손 부족을 겪고 있었으며, 어떤 곳은 아예 문을 닫고 말았다. 테일러 선교사가 어디에서 시작하여 어떻게 필요한 도움을 주고 어떤 식으로 새롭게 사역을 격려해야 할지 도무지 알 수 없을 정도였다. 여전히 미전도 지역으로 남아 있는 성을 향해 전진하려는 계획 대신에 고작 기존 사역을 든든히 세워나가는 일이 더욱 급선무였다.

때마침 아주 다행스럽게도 하나님이 테일러 선교사의 삶 속으로 이끌어온 충성스러운 동료를 붙여주셨다. 항저우에서 여성 사역 책임자이자 많은 사람에게 사랑받던 제니 폴딩(Jenny Faulding) 선교사가 두 번째 아내가 된 것이다. 그로부터 폴딩 선교사는 33년 동안 테일러 선교사 곁에서 헌신적으로 사역했으며, 중국내지선교회의 모든 동료에게 사랑받게 되었다.

두 사람 사이에 사랑이 싹트게 된 사연은 이랬다. 첫 부인인 마리아 다이어가 갓 태어난 노엘과 함께 세상을 떠난 지 1년 후인 1871년, 허드슨 테일러는 버거의 일로 막내아들 찰스와 함께 영국으로 돌아가게 되었다. 버거의 사임으로 영국 본부의 일을 새롭게 정립하고, 세 명의 자녀(허버트, 하워드, 마리아. 셋째 아들 사무엘은 영국으로 떠나기 직전에 죽었다)와 함께 시간을 보내면서 영국 교회에서 중국 선교 운동을 새롭게 일으키기 위해서였다.

이 배에는 중국에서 성공적으로 선교 사역을 감당하던 제니 폴딩 선교사도 동승해 있었다. 제니 폴딩 선교사는 중국으로 떠난 지 5년이나 지났기 때문에 잠시 부모를 만나기 위해 영국을 다녀오려던 참이었다. 허드슨 테일러와 제니 폴딩은 찰스와 함께 이 배 안에서 많은 시간을 보내게 되었다. 고국으로 향하는 기나긴 항해 기간 동안 아직 한창인 30대 젊은이이자 아내를 잃은 슬픔과 외로움으로 힘겨워했던 허드슨 테일러와 선교 사역에 대한 열정과 더불어 여성적인 매력으로 가득한 제니 폴딩은 서로 사랑하는 사이로 변했으며, 두 사람은 영국에 도착하자 주저 없이 서둘러 결혼식을 올렸다. 제니 폴딩과 함께 다시 중국에 돌아온 허드슨 테일러는 사역을 계속해 나갔다. 두 사람 사이에서 두 명의 자녀 에이미와 어네스트도 태어났다.

그러나 두 사람은 선교 사역 때문에 자주 떨어져 있어야 했다. 눈이 잔뜩 쌓인 추운 겨울 날씨 때문에 테일러 선교사는 적지 않은 희생을 감수하면서까지 떠나야 했던 선교여행에 아내를 데리고 가지 않을 수 있어서 오히려 감사했다. 테일러 선교사는 문을 닫은 어느 선교본부에서 이렇게 기록했다.

"교인과 구도자들을 초대하여 내일 함께 식사하기로 했다. 그 모든 사람을 다 함께 만나고 싶다. 주여, 우리를 축복해주소서! 비록 모든 상황이 유감스러울 정도로 절망적이지만 전혀 아무런 소망이 없는 것은 아니다. 잘 보살피기만 한다면 하나님의 축복하심으로 머지않아 모든 일이 정상적으로 회복될 것이다."

"잘 보살피기만 한다면 하나님의 축복하심으로 머지않아 모든 일이 회복될 것이다"는 짤막한 한마디는 테일러 선교사의 믿음에서 나타나는 실제적인 성격을 아주 특징적으로 보여주었다. 테일러 선교사는 온갖 어려운 일에도 솔선수범하고 성령의 회복시키는 능력을 더욱 의존하면서 계속해서 기도하고 인내하는 마음으로 갖가지 역경을 헤쳐 나가는 가운데 회심자와 선교사들에게 동일하게 새로운 열심을 불어넣고 있었다. 양쯔강 계곡에서 부인과 합류한 테일러 선교사는 난징에서 3개월을 보내며 직접 전도 활동을 펼치는 데 많은 시간을 할애하였다. 테일러 선교사는 이 도시에서 다음과 같은 기록을 남겼다.

"그림과 슬라이드를 보여주면서 매일 밤 우리는 많은 사람을 모아 직접적으로 예수님을 전했다. 지난밤에는 5백 명의 사람들이 예배당을 가득 메웠었다. 어떤 사람들은 그다지 오래 머물지 않았지만 다른 사람들은 거의 3시간 동안이나 머물러 있었다. 주여, 이곳에 머물러 있으면서 우리를 찾아오는 영혼들에게 축복을 전하게 하소서. 매일 오후에는 여자들이 찾아와서 복음을 들었다."

블래철리 선교사에게 보낸 편지 가운데 한 대목에서 테일러 선교사가 어떤 내적인 상태에 처해 있었는지 엿볼 수 있다.

"만약 선교사님이 영원하신 샘에서 흘러나오는 물을 항상 마시고 계신다면 선교사님의 삶에서는 무엇이 흘러넘치겠습니까? 예수님, 예수님, 바로 예수님이십니다!"

테일러 선교사는 이런 의미에서 언제나 가득 채워진 잔을 들고 다녔으며, 이제는 단지 흘러넘치기만 하면 되었다. 이렇게 각종 방문을 통해 충분히 목적을 이룰 수 있었고, 그리하여 테일러 선교사는 모든 선교본부를 한 번씩은 방문했으며, 변방에 위치한 중국내지선교회의 임시 선교본부도 거의 모두 방문했다. 여기에 만족하지 않고 가는 곳마다 중국인 지도자를 찾아가서 만났으며, 복음 전도자들, 종교 서적 행상인들, 선생들, 여자 성경 교사들도 거의 예외 없이 만나서 개인적으로 도와주었다.

두 사람이 함께 갈 때면 테일러 부인의 도움도 매우 귀중했다. 때로는 서신에 답장하기 위해 밤늦게까지 함께 일하기도 했다. 의료여행에도 가끔 부인이 동행하였으며, 어떤 선교본부에 환자가 있으면 그대로 남아서 치료하는 동안 남편은 계속해서 다른 선교본부를 방문하기도 했다. 그 당시 두 사람이 의학지식을 갖고 있다는 사실이 얼마나 기뻤는지 모른다. 왜냐하면 중국내지선교회나 조약에 따라 개항한 몇몇 항구지역에서 멀리 떨어진 곳에는 어디서든지 다른 의사를 찾아볼 수 없었기 때문이다. 두말할 나위 없이 그건 테일러 선교사에게 적지 않은 부담을 더해주었다.

더구나 멀리 떨어진 어느 선교본부에 도착했더니 98통의 편지가 자신을 기다리고 있었으며, 바로 다음 날에는 아량 씨의 아기 환자를 돌보고 처방전을 써주느라 시간을 보내야 했다. 아량 씨는 전장에서 귀중한 조력자로 활동하고 있었다. 그러나 긴 편지를 쓰거나 가외로

먼 여행을 떠나거나 어떤 방법으로든 무조건 도움을 줄 수 있다는 사실에 감사했다. '모든 사람의 종이 되는 것'은 테일러 선교사가 가장 애타게 바라는 특권이었다. 이처럼 곳곳의 선교본부를 방문한 지 9개월 뒤 테일러 선교사는 이렇게 기록했다.

> "주님이 우리를 형통하게 하셔서 중국 선교 사역이 꾸준히 성장하고 있다. 특히 가장 중요한 부분인 '현지인 조력자'라는 측면에서 괄목한 만한 성장을 보였다. 조력자들 자신에게도 상당히 많은 도움과 돌봄과 교육이 필요하다. 그러나 조력자는 더 많은 숫자로 증가하고 있을 뿐만 아니라 훨씬 더 유용한 자원으로 자라가고 있다. 분명히 중국에 대한 소망은 이 조력자들에게 달려 있다. 나는 외국인 선교사들을 건축 공사장의 발판으로 여기고 있다. 그게 더 나은 것으로 교체될 수만 있다면 더 빨리 교체될수록 좋다고 생각한다. 현지인들이 어느 정도 성장하면 선교사들은 얼른 다른 곳으로 옮겨가서 이전과 동일한 일시적인 목적을 수행할 수 있어야 한다고 생각한다."

기도와 꿈은 이처럼 부단한 수고와 얼마나 밀접한 관련을 맺고 있는지 모른다! 당장 눈앞에 있는 필요를 좇다 보면 저 멀리 있는 원대한 필요의 절박성에 대한 감각을 잃어버리기가 얼마나 쉽단 말인가? 특히 기존 사역을 감당할 만큼 기금이 충분하지 못할 때는 더욱 그렇다. 그러나 테일러 선교사에게는 정반대의 경우가 흔했다. 이곳저곳을 여행하면서, 선교본부 사이 지역을 오랫동안 돌아다니면서,

친근하고 쉽게 다가갈 수 있는 사람으로 가득한 시골 지역을 지나갈 때 테일러 선교사는 원근 각지의 미전도 종족들에게 점점 더 마음을 많이 빼앗기게 되었다. 테일러 선교사는 런던에 있는 이사회에 이렇게 편지했다.

"지난주 저는 타이핑(太平)에 머물고 있었는데, 그날은 장날이라 3~5km 거리를 쉽사리 걸어갈 수 없을 만큼 많은 사람이 그야말로 인산인해를 이루고 있어서 제 마음은 커다란 연민을 느꼈습니다. 그러나 거의 말씀을 전하지 못했습니다. 우리는 영구적인 사역을 펼치기 위한 장소를 찾고 있었지만, 그러다가 오히려 기회를 놓치기 일쑤였습니다. 그래서 저는 어쩔 수 없이 그 도시의 한쪽 성벽으로 물러나 이 사람들에게 긍휼을 베풀어달라고, 이들의 마음을 열어달라고, 이 사람들에게로 들어갈 수 있도록 해달라고 하나님께 간구했습니다.

그러자 우리 편에서 아무런 시도도 없었는데도 네 명의 진지한 영혼이 우리에게 접근해 왔습니다. 어떻게 발견했는지 모르겠지만 한 노인이 우리 일행을 보고서 저를 따라 배가 있는 곳까지 왔습니다. 그 노인에게 배 안으로 들어오라고 말하고서 이름이 무엇인지 물어보았지요.

'제 이름은 징입니다' 라고 대답하고서 그 노인이 말을 계속했습니다. '그런데 한 가지 질문이 저를 계속해서 괴롭히는데 도대체 해답을 찾을 수가 없어요. 제가 지은 죄를 과연 어떻게 해결해야 하나요? 우리 선비들은 사후 세계가 없다고 말하지만 그들의 말이

쉽사리 믿어지지 않아서요. 아, 선생님! 저는 잠자리에서도 생각에 잠기곤 한답니다. 낮에도 혼자 앉아 생각해보지요. 생각하고, 생각하고, 또 생각해 보지만 제가 지은 죄에 대해 도대체 어떻게 해야 할지 모르겠어요. 제 나이가 이제 일흔둘입니다. 앞으로 10년 이상 더 살 것 같지 않아요. 속담에서 말하는 것처럼 내일 일은 아무도 모르는 거니까요. 선생님, 저의 죄를 어떻게 해야 하는지 말씀해주실 수 있으신가요?'

제가 대답했습니다. '예, 물론이지요. 제가 수천 리도 넘는 이곳까지 달려온 이유가 바로 이와 같은 질문에 대답하기 위해서입니다. 잘 들어보세요. 어르신께서 원하는 대답과 알고 계셔야 하는 사실들을 곧바로 설명해 드리겠습니다.'

동료 선교사들이 배로 돌아오자 그 노인은 십자가에 관한 놀라운 이야기를 다시 듣게 되었으며, 드디어 마음을 진정시키고 위로를 받으면서 돌아갔습니다. 우리가 이 지역에다 집을 빌려서 머지않아 기독교 서적상을 차리고 싶어 한다는 소식을 듣고 그 노인은 매우 기뻐하기도 했지요."

저장성(浙江星) 한 곳만 해도 그리스도를 증거한 적이 전혀 없는 50개 이상의 도시에서 그와 같은 사역을 펼칠 필요가 있었다. 아, 그 외에도 복음을 기다리는 수백만의 사람들이 또 있다니! 테일러 선교사는 배에 혼자 남아 이 무거운 짐을 주님께 내려놓을 수밖에 없었다. 그러자 믿음이 강해졌으며, 1874년 1월 27일, 성경 난외에 다음과 같은 글귀를 써 놓았다.

"추가로 50~100명의 현지인 복음 전도자를 달라고 하나님께 간구합니다. 저장성에는 아직도 복음을 전하지 못한 4개의 부(府)와 48개의 현(縣)이 있는데, 이곳에서도 복음의 문을 열 수 있을 만큼 많은 선교사를 보내달라고 간구합니다. 또한 아직 미전도 지역으로 남아 있는 9개의 성으로 침투할 사람들을 달라고 간구합니다. 예수님의 이름으로 기도합니다."

"주 예수님, 저에게 안식을 주겠다고 약속해주신 주님께 감사하나이다. 이처럼 너무나 원대한 주님의 사역을 감당하는 데 필요한 모든 육신의 강건함, 마음의 지혜, 영혼의 은혜를 허락해주시옵소서."

그러나 좀 이상하게 들릴지 모르겠지만 즉각적으로 나타난 결과는 신체적인 강건함이 아니라 심각한 질병으로 다가왔다. 여러 주일 동안 병석에 누워 속수무책으로 고통당할 수밖에 없었으며, 단지 믿음으로만 천국을 바라보는 꿈을 붙잡을 수밖에 없었다. 수개월 동안 자금지원도 너무나 지지부진한 까닭에 조금밖에 들어오지 않은 돈을 도대체 어떻게 나눠주어야 할지 몰랐다. 게다가 사역 확장을 위한 자금은 수중에 단 한 푼도 없었다. 그러나 테일러 선교사는 런던에 있는 이사진에게 이렇게 편지했다.

"우리는 계속해서 내륙 지방으로 나아가고 있습니다. 머지않아 몇몇 궁핍한 성에도 복음이 전해지는 모습을 볼 수 있기를 너무나 간절히 소망하고 있습니다. 낮에는 이를 간절히 사모하고 밤에는 이를 위해 간절히 기도합니다. 제 마음이 이런데 과연 주님이 무관심할 수 있을까요?"

선교 사역을 진척시키는 것이 지금보다 더 불가능해 보였던 적은 한 번도 없었다. 그러나 테일러 선교사 앞에 놓인 성경에는 하나님과 자기 영혼 사이에 맺은 계약에 대한 기록이 선명하게 남아 있었다. 테일러 선교사의 마음에도 아무리 깊은 중국 내륙 지역이라도 하나님의 때가 거의 찼다는 확신이 자리 잡고 있었다. 테일러 선교사가 병상에서 서서히 회복되고 있을 무렵, 영국에서 두 달 전에 보낸 편지 한 통이 테일러 선교사 손에 도착했다. 전혀 모르는 사람이 보낸 다소 떨리는 필체로 쓴 편지였다.

"사랑하는 테일러 선교사님, 두 달 이내로 중국내지선교회의 사역이 더욱 확장될 수 있도록 800파운드를 이사회의 뜻대로 결정하여 사용할 수 있도록 기탁하고 싶은 마음을 허락하신 하나님께 감사합니다. 부디 지금까지 복음이 전해지지 않은 새로운 성들을 기억해주세요. '주님은 우리의 깃발' '주님이 채워주신다네'라고 적힌 중국내지선교회의 영수증 양식이 참 멋지다고 생각합니다. 만약 믿음이 발휘되고 찬양이 드려지는 곳이라면 만군의 여호와께서 그 믿음과 찬양을 영화롭게 하시리라고 확신합니다."

'새로운 성들을' 위한 800파운드라니! 점차 회복세를 보이고 있던 테일러 선교사는 자기 눈을 의심할 지경이었다! 멀리서 낯선 사람에게 날아온 편지를 통해 자기 믿음의 비결이 고스란히 드러나는 것 같았다. 심지어 성경 여백에다 그런 기도를 기록하기도 전에 이 편지를 보냈던 것이다. 그리고 지금 가장 필요한 때 그 비결을 놀랍게 확인해주는 편지가 테일러 선교사에게 도착했다. 그러니까 더더욱 확실히 하나님의 때가 찬 것이다!

그래서 얼른 병석을 털고 일어나 곧바로 양쯔강 계곡으로 돌아오는 다음 조치를 취했다. 때는 마침 따뜻한 산들바람이 불어오는 봄날이어서 전장에는 상당히 많은 사람이 모여들었다. 거의 모든 선교본부와 마찬가지로 거기에서도 중국 그리스도인들에게는 새로운 생기가 감돌았다. 새로운 회심자들이 교회에서 계속 영접되고 있었으며, 현지인 지도자들은 열정과 헌신하려는 마음이 점점 더 커지고 있었다. 나이 든 선교사들은 큰 도시들의 필요를 섬기도록 격려되었으며, 언어에서 많은 진보를 나타낸 젊은 선교사들은 개척 사역에 열정을 보였다. 각자의 선교본부를 떠나도 되는 선교사들을 가능한 한 많이 모아놓고서 일주일 동안 함께 기도회와 수련회를 갖고 난 후, 테일러 선교사는 주드 선교사 일행과 함께 거대한 강을 거슬러 올라가면서 오랫동안 기도해오던 중국내지선교회의 서부 지역 선교본부를 개척하기 위해 나섰다. 테일러 선교사는 전장에서 이렇게 기록했다.

"우리가 기금 부족으로 심하게 시련을 겪고 있을 때 우리를 격려해주시니 너무나 선한 주님이 아니신가?"

다만 새로운 기쁨과 소망의 표시라고 생각했던 것은 어떤 풍부한 재정 공급이 아니었다. 이것은 믿음생활을 깊이 체험하고 있는 한 선교사에게 보낸 다음과 같은 편지를 보면 잘 알 수 있다.

"우리 선교 사역에 이토록 생생한 시련과 이토록 많은 믿음이 요구되었던 적은 없었습니다. 사랑하는 친구 블래칠리 선교사가 아픈 중에 저를 몹시 보고 싶어 하고, 저희 사랑하는 아이들을 누군가 대신 돌봐주어야 하며, 게다가 지금 재정 상태는 몹시 어려워져 있습니다. 사역 현장에서 요구되는 변화로는 선교사들 중에서 몇몇은 고국으로 돌아가야 하며, 다른 몇몇 선교사는 다시 중국으로 들어와 계속해서 선교지역을 확대해 나가야 합니다. 그 외에도 글로는 쉽게 표현할 수 없는 다른 많은 일이 있지만 우리가 이것들을 제대로 짊어지지 못한다면 굉장히 무거운 짐이 될 것입니다. 그러나 주님이 우리를 비롯하여 모든 짐도 짊어져 주시기 때문에 우리 마음은 주 안에서 너무나 기쁩니다. 주님이 그분 자신뿐만 아니라 은행 잔고도 채워주심으로써 저는 그 어느 때보다도 더 걱정과 근심에 얽매이지 않고 커다란 자유를 누리고 있습니다.

상하이에 갔던 지난주, 우리에게는 굉장히 커다란 즉각적인 필요가 생겼습니다. 편지 두 통을 건네받았으나 송금 소식은 없었습니다. 그리고 우리 선교소식지도 영국 본부에 잔고가 없음을 보여주었습니다. 저는 모든 짐을 우리 주님께 내려놓았지요. 다음 날 아침 잠자리에서 일어날 때까지도 마음에 부담을 느꼈지만 주님이 저에게 말씀을 주셨습니다. '내 백성이 애굽에서 괴로움 받음을 내가 확실히 보고 그 탄식하는 소리를 듣고 그들을 구원하려고 내려왔노니'(행 7:34). '하나님이 이르시되 내가 반드시 너와 함께 있으리라 네가 그 백성을 애굽에서 인도하여 낸 후에 너희가 이 산에서 하나님을 섬기리니 이것이 내가 너를 보낸 증거니라'(출 3:12). 오전 6시경, 닝보에 있을 때 조지 뮬러가 보낸 편지를 뒤늦게 정오 가까이에서야 받아들고 300파운드 이상의 돈이 들어 있다는 것을 확인했던 경우처럼 그와 같은 도움이 임박해 있다는 확신이 들었지요.

지금 저의 필요는 크고 절박하지만 하나님은 이보다 더 크고 더 가까이에 계신 분입니다. 하나님은 어제나 오늘이나 영원토록 동일하신 분이기 때문에 모든 일은 반드시 순조로울 것이며, 과거에도 그랬듯이 앞으로도 잘될 것입니다. 오, 사랑하는 형제여! 살아계신 하나님을 알고 있다는 기쁨, 살아계신 하나님을 만난다는 기쁨, 아주 특별하고 남다른 환경에서 살아계신 하나님을 의지한다는 기쁨이 얼마나 큰지요! 저는 단지 하나님의 대리자일 뿐입니다. 하나님이 친히 그분의 명예를 지키시고, 그분의 종들에게 공급해주시고, 그분의 부유하심을 따라 모든 필요를 채우실 것입니다. 그러니 형제는 기도로, 믿음의 일로, 사랑의 수고로 하나님을 도와드리기만 하면 됩니다."

거의 같은 시기에 테일러 부인에게 보낸 쪽지에도 거의 동일한 확신이 살아 숨 쉬고 있었다. "어제까지 우리 수중에 남아 있던 통장 잔고는 87센트였소. 그러나 주님이 다스리고 계시니 여기에 우리의 기쁨과 안식이 있는 것이오." 그리고 여전히 통장 잔고가 별로 없을 때 불러 선교사에게는 이렇게 덧붙였다. "우리에게는 아직 25센트가 남아 있습니다."

'25센트'라고 말한 이후에 이렇게 상기시켰다. "거기에 더하여 하나님의 모든 약속이 있지요! 와, 저는 크로에서스(Croesus : 기원전 6세기 리디아의 왕. 꽹장한 부자로 알려져 있음 – 역주)만큼 부자가 된 느낌입니다. 공급하실 주님을 찬양합시다."

> 온 세상 금은보화로 가득하나
> 나 이 복된 신분 바꾸지 않으리.
> 믿음으로 그 자리 지킬 수 있으니
> 죄인의 황금을 시기하지 않으리.

그해 봄 전장에서 열린 수련회의 찬송은 "어떻게든 주님이 채우시네!"였으며, 이와 같은 심정으로 테일러 선교사는 영국에 남아 있는 블래췰리 선교사에게 편지를 보냈다.

> "우리가 잘 기다리고 있기만 한다면 언젠가 주님이 채우시리라고 믿습니다. 우리는 조만간 우창(武昌)에다 선교본부를 세울 수 있을지 알아보기 위해 주드 선교사와 함께 떠나려고 합니다. 주님이 허락하신다면 거기에서부터 중국 서부 지역 선교를 열어갈 생각입니다. 현재 우리의 상황에서는 너무나 역부족이긴 하지만 아

직 미전도 지역으로 남아 있는 성의 필요가 있으며, 일반적인 비용 지출을 못하더라도 거기에서 개척 사역을 시작할 만한 자금은 우리 수중에 있기 때문에 지금 이와 같은 노력을 기울여야겠다는 마음이 간절합니다. 막상 다음 달에는 주님이 어떤 방법으로 도와주실지 알 수 없지만 반드시 채워주실 것이라 기대하고 있습니다. 주님은 우리를 버리거나 실망시키지 않으실 것입니다."

그러나 바로 그 시기에 새로운 난관이 발생하여 서부 지역에다 선교본부를 개척하는 일이 지연되었다. 마지막 순간까지 용감하게 충성을 다했던 블래췰리 선교사의 건강이 너무나 많은 책임을 감당하다 보니 무너지고 말았다. 파이어랜드가에 있던 아이들을 누군가 대신 돌봐주어야 했으며, 중국내지선교회의 영국 본부 사역은 거의 정체 상태에 빠지게 되었다. 아무리 은사가 많고 헌신적이라 하더라도 온갖 일이 블래췰리 선교사에게로 점점 더 많이 몰려들게 되어 결국 쓰러지고 말았던 것이다. 주드 선교사가 우창에다 중국 서부 지역 선교본부를 창설하는 일을 기다리다 말고 테일러 선교사 부부는 서둘러 영국으로 돌아와야 했다. 그러나 두 사람이 심지어 중국을 떠나기도 전에 짐을 덜어주기를 간절히 바라던 사랑하는 친구 블래췰리 선교사는 이 세상의 온갖 무거운 짐을 영원히 내려놓고 말았다.

몇 주 후 영국에 당도했으나 블래췰리 선교사의 자리는 텅 비어 있었고, 아이들은 뿔뿔이 흩어져 있었으며, 매주 열리던 기도회도 중단된 상태였다. 테일러 선교사의 마음은 몹시 씁쓸하고 통탄스러웠다. 그러나 아무리 그렇다 하더라도 아직 최악의 상황은 벌어지지 않은 셈이었다.

테일러 선교사는 주드 선교사와 함께 양쯔강을 거슬러 올라가다가 넘어진 적이 있었는데, 이때 심하게 허리를 다쳤던 것이다. 척추에 받았던 충격이 서서히 심각해지더니 영국에서 몇 주 지나지도 않았는데 분주한 런던생활 탓인지 자꾸만 아파오기 시작했다. 그러면서 점차 하체가 마비되더니 완전히 휠체어를 타는 신세가 되었다. 인생에서 한창 일할 시기에 이런 상태로 2층 방에 가만히 누워 있을 수밖에 없었지만 태산같이 쌓인 할 일만 자꾸 머리에 떠올랐다. 모두자기 손을 거쳐야 하지만 어찌할 수 없는 심정은 오죽했겠는가? 그러나 이렇게 누워 있는 와중에도 테일러 선교사는 하나님 안에서 기쁨을 잃지 않았다.

그렇다. 하나님 안에서 기뻐하라! 끝없이 마음을 짓누르는 필요들을 채우겠다는 열망과 소망들, 지금까지 간구했던 기도와 하나님이 허락하신 응답들, 중국에서 열리고 있는 각종 기회, 오랫동안 선교의 통로로 사용되는 모습을 보고 싶어 했던 영국 교회를 부흥시키는 영적 축복의 물결, 그리고 인간적으로 말하자면 일어서거나 걸을 수 있다는 희망이 거의 사라진 처지, 이 모든 상황 속에서도 가장 진중한 소원은 "선하시고, 받아들일 만하고, 온전하신" 하나님의 뜻 안에서 기뻐하는 것이었다. 이와 같은 고난의 자리에서부터 중국내지선교회가 더욱 크게 성장할 수 있는 발판을 마련했음은 분명하다.

이제 허드슨 테일러가 움직일 수 있는 행동반경은 네 기둥으로 지탱하는 조그만 침대뿐이었다. 그러나 침대의 발 쪽에 있는 두 기둥 사이의 벽 쪽에는 여전히 중국 지도가 걸려 있었다! 그렇다. 거기에는 중국 전도가 하나 떡하니 걸려 있었다. 그리고 예수님의 이름으로 나아갈 때마다 테일러 선교사 둘레에는 밤낮으로 하나님의 임재가 함께하였다.

훗날 기도가 완전히 응답받아서 중국내지선교회의 개척자들이 내륙 지역에 위치한 여러 성을 깊숙이 두루 돌아다니면서 그리스도를 전파하고 있었을 때 스코틀랜드 교회의 한 지도자는 테일러 선교사에게 이렇게 말했다. "하나님이 선교사님을 놀라운 방법으로 사용하셨기 때문에 가끔 교만해지려는 유혹을 받을 때도 틀림없이 있을 것 같습니다. 살아 있는 인간으로서 선교사님보다 더 크게 영광을 받으실 분이 있을지 모르겠네요." 그러자 테일러 선교사는 정직하게 대답했다. "오히려 정반대지요. 저는 하나님이 가장 연약하고 가장 작은 자를 찾아서 사용하시려다가 저를 발견하셨을 뿐이라고 늘 생각한답니다."

그해가 다 저물어 가는데도 전망은 썩 밝아 보이지 않았다. 테일러 선교사는 점점 더 거동하기가 힘들어졌으며, 침대 위에 묶어놓은 밧줄의 도움을 받아서야 겨우 움직일 수 있을 뿐이었다. 처음에는 조금씩 편지도 쓸 수 있는 형편이었으나 이제는 연필도 잡을 수 없어서 어쩔 수 없이 한동안 테일러 부인의 도움을 받아야 하는 상황이었다.

그런데 '간절한 기도 요청 : 1억 5천만 중국 사람들을 대변하여'라는 제목으로 테일러 선교사가 쓴 짤막한 글이 기독교 언론사에 들어가 기사화된 것은 1875년 새해 벽두였다. 이 기사에서는 간략하게 아직 미전도 지역으로 남아 있는 9개의 성과 중국내지선교회의 여러 가지 목표와 관련된 사실들을 언급하였다. 또한 이렇게 멀리 떨어진 곳에 복음을 전하려는 특별한 목적으로 최근에 4천 파운드를 보냈다고도 보도했다. 중국 그리스도인들도 선교 사역에서 충분히 자기 역할을 감당할 준비가 되어 있으나 더 많은 선교사, 곧 기꺼이 어려움을 무릅쓰고 길을 인도할 만한 젊은이들이 긴급하게 필요하다고 호소했다.

그 기사는 이렇게 이어졌다.

"이 글을 읽는 그리스도인 독자 여러분에게 호소합니다. 지금 당장 단 1분이라도 진심 어린 기도로 하나님께 여러분의 마음을 올려드리십시오. 하나님이 중국 선교 사역에 헌신하는 18명의 적절한 사람들을 올해 안으로 일으켜 세우시도록 기도해주시지 않겠습니까?"

이 호소문에서는 중국내지선교회의 지도자가 어느 모로 보나 절망적인 처지의 병약한 환자라는 것을 공공연히 밝히지는 않았다. 이 글에서는 중국으로 보낸 4천 파운드가 하나님의 일에 구별하여 드린 테일러 선교사 부부의 전 재산이었다고 밝히지도 않았다. 또한 18명의 복음 전도자를 허락하실 때까지 믿음으로 기도하겠다고 2~3년 전에 하나님과 언약을 맺었던 사실도 따로 거론하지 않았다. 그러나 이 짧막한 호소문을 읽은 사람들은 그 뒤에 엄청나게 많은 이야기가 숨어 있음을 쉽사리 짐작할 수 있었으며, 하나님 안에 깊이 뿌리를 내린 사람에게서 흘러나오는 영향력으로 말미암아 커다란 감동을 받을 수밖에 없었다.

오래지 않아서 테일러 선교사의 편지 왕래는 갑자기 폭증하였고, 이처럼 서신 업무를 처리하는 것은 큰 기쁨이었으며, 더 나아가 주님이 어떻게 처리해 나가시는지를 바라보는 것은 더욱더 큰 기쁨이었다. 테일러 선교사는 이때를 회상하면서 이렇게 기록했다.

"중국내지선교회에는 사례를 받는 조력자가 한 명도 없었다. 그러나 사전에 아무런 주선 없이도 하나님이 자원봉사자들을 날마다 인도해주셔서 편지를 대필하는 일을 돕도록 하셨다. 만약 아침에 찾아온 사람이 긴 시간을 내지 못하여 편지에 모두 답장할 수 없는 경우라면 분명히 또 다른 사람이 찾아왔는데, 가령 오후 시간에 한두 명이 들러서 편지 대필을 도와주기도 하였다. 시내로 직장을 다니던 젊은 친구 한 명은 근무 시간 이후에 가끔 찾아와서 필요한 장부 정리나 아직 다 끝내지 못한 편지를 마무리해주기도 했다. 날마다 그런 일이 계속 벌어졌다. 내 생애에서 가장 행복했던 시기 가운데 하나가 바로 제대로 거동하지 못하던 때였다. 단지 주님 안에서 기뻐하며 '인내하면서 주님을 기다릴' 수밖에 없었으며, 모든 필요를 채우시는 주님을 만나는 시간이었다. 그 이전이나 이후로 더 규칙적이고 즉각적으로 계속해서 답장할 수 있었던 시절은 결단코 없었다.

그리고 하나님께 간구했던 18명도 서서히 찾아오기 시작했다. 처음에는 편지 왕래가 좀 있었으며, 그런 다음에는 사람들이 나를 직접 만나기 위하여 내 방으로 찾아왔다. 머지않아 침대 곁에서 중국어 공부반이 시작되었다. 적절한 하나님의 때가 이르자 주님은 18명을 모두 보내주셨다. 그 후에 마일드메이의 사랑하는 친구들은 내 건강을 회복시켜달라고 간절히 기도하기 시작했다. 주님은 이 사람들의 기도를 축복하시고 사용하셨으며, 그리하여 결국에는 자리를 털고 일어날 수 있게 되었다. 내가 하나님의 일을 감당하지 못하게 했던 한 가지 원인이 사라졌다. 사람들은 내가 건강하여 마음대로 돌아다닐 수 있었다면 하나님의 일하심이라기보다는 나의 절박한 호소 덕분에 18명의 선교사를 중국으로 파송할 수 있었다고 생각할지도 몰랐다. 그러나 병상에서 꼼짝하지 못하면서 대필로 기도를 요청할 수밖에 없는 상태였기 때문에 이와는 반대로 완전히 하나님의 전적인 역사하심으로 기도 응답을 받았다는 사실이 훨씬 더 명확해졌다.”

이 무렵 재정적인 부분에 대한 기도 응답 역시 놀라운 것이었다. 한 번은 중국에 매월 송금해야 할 돈이 매우 부족하여 평상시에 지출해야 할 비용보다 거의 235파운드나 모자라게 되었다. 주님께 이 문제를 놓고 간절히 기도했는데, 주님의 선하심을 따라 오래지 않아 이 기도가 응답되었다. 그날 저녁에 우편배달부가 편지 한 통을 배달해 주었는데 ‘접시 판매 대금’이라는 글과 함께 수표 한 장이 동봉되어 있었다. 그런데 금액이 정확히 235파운드 79페니였다.

또 한 번은 다시 걸어 다닐 수 있게 되었을 때 어느 날 집회를 마치고 돌아오는데, 한 러시아 신사가 테일러의 설교를 들었다고 말하면서 다가와 말을 건네 왔다. 두 사람은 런던으로 함께 여행하게 되었는데, 이 보브린스키(Bobrinsky) 백작이 도중에 지갑을 꺼냈다.

그러면서 "비록 변변하지 않은 액수지만 중국 선교를 위해 써 주십시오"라고 말했다.

이 신사가 테일러 선교사에게 건네준 지폐는 굉장히 커다란 금액이었으며, 그래서 테일러 선교사는 혹여나 잘못 꺼내준 줄 알고서 이렇게 물었다.

"혹시 5파운드짜리를 건네려고 했던 게 아니셨나요? 잘못 건네주신 거라면 마땅히 이 지폐를 돌려드려야 할 것 같습니다. 50파운드짜리 지폐거든요!"

"아니요. 돌려받을 수 없습니다." 그 백작은 다소 당황한 듯하면서도 이렇게 대답했다. "실은 저도 5파운드짜리를 드리려고 했습니다만 하나님은 분명히 선교사님께 50파운드를 드리고 싶어 하셨던 모양입니다. 그러니 저는 그 돈을 돌려받을 수 없습니다."

이런 일이 일어난 것에 대해 커다란 감명을 받으면서 테일러 선교사가 파어이랜드가에 도착해 보니 모든 선교회 가족이 특별기도회로 모이고 있었다. 중국에 선교비를 송금해야 하는데 수중에 있는 돈이 49파운드 10페니가 부족하여 기도하고 있었던 것이다. 바로 그 자리에서 테일러 선교사는 탁자 위에 50파운드짜리 지폐를 올려놓았다. 이것이 바로 하나님의 손이 친히 도와주시는 게 아니고 무엇이란 말인가?

이처럼 이 시기에 온갖 기도 응답을 받았으나 중국 내륙 지방으로 들어가는 길은 좀처럼 열리지 않았다. 실제로는 18명의 개척 선교사를 파송한 이후에 영국관리 살해사건이 일어남으로써 전쟁이 발발할 수밖에 없는 것처럼 보이는 시기가 찾아왔다. 협상은 여러 달 동안 지지부진한 상태였으나 중국 정부에서는 전혀 만족할 만한 조치를 취하지 않았다. 오히려 영국 대사관을 베이징에서 철수해야 하는 시점에까지 이르게 되었다. 적대감을 돌이킬 만한 방법이 전혀 없는 것처럼 보였다. 그래서 중국내지선교회의 친구들 중에는 8명의 새로운 선교사를 데리고 영국을 떠나 중국으로 가려는 테일러 선교사를 만류하느라 애쓰기도 했다.

"당신은 결국 돌아오고야 말 거예요." 그 친구들은 이렇게 말했다. "더 깊숙한 내륙 지방에 위치한 성으로 개척 선교사들을 파송한다는 것은 말도 안 되는 처사입니다."

여기에 무슨 잘못이라도 있단 말인가? 하나님이 사람과 돈을 헛되이 허락하셨단 말인가? 중국 내륙 지방은 여전히 복음에 닫혀 있어야 한단 말인가?

중국으로 향하는 프랑스 증기선 3등 객실에는 무릎 꿇고 하나님께 간절히 매달리는 한 사람이 있었다. 그때로부터 2년 전에 이 사람은 이렇게 기도를 기록해 놓았었다. "오, 내 영혼이 얼마나 강렬하게 부르짖고 있는지 모릅니다! 아직 복음을 전하지 못한 미전도 지역의 성들에서 살아가고 있는 1억 5천만 중국인들을 복음화시켜주옵소서. 오, 그 사람들에게 선을 끼치기 위하여 제 몸이 100개라도 된다면 얼마나 좋을까요?" 이처럼 온갖 종류의 어려움과 좌절감 속에서도 불굴의 이상은 희미해지지 않고 끝까지 살아 있었다. 그것은 지금도 마찬가지다!

그리고 사실상 하나님의 때가 이르렀다. 하나님에게는 결코 '너무 늦은 때'란 있을 수 없다. 마지막 순간에 중국 외무성의 태도에 변화가 일어났다. 중국 태수(太守 : 군 최고사령관)인 이홍장(李鴻章)이 서둘러 해안지역으로 달려와 체푸에 머물고 있던 영국 장관을 만나서 기념비적인 조약을 체결하게 되었다. 마침내 이 조약으로 중국 어느 지역으로든 자유롭게 접근할 수 있게 되었다.

테일러 선교사는 기쁨을 감출 수 없었다. "우리 형제들이 만반의 준비를 다 하고 있을 때 너무 이르거나 늦지도 않게 주님의 섭리하심으로 오랫동안 닫혀 있던 문들이 활짝 열렸습니다."

더욱 많이 흘러넘치는 깊은 은혜

오, 그리스도시여! 주님은 생명 샘, 깊고 달콤한
사랑의 샘이십니다. 이 땅에 있는 온갖 샘물을 맛보았으나
이제는 더 깊은 하늘 샘물을 마시겠습니다.

중국내지선교회의 개척 선교사들은 그로부터 2년 동안 중국 내륙 지방에 위치한 여러 성을 5만 km 나 두루 다니면서 구속하시는 주님의 사랑에 관한 기쁜 소식을 전했다. 그런데 이로 말미암아 지금까지 만나야 했던 가장 커다란 믿음의 시련 가운데 하나가 테일러 선교사에게 닥쳐왔다. 왜냐하면 중국에서 복음의 문이 놀랍게 활짝 열렸으므로, 여러 해 동안 그 길을 예비하느라 숱한 어려움을 겪은 젊은 선교사들이 이제는 적절한 기회를 활용하여 자기네 보금자리를 꾸리고 안정된 가정을 중심으로 선교 사역을 펼쳐나가길 원했기 때문이다. 물론 이것은 아주 자연스러운 일이었다. 이미 몇몇 개척 선교사는 약혼식을 올린 다음이었으며, 내륙 깊숙한 곳까지 동료 사역자로서 백인 여성들을 데리고 가겠다면서 테일러 선교사의 허락을

기다리고 있었다.

그러나 이 젊은 선교사들은 아마도 백인 여성들을 내륙 깊숙한 곳까지 데리고 간다는 것에 내포된 온갖 의미를 테일러 선교사만큼 훤히 내다볼 수 없었을 것이다. 그리고 이처럼 고된 여행을 떠나 그 먼 내륙 지방에서 어렵사리 시작한 여성 선교 사업은 머지않아 다른 여성들이 어떻게든 이어받도록 해야 한다는 것과 그렇게 하기 위해서는 커다란 희생이 따른다는 사실을 예측할 수 없었을 것이다.

그러나 여러 해 전부터 테일러 선교사는 그 모든 일을 몸소 겪어 보았으며, 그렇기에 여성들의 사역을 권장한다는 정책을 세우고서 신혼 선교사들을 대거 파송하기로 결심했다. 그럴 것이라고 충분히 예상하기는 했지만 내륙 깊숙한 곳으로 갓 결혼한 선교사 부부를 처음으로 파송하기로 했을 때 주변에서는 항의가 빗발쳤다. 이처럼 중국 선교 사역은 새로운 국면에 접어들고 있었고, 새로운 희생이 요구되고 있었으며, 새로운 차원의 믿음과 인내가 요청되고 있었다.

그러나 상황은 점점 심각해졌다. 그로부터 1~2년 남짓한 기간 동안 테일러 선교사는 다름 아닌 갓 결혼한 신혼의 개척 선교사들을 순회 설교자로 위험하고도 먼 여행길에 광범위하게 보낸다는 비난에 직면해야 했다. 실제로 이 모든 여정이 그렇게 녹록한 것은 아니었다. 영광스러운 성공을 거둔 사례뿐만 아니라 위험하고 실망스러운 기록도 많았다. 옛적부터 복음 전파를 위해서는 "밖으로 투쟁이요, 안으로 두려움이 자리 잡고 있었다." 그래서 테일러 선교사는 선교회의 행정적인 일을 처리하느라 전장에 머물러 있으면서 닥치는 대로 젊은 선교사들에게 새로운 힘을 불어넣고 친절하게 안내하는 것을 기뻐했다.

이처럼 테일러 선교사가 보여준 힘 있는 삶의 비결은 멀리서 찾는 게 아니었다. 테일러 선교사는 틈나는 대로 머리를 식히려고 조그만 오르간에 앉아 좋아하는 찬송가를 연주하면서 하염없이 노래를 부르는 습관이 있었는데, 그러나 항상 이와 같은 구절로 돌아왔다.

오! 예수님, 나는 그분의 기쁨 안에서 쉬고 있다네.
나는 그분의 광대하신 사랑스러운 마음을 알고 있다네.

18명의 복음 전도자 가운데 한 명인 조지 니콜(George Nichol) 선교사가 테일러 선교사와 함께 있을 때였다. 한번은 편지 몇 통이 사무실에 배달되었는데, 중국내지선교회가 오래전에 개척해놓은 선교본부 중 두어 군데에서 폭동이 일어났다는 소식을 전해주었다. 테일러 선교사가 혼자 있고 싶어 할지도 모른다는 생각에 이 젊은 선교사가 막 돌아서려는 순간, 놀랍게도 누군가가 휘파람을 불기 시작했다. 그건 바로 테일러 선교사가 즐겨 부르던 찬송가의 은은한 후렴구였다.

오! 예수님, 나는 그분의 기쁨 안에서 쉬고 있다네.
나는 그분의 광대하신 사랑스러운 마음을 알고 있다네.

니콜 선교사는 뒤를 돌아보면서 이렇게 소리칠 수밖에 없었다. "아니, 우리 친구들이 엄청난 위험에 빠져 있는데 도대체 어떻게 휘파람을 불 수 있답니까?"

그러자 테일러 선교사는 조용히 대답했다. "그렇다고 제가 걱정하면서 고민만 해서야 되겠습니까? 그건 우리 선교사님들에게 아무런 도움이 되지 않아요. 그리고 저로 하여금 단지 아무 일도 못 하게 할 뿐이에요. 저는 모든 무거운 짐을 주님께 맡겼답니다."

"모든 무거운 짐을 주님께 맡긴다." 이것이 바로 밤낮으로 테일러 선교사를 붙잡았던 비결이었다. 전장의 조그만 선교본부에서 밤늦게까지 잠을 이루지 못하던 사람들은 자주, 심지어 새벽 2~3시 무렵에도 테일러 선교사가 좋아하는 찬송가의 은은한 후렴구가 울려 퍼지는 소리를 들을 수 있었다. 테일러 선교사는 자신에게 단 한 가지 삶의 방식만이 가능하다는 사실을 터득하게 되었던 것이다. 곧 어떤 환경에서도 주님 안에서 쉬며 기뻐하는 복된 삶이 바로 그것이었다. 그러는 동안에 주님은 내적이든 외적이든 크든 작든 간에 온갖 어려움을 어떻게든 다뤄주셨다.

테일러 선교사는 다시 영국 런던으로 돌아왔다. 중국 북부지역에 사는 600만 명의 사람들이 기아에 허덕이고 있었다. 어떤 성에는 중국내지선교회의 개척 선교사들을 제외하고 다른 선교사들이 전혀 없었다. 어린이들이 수천 명씩 굶어 죽어가고 있었으며, 나이 어린 처녀들이 노예로 팔려 멀리 떨어진 남쪽 도시로 무리 지어 실려 갔다. 테일러 선교사는 이런 끔찍한 상황에 대한 무거운 마음을 안고 고국으로 돌아와 중국 사람들을 곤궁한 처지에서 구해내는 일을 진척시키기 위해 사력을 다하고 있었다.

아이들을 구호하는 데 쓸 돈은 어떻게든 마련할 수 있었지만, 이와 같은 사역을 감당하기 위하여 이토록 고통받는 성으로 기꺼이 나아갈 수 있는 여성 지원자를 도대체 어디서 찾을 수 있단 말인가? 어떤 백인 여성도 산시성(山西省)과 해안지방을 나누는 경계선인 산악지대를 넘어가 본 적이 없었다. 그곳을 넘어간다는 것은 꼬박 2주일 이상이나 나귀 가마를 타고 위험한 길을 여행하면서, 밤에는 보잘것없는 숙소에서 자는 것도 기꺼이 감수해야 한다는 뜻이었다.

테일러 선교사가 단 몇 달 동안 고국에 머무는 시기이기는 했지만, 부부는 바로 이 일을 감당하기 위해 서로 헤어져 있어야 했다. 다 닳아빠진 조그만 노트 한 권에는 과연 이 부르심이 진정으로 하나님께로부터 온 것인지 여부를 알아보기 위하여 하나님을 기다렸던 것이 얼마나 믿음을 강하게 했는지에 관한 경험을 회상하는 테일러 부인의 기록이 남아 있다.

일단 하나님의 부르심을 확인하자, 그렇게 하도록 제안한 테일러 선교사와 직접적으로 관련된 온갖 희생이 뒤따라야 함에도 테일러 부인은 전혀 주저하지 않았다. 자기 몸으로 낳은 두 어린아이, 좀 큰 네 아이, 그리고 입양한 딸 등 이렇게 모두 일곱 명의 어린 가족을 남겨두고 먼 곳으로 떠나야 했다. 도대체 이 아이들은 누가 돌본단 말인가? 이 모든 어려운 문제를 하나님께 가지고 갔는데, 하나님은 친절히 응답해주시고 모든 필요를 채워주셨을 뿐만 아니라 가족과 헤어져서 과감히 떠날 수 있는 은혜와 온갖 위험한 일을 넉넉히 감당할 수 있는 은혜를 허락해주셨다. 테일러 선교사는 중국으로 돌아가기 전에 부인에게 이런 글을 남겼다.

"십자가를 사랑하는 사람들이 필요해요. 오, 하나님이 당신과 나에게 먼저 이와 같은 영을 부어주시기를 기도합니다. 사랑하는 당신과 아이들이 오히려 이곳에서 멸망해가고 있는 수백만의 중국 사람들보다 더 많은 영향을 나에게 미치고 있다는 사실에 너무나 커다란 수치심을 느낍니다. 우리는 모두 함께 영생을 누릴 것이라고 확신하고 있는데도 말입니다."

그 후로 테일러 부인이 선봉에 서 있으므로 테일러 선교사는 다른 여성들에게 최전선에 합류하도록 촉구하기가 훨씬 더 수월해졌다. 그로부터 1년이 지나서야(1879년) 두 사람은 서로 다시 만날 수 있었는데, 이와 같은 헌신적인 희생과 수고 덕택으로 테일러 부인은 중국 내륙 지방 곳곳에 위치한 성들을 두루 다니면서 여성 사역의 문을 서서히 열어가게 되었다.

이 시절의 이야기는 마치 여느 소설 작품처럼 굉장히 재미있고 감동적이었다. 내륙 서부지방으로 깊숙이 들어간 최초의 여성들은 양쯔강 협곡에서 조난당해 옷가지들을 바위에 널어 말리면서 굉장히 색다른 성탄절을 보냈다. 그리고 이 여성들이 목적지에 당도했을 때는 구경꾼이 정말 인산인해를 이룰 정도였다!

니콜 선교사 부인은 충칭(重慶 : 쓰촨성 남동부의 도시 - 역주)에서 이렇게 편지했다. "벌써 거의 두 달이 지나고 있습니다. 저는 날마다 수백 명의 중국 여인을 만난답니다. 저희 집은 마치 무슨 박람회를 연 것 같은 분위기예요."

니콜 선교사 부인은 밀려드는 인파 사이에서 여러 번 기진맥진한 채로 실신하기도 했다. 인구 6천만 명이 살고 있는 성에 찾아온 유일한 백인 여성이었으니 큰 구경거리가 되었다. 다시 정신을 차려보니 중국 여인들이 니콜 부인에게 부채질을 하면서 애정과 근심 가득한 눈으로 쳐다보고 있었다. 마치 어머니처럼 니콜 부인을 잘 돌보아주던 젊은 여성은 자기 가마를 보내서 즉시 니콜 부인을 모셔오도록 긴급히 부탁했다. 그 여성의 집에는 아늑한 침대가 기다리고 있었으며, 다른 젊은 여성들을 모두 내보낸 채 그 여성만이 곁에 앉아서 니콜 부인이 편안히 잠들 때까지 몸소 부채질해주었다. 그런 다음에는 근사한 저녁을 준비해 놓고 니콜 부인이 어느 정도 기운을 차릴 때까지 한사코 보내주지 않았다.

이와 같은 놀라운 광경은 내륙 깊숙이 들어갔던 백인 여성들이 나아가는 곳마다 어디에서나 기다리고 있었다. 사람들은 백인 여성들을 몹시 보고 싶어 했으며, 백인 여성들의 메시지를 열성적으로 들으려고 했다. 물론 단순한 호기심에서 구경삼아 그런 태도를 보여주기도 했으나 진실한 마음으로 따사로운 인정을 보여준 사례도 많았다. 그리하여 너무나 공개적으로 얼마나 순전하게 살아계신 그리스도를 전파할 수 있었는지 모른다! 이렇게 본격적으로 여성 선교사들이 무대에 등장한 지 2년이 다 되어 갈 무렵, 개척 선교사들은 내륙 깊숙한 여러 성에 세워진 조그만 교회들에서 60~70명씩 회심자가 모여서 예배드리는 모습을 목도하는 기쁨을 맛보게 되었다.

최초로 내륙 북서 지역의 중국 여성들에게 다가가기 위하여 한수강(漢水江)을 거슬러 석 달이나 올라갔던 에밀리 킹(Emily King) 선교사 역시 본향으로 부르심을 받고 말았다(1881년 5월). 그러나 이 짧은 생애를 끝내기 전에 에밀리 킹 선교사는 18명 이상의 중국 여성이 예수 그리스도를 믿는다고 고백하면서 세례받는 장면을 목격하는 기쁨을 누렸다. 한중(漢中)시에서 장티푸스로 죽어간 에밀리 킹 선교사는 사랑하는 남편을 외롭게 남겨두고 어린아이들을 엄마 없이 남겨두는 슬픔을 뒤로한 채 하늘로 올라갔다. 애통하는 주님도 오랫동안 기다렸던 사람들 사이에서 "그가 자기 영혼의 수고한 것을 보고 만족하게 여길 것"(사 53:11)이며, 에밀리 킹 선교사도 역시 만족했을 것이다.

이러한 일을 수행하면서 치러야 하는 대가를 테일러 선교사보다 더 잘 알고 있는 사람은 아무도 없었다. 또한 테일러 선교사보다 더 충실한 기도로 이를 뒷받침한 사람도 없었다. 테일러 선교사는 많은 시련을 겪는 가운데서도 어머니에게 이렇게 편지했다.

"중국의 깊숙한 내륙 지역에까지 사역이 확대되고 굳건해지는 모습을 보는 것이 제 마음에 얼마나 커다란 기쁨을 주는지 이루 다 말로 표현할 수 없을 지경입니다. 이 사역을 위해 충분히 생사를 걸 만한 가치가 있다고 생각합니다."

그 후로 진행된 여러 가지 사역의 진전은 빠르고 놀라웠다. 그러나 모든 새로운 진보, 능력과 축복으로 가득한 모든 통로와 관련하여 테일러 선교사 자신이 그에 상응하는 기간 동안 수많은 고난과 시련을 겪어야 했다. 그 삶은 점점 더 깊이, 점점 더 깊숙이 하나님께로 나아가야 했다. 때때로 겉으로 보기에는 성공이 밀물처럼 밀려오듯 그 일이 진행되고 있는 것으로 보일 수도 있었다. 물론 당연히 영광스러운 믿음의 발걸음을 떼기도 하였으며 영광스러운 기도 응답을 받기도 하였다. 그러나 사전에 마음을 단단히 준비해야 하고, 그 후로도 꾸준히 무거운 짐을 짊어져야 한다는 사실은 배후에서 은밀하게 그 일을 감당하는 사람들에게만 알려져 있었다.

이토록 깊은 마음속의 갈망, 이토록 치열한 믿음의 시련, 이토록 맹렬한 영혼의 고뇌 앞에서 누구든 숙연해질 수밖에 없을 것이다. 어디든지 끝까지 하나님과 함께 갈 준비가 되어 있고, 조용히 구체적인 현실 속에서 날마다 죽을 준비가 되어 있으며, 기꺼이 형제들의 종이될 준비가 되어 있으며, 끊임없이 기도하면서 실패와 연약함을 짊어져야 했다. 그뿐만 아니라 그 삶을 더욱 높은 차원으로 이끌어주는 창의적인 믿음과 사랑마저도 짊어지면서 형제들의 편에 설 준비가되어 있어야 했다.

여성 선교사들이 최초로 내륙 깊숙한 지역으로 들어갔을 때 여성사역에 새로운 생명력을 불어넣어 본격적인 진전의 움직임이 나타나기까지도 상당히 격렬하고 장구한 고난의 세월을 보내야 했다. 1879년에는 심각한 질병으로 세 번씩이나 테일러 선교사의 생명이 위험에 처할 지경이었으며, 그 이듬해에는 하나님의 축복하심으로 여러가지 영역에서 새로운 흐름의 일들이 시도되고 세워지기도 했다. 그러나 중국내지선교회는 지금까지 쌓여 있던 격심한 시련에 직면해야했다. 테일러 부인은 그 당시에 기록한 글에서 중요하고도 깊이 있는 원칙 하나를 다루었다.

"어떤 심리적 압박을 느끼더라도 하나님과 교통하는 시간을 빼앗기지 않도록 자신을 다스릴 수 있다면 우리는 아마도 매시간 승리의 삶을 살 수 있을 것이며, 그와 같은 승리의 메아리가 중국내지선교회의 모든 영역에서 울려 퍼질 수밖에 없다고 생각하지 않습니까? 저는 지난 몇 달 동안 모든 사역 가운데 우리에게 가장 중요한 것은 눈에 보이지 않게 중보기도의 자리로 나아가는 모습이라고 느껴왔답니다. 하나님이 우리에게 허락하신 동료 사역자들을 위하여 우리는 믿음으로 승리를 거두어야만 합니다. 우리 동료들은 눈에 보이는 것들과 맞서 싸우지만 우리는 눈에 보이지 않는 싸움을 해야 합니다. 그것이 주님을 위한 싸움이며, 주님의 이름으로 나아갈 때 우리가 끊임없이 승리를 거둘 수 있게 되지 않을까요?"

그러나 시련의 시기는 마치 영적 법칙처럼 항상 사역 확장과 축복으로 인도해주었다. 이제 더는 집에서 조용히 쉬면서 지낼 수 없었던 테일러 선교사가 몇몇 젊은 사역자와 함께 수련회를 갖기 위하여 서부 지역으로 떠났을 때도 마찬가지였다. 테일러 선교사는 이렇게 편지했다.

"여러분은 이제 막 지중해를 헤쳐 나가고 있으니, 곧 나폴리를 보게 될 것입니다. 저는 지금 우창(武昌)으로 가는 증기선을 기다리고 있는데, 제가 여러분을 얼마나 그리워하는지 굳이 말할 필요도, 말로 설명할 수도 없습니다. 그러나 하나님이 저로 하여금 그분의 임재와 사랑 안에 거하면 얼마나 부요해지는지를 점점 더 많이 느끼게 하십니다. 하나님은 어떤 어려운 환경 속에서도, 어떤 궁핍함 속에서도, 우리 중국내지선교회가 겪는 온갖 역경 속에서도 기뻐하도록 저를 도와주고 계십니다. 이 모든 어려움은 결국 하나님의 은혜와 능력과 사랑이 나타나도록 하기 위한 발판일 뿐입니다."

테일러 선교사는 우창에 도착해서 집회를 시작하면서 계속 편지를 이어 나갔다.

"저는 지금 대단히 분주한 상태입니다. 하나님은 매우 행복한 교제의 시간을 다 함께 보내도록 우리에게 허락하고 계십니다. 그리고 우리가 기초하여 활동하고 있는 원칙을 우리에게 확인시키고 계십니다."

이와 같은 짤막한 문구는 그 당시에 찾아왔던 위기와 관련하여 우창에서 가진 교제가 얼마나 중요한 결과를 낳았는지에 대해 커다란 빛줄기를 비춰준다. 젊은 선교사들은 거의 의식하지 못하고 있었을지도 모르지만 굉장히 커다란 위기가 찾아왔다. 그 위기는 테일러 선교사가 인식할 수 있었던 것보다 훨씬 더 심각할 정도로 어디로 튈지 모르는 위기였다. 그러나 다른 한편으로는 여러 해 동안 끈덕지고 끈질긴 기도와 노력 덕분에 이제 역사상 유례없는 기회의 자리로 나아가고 있었다. 중국 내륙 지방이 선교사들에게 열려 있었던 것이다.

최북단 지역, 남부와 서부 지역에 세워진 선교본부에는 어떻게든 인원을 보강할 필요가 있었다. 지금 전진하지 않는다면 처음에 붙잡았던 믿음의 자리로 마냥 후퇴하게 된다. 그것은 마치 살아계신 하나님을 바라보기보다는 난관을 바라보는 것이나 마찬가지일 것이다.

물론 그 당시에 후원금이 부족했고, 그때까지 여러 해 동안 사정은 변하지 않았으며, 새로 파송되는 사역자들이 거의 없었던 것도 사실이다. "현재 상황을 고려해볼 때 사역을 확장하는 건 더는 불가능하다"고 말하는 게 훨씬 더 쉬웠을지도 모른다. 그러나 지금 계속 전진하지 않는다면 중국 선교 사역을 절름발이로 만드는 것이나 마찬가지였다. 하나님이 허락하신 기회를 헛되이 날려버린다면 엄청난 대가를 치르고서 개척한 선교본부들을 오래지 않아 폐쇄하게 된다는 의미였다. 이것은 분명히 중국 내륙 지방의 복음화를 위한 하나님의 길이 아니었다. 그렇다면 오랫동안 조용히 하나님을 기다려온 결과가 도대체 무엇이란 말인가? 그것은 너무나 놀라운 믿음의 발걸음이라서 한동안 고국에 있는 친구들의 태도가 회의적으로 돌아서는 것처럼 보이기도 했다.

그것은 다름 아닌 앞으로 3년 이내에 70명의 새로운 사역자들을 파송해달라고 고국에 있는 교회들에 호소하는 것이었다. 나중에는 중국내지선교회에 소속된 거의 모든 선교사도 이 제안에 서명했다. 당시 중국내지선교회의 총인원이 가까스로 100명에 이를 정도였으며, 후원 사정도 상당히 오랫동안 정체 상태에 머물고 있었다. 그러나 우창에 모였던 선교사들은 하나님의 인도하심을 너무나 강하게 확신하면서, 그 가운데 한 사람이 분명한 기대감을 가지고 이렇게 소리쳤다. "만약 우리가 다시 만나서 연합 찬양집회를 열 수 있게 된다면, 그것은 바로 새로운 70명의 선교사 가운데 마지막 한 사람이 중국에 도착하는 날이 될 것입니다!"

기도 응답을 받는 기간을 3년으로 잡는 데 모두 동의했다(1882-1884). 그러나 인간적인 생각으로는 이토록 짧은 기간에 그렇게 많은 70명의 선교사를 받아들여 파송한다는 것은 사실상 거의 불가능해 보였다. 이때 중대한 심경의 변화를 일으킨 한 선교사가 이렇게 외쳤다. "그때쯤이면 우리는 너무 광범위하게 흩어져 있을지 모르고, 각자 마음도 많이 달라져 있을지도 모릅니다. 그러니 지금 당장 찬양집회를 갖는 게 어떻겠습니까? 각자 처소로 돌아가기 전에 하나님이 보내실 70명에 대해 감사기도를 드리는 게 어떻겠습니까?" 이 제안에 모두 찬성하여 곧바로 찬양집회가 열렸으며, 이 기도회에 참석한 모든 사람은 합심하여 하나님께 미리 감사기도를 올려드렸다.

그런데 이렇게 뜨겁게 기도했던 70명의 선교사는 그로부터 3년 동안 놀라운 방법으로 확실히 채워졌다. 그러나 이와 같은 믿음도 여러 가지 방식으로 혹독한 시련에 빠지게 되었다. 다른 무엇보다도 자금 문제에 대한 시험이 계속해서 심각하게 다가왔지만 선교 사역 자체와 관련된 시험은 훨씬 더 심각했다. 그럼에도 테일러 선교사는 다음과 같은 내용으로 편지를 보낼 수 있었다.

"저는 하나님을 신뢰함으로써 점점 더 많이 축복하심을 생생하게 느끼고 있습니다. 하나님은 우리의 믿음을 시험하시지만 끝까지 그 믿음을 지켜주시는 분입니다. 또한 아무리 우리가 신실하지 못한 모습을 보이더라도 하나님의 신실하심은 흔들리지 않습니다. '우리는 미쁨이 없을지라도 주는 항상 미쁘시니 자기를 부인하실 수 없으시리라'(딤후 2:13).

올해에도 거의 모든 영역에서 아주 혹독한 시련을 겪고 있지만 우리 주 예수 그리스도께서는 제 마음에서 그분의 사랑이 계속 샘솟을 뿐만 아니라 흘러넘치게 하십니다. 하나님은 우리가 섬기는 과정에서 나타나는 분리와 다른 여러 가지 사건이 어떤 의미가 있는지 잘 알고 계시며, 너무나 놀랍게 악을 선으로 바꾸시고 합력하여 선을 이루시는 분입니다! 항상 이런 식으로 말씀드려서 죄송합니다만, 심지어 어떤 형편이나 자금 사정에도 제 마음은 기쁨으로 터질 것만 같습니다."

70명의 선교사를 찾아달라고 요청했던 기간인 3년 가운데 첫해가 초조하게 흘러가자, 영국에서는 그와 같은 호소에 대해 심각하게 염려하게 되었다. 모두 3년 내에는 그처럼 많은 선교사를 찾아서 파송하기가 불가능하다고 생각했던 것이다. 그 당시에 테일러 선교사는 체푸에 머물고 있었는데, 실수로 그렇게 요청한 게 아니라는 것을 보여주기 위하여 그 문제에 관해 주님이 확실하게 보증해주시도록 자기 마음을 내어드려야겠다고 느꼈다. 2월 2일 무렵, 날마다 열리는 어느 기도회에 참석한 사람들 가운데 몇몇은 하나님 앞에 이 기도제목을 내어놓으면서 굉장히 마음이 편해지는 것을 깨달았다.

"우리는 하나님 아버지께서 자녀들을 기쁘게 하기를 몹시 바라고 계신다는 것을 잘 알고 있습니다. 그래서 우리를 기쁘게 해달라고 사랑스럽게 하나님께 간구했을 뿐만 아니라 고국에 있는 소심한 사람들의 마음을 권면해달라고 간구하였습니다. 하나님의 부유한 청지기 가운데 어떤 사람들을 인도하셔서 이 특별한 목적에 아낌없이 헌금함으로써 그 자신과 가족에게 커다란 축복이 돌아갈 수 있는 여지를 만들어달라고 기도하였습니다."

며칠 뒤 테일러 선교사는 영국으로 떠났는데, 아덴(Aden : 예멘 남부의 항구 도시 – 역주)에 들러서야 비로소 기도 응답의 결과가 무엇인지를 알게 되었다. 이 특별기도회에 관한 어떤 소식도 고국에 알려진 적이 없었다. 그러나 파이어랜드가에서 일하는 사람들은 정확히 2월 2일에 총 3천 파운드가 동봉된 편지를 다음과 같은 말씀과 함께 받는 기쁨을 누렸다. "내게 구하라. 내가 이방 나라를 네 유업으로 주리니 네 소유가 땅끝까지 이르리로다"(시 2:8). 그런데 이것이 다는 아니었다. 이 선물은 매우 색다른 방식으로 보내졌는데, 부모의 이름에 더하여 다섯 명의 자녀 이름도 함께 기록되어 있었다. 하나님이 어떻게 문자 그대로 기도에 응답하시는지를 본다면 무엇이 이보다 더 커다란 격려를 줄 수 있었겠는가?

그로부터 몇 년 뒤, 그와 마찬가지로 또 다른 거대한 믿음의 발걸음을 내딛는 사건이 있었다. 하나님이 70명의 선교사를 파송해주심으로써 너무나 크게 축복하신 나머지 중국내지선교회는 고국에서 새로운 차원의 영향력을 발휘하게 되었다. 이 시기 동안에 중국내지선교회의 선교 사역은 미전도 지역을 개척하는 성격을 띠고 있다는 인식이 고국 사람들 사이에서 널리 퍼져나가게 되었다. 런던선교회의 알렉산더 와일리(Alexander Wylie)는 이렇게 말했다. "중국내지선교회는 중국 선교의 문을 활짝 열어젖히고 있습니다. 그런데 이것이 바로 우리가 원하는 바입니다. 다른 선교회에서도 이런저런 좋은 일을 많이 하고는 있지만 이렇게 과감한 선교 사역은 엄두도 내지 못하고 있습니다."

이처럼 존 맥카디 선교사가 중국을 동서로 횡단하면서 멀고 험한 길을 무릅쓰고 내내 복음을 전하다가 영국으로 돌아왔을 때, 존 스티븐슨(J. W. Stevenson) 선교사와 헨리 솔타우(Henry Soltau) 박사가 버마를 통하여 최초로 중국 서부 지역으로 들어가 양쯔강을 따라 상하이까지 갔다가 고국으로 돌아왔을 때, 이 사람들이 영국에 돌아와 70명의 새로운 선교사를 보내달라는 중국내지선교회의 호소에 동의하여 허드슨 테일러 선교사와 합세했을 때 영국 그리스도인들의 마음은 깊은 감동을 받았다.

테일러 선교사의 매제인 벤자민 브룸홀(Benjamin Broomhall)이 헌신적으로 수고하여 순탄하게 길이 준비되고 있었다. 브룸홀은 벌써 7년 동안이나 런던의 중국내지선교회를 대표해 왔으며, 브룸홀 부인과 더불어 파이어랜드가의 영국 선교본부를 사랑과 기도가 넘치는 거점으로 만들어 놓았다. 각별한 우정과 더불어 하나님의 모든 교회를 함께 아우르는 마음으로 브룸홀은 여러 방면에서 중국내지선교회에 대한 간증의 기회를 넓혀가고 있었다. 그리하여 사람들은 불가능해 보이기만 했던 중국 선교가 도대체 어떻게 이토록 활발하게 진행되어 왔는지, 변변한 후원 요청이나, 심지어 모금 운동을 펼치지 않고서도 도대체 어떻게 지속적으로 선교 사역이 확장되어 왔는지를 생생하게 들을 수 있게 되었다.

케임브리지에 사는 어린이가 아주 멋진 내용으로 편지를 보내왔는데, 아마도 허드슨 테일러에 관하여 가정에서 늘 들어왔던 것 같았다. "만약 선교사님이 여전히 살아 계신다면 지금까지 제가 저축한 돈을 모두 선교사님에게 보내드려서 중국에 있는 꼬마 아이들이 예수님을 사랑하도록 도와주고 싶어요."

사우스햄프턴에 사는 캐넌 윌버포스(Canon Wilberforce)는 이렇게 촉구했다. "우리 집에서 한 60명가량이 성경 공부로 모이는데 한 번 오셔서 모임을 인도해주시지 않겠습니까? 그리고 저희와 하룻밤을 주무셔도 좋습니다. 우리 주님의 선하신 이름으로 부탁드리오니 부디 은혜를 베풀어주세요."

한편 래드스톡 경은 유럽 대륙에서 이렇게 편지를 보내왔다. "주님의 넘치는 사랑으로 선교사님께 문안드립니다. 선교사님은 우리의 믿음을 굳건히 세워주심으로써 영국 사람들에게 커다란 도움을 주셨습니다."

앤드류 보나르(Andrew Bonar) 박사는 100파운드를 보내면서 '중국 땅에 관심 있는' 잘 모르는 어떤 장로교 친구에게 받은 것이라고 설명했다. 스펄전 목사도 소개장을 써서 먼저 영국 선교본부로 보내고는 나중에 맥퍼슨(Macpherson)을 베스널 그린으로 보냈다.

버거도 500파운드짜리 수표와 함께 편지를 보냈다. "제 마음은 여전히 영광스러운 중국 선교 사역에 그대로 남아 있습니다. 저도 70명 이상의 일꾼을 보내달라고 기도하는 일에 전심으로 동참하고 있습니다. 그러나 70명에서 멈추지 마십시오! 분명히 우리는 이보다 더 위대한 일을 목격하게 될 것입니다. 만약 우리가 자신을 비우고 오직 하나님의 영광을 구하면서 영혼 구원에만 전념한다면 말이지요."

"분명히 우리는 이보다 더 위대한 일을 목격하게 될 것입니다"라고 단언했던 버거의 믿음은 정당한 것이었다. 하나님이 보내신 70명의 선교사는 넘치는 기도 응답이었음이 증명되었다. 그 70명의 마지막 일행이 중국을 향해 떠나기도 전에 널리 잘 알려진 '케임브리지 선교단'이 70명보다 먼저 중국으로 떠났다. 이 사람들이 중국으로 떠나기 전에 보여준 성별된 간증은 영국 대학가에 심오한 영적 부흥 운동을 불러일으켰으며, 이 불길은 지구촌 곳곳으로 노도처럼 번져 나갔다. 그로 말미암아 실제로 영적 축복의 물결이 일어나고 있었으며, 테일러 선교사가 새롭게 발간한 「중국의 영적 필요와 요청들」의 수정본은 이와 같은 선교 운동이 더욱 깊이 있게 지속되도록 박차를 가하였다.

케임브리지 선교단 일행이 영국을 떠나기에 앞서 대학가에서 일어난 부흥의 물결로 출항이 지연되자, 테일러 선교사는 먼저 중국으로 떠났기 때문에 엑스터 홀에서 개최된 마지막 고별 집회에는 참석하지 못했다. 두 곳 사이의 대조적 분위기가 이보다 더 크게 두드러질 수는 없을 것이다. 영국에서 활동하는 거의 모든 선교회가 모인 대규모 집회는 흥분과 열정의 도가니였던 반면, 테일러 선교사는 치열한 싸움이 기다리고 있는 선교 현장으로 다시 돌아가는 배의 조그만 객실 안에서 날마다 무릎 꿇고 혼자서 하나님께 부르짖고 있었다.

교회선교회의 편집 책임자가 표현한 것처럼 '뜨거운 열정의 거대한 물결을 일으킨' 중국 선교 사역은 주님을 사랑하는 백성들에게 엄청난 호응을 불러일으켰다. 브룸홀은 오히려 약간 걱정스러운 마음으로 "우리 선교회의 인기가 너무 높아졌습니다"라고 말하고 있었다. 그러나 중국으로 돌아가는 허드슨 테일러는 전혀 다른 측면에서 그와 같은 경험을 맛보아야 했다. 테일러 선교사는 중국해를 지나면서 이렇게 편지했다.

"머지않아 우리는 한창 전투를 치르고 있을 것입니다. 그러나 우리 가운데 계신 주 하나님은 전능하신 분입니다. 그러므로 우리는 주님을 의지할 것이며 두려워하지 않습니다. '주님이 우리를 구원하실 것입니다.' 주님이 언제든, 어떤 상황에서든 함께하셔서 우리를 구해주실 것입니다."

몇 달 뒤 테일러 선교사는 다시 이렇게 편지했다.

"몸과 마음은 자주 넘어집니다. 우리는 그럴 수밖에 없는 존재입니다! 그러나 주님은 절대 넘어지지 않으시는 분입니다. 그럼에도 사탄이 우리를 대적하여 사납게 날뛰고 있으니 밤낮으로 쉬지 말고 아주 많이 기도해주십시오. 선교 현장에는 굉장히 많은 스트레스가 있습니다. 여러분이 여기에 없다는 것 자체가 굉장히 커다란, 항상 존재하는 시험 거리입니다. 온갖 일상적인 충돌과 예기치 못한 예사롭지 않은 충돌이 수시로 일어납니다. 그러나 놀라운 격려를 받는 경우도 상당히 많습니다. 어떤 말이나 글로도 지금까지 우리가 받은 격려를 일일이 다 표현할 수 없습니다. 우리 선교회와 관련하여 진행되고 있는 놀라운 일에 관해서는 누구도 상상하지 못한 것입니다. 물론 다른 선교 단체들 역시 크게 사용되고 있습니다. 저는 놀라운 일들이 벌어질 것을 기대하고 있습니다."

실제로 1886년은 놀라운 한 해였다. 앞서 잠시 암시한 대로 기도에 대한 놀라운 응답으로 말미암아 다음 단계로 전진해 나가는 도약의 해였던 것이다. 허드슨 테일러 선교사는 여러 달 동안 내륙 지방을 다니면서 새로운 사역자가 많이 배치된 지역을 방문하고 격려했다. 산시(山西)를 여행하는 동안에는 수련회를 개최하였는데, 그에 관해서는 「축복의 나날들」(Days of Blessing)이라는 귀중한 소책자에 상세히 보고되어 있다. 테일러 선교사의 생애와 간증은 젊은 사역자들에게 하나님에 관한 심오한 사실들을 활짝 열어젖힐 수 있게 하였다. 정말로 '축복의 나날들'이 이어졌으며, 특히 쉬 목사가 활동하는 지역에서 테일러 선교사는 회심한 유학자를 최초로 만나게 되었다. 두 사람 사이의 사랑과 존중은 참으로 아름다워 보였으며, 두 사람은 중국 선교 사역의 장래에 대해서 함께 논의하기도 하였다.

두 사람과 함께 자리했던 스티븐슨 선교사는 이렇게 회상했다. "그 당시에 우리는 모두 엄청난 비전을 바라보고 있었습니다. 마치 이 땅 위에 천국이 임한 것 같은 시절이었습니다. 아무것도 어려워 보이지 않았습니다."

이 여행의 마지막 단계에서 한수강(漢水江)을 따라 내려가다가 테일러 선교사가 다섯 살짜리 꼬마 아이를 떠맡게 된 것은 어쩌면 아주 자연스러운 일이었다. 이 아이의 선교사 부모는 일단 해안지역으로 데려가는 길만이 아이의 생명을 구할 수 있다고 생각했던 것이다. 그 일행 중에는 여성이 아무도 없었기에 중국내지선교회의 총책임자를 제외하고는 아무도 한 달이나 6주 동안 꼬마 애니를 돌볼 수 없다는 사실이 너무나 명백하였다. 그러나 두 사람은 우려했던 것보다 오히려 서로 굉장히 만족하고 있었다. 테일러 선교사는 선상에서 이렇게 기록했다.

"내가 돌보고 있는 어린 꼬마는 놀라울 정도로 좋아지고 있다. 매우 귀여운 모습으로 나를 의지하고 있으며, 다시 한번 내 목에 팔을 두르고 품에 안겨 있는 어린아이의 숨결을 느낄 수 있어서 참 좋다."

이 여행에서 돌아오자마자 그해가 다 저물어갈 무렵, 테일러 선교사는 중국내지선교회 제1차 총회를 중국에서 개최했다. 스티븐슨 선교사와 맥카디 선교사를 포함하여 새롭게 임명된 각 성의 지역 책임자들이 안칭(安慶)에 모여 일주일을 기도와 금식으로 보내면서 자기들 앞에 놓인 중요한 문제를 다루었다. 중국 선교 사역을 위한 최고책임자로서 20년 동안의 경험에서 우러나오는 지혜를 기초로 테일러 선교사는 더 크게 발전할 수 있는 관점을 가지고 지혜롭고 유익한 조직으로 이끌어가기 위하여 노력했다. 그러나 심지어 테일러 선교사 자신도 이 총회를 통하여 형성된 제안에 깜짝 놀랄 수밖에 없었다. 앞선 어떤 경우와 마찬가지로 이 자리에서 다들 100명의 새로운 사역자가 긴급하게 필요하다고 이구동성으로 입을 모았던 것이다.

이 제안을 아주 조심스럽게 검토한 이후에 테일러 선교사도 마침내 거기에 동의하게 되었다. 현재 중국 전역에 50개의 핵심 선교본부가 세워져 있으며, 온 사방으로 복음 전도의 문이 활짝 열려 있으니, 이듬해 100명의 새로운 사역자들이 들어온다 하더라도 기대하는 성장을 이루기 위해서는 결코 많은 숫자가 아니었다. 이 무렵 중국내지선교회의 수석책임자로 활동하던 스티븐슨 선교사는 믿음과 용기가 충만해 있었다. 스티븐슨 선교사는 중국내지선교회의 모든 구성원에게 조그만 쪽지를 보냈으며, 테일러 선교사의 허락을 받아서 런던에도 전보를 보냈다. "1887년에는 100명의 새로운 사역자가 들어올 수 있도록 기도해주십시오."

그러나 영국에서 이 전보 내용을 접한 사람들은 깜짝 놀랄 수밖에 없었다! 1년 안에 중국으로 100명의 새로운 선교사를 뽑아서 보내달라고? 이 세상에 존재하는 어떤 선교 단체도 지금까지 그렇게 엄청난 규모로 증원된 선교사를 보내달라고 꿈꿔본 적이 없었다. 당시 중국내지선교회 전체 인원을 모두 합쳐도 190명에 지나지 않았기 때문이다. 그런데 또다시 50퍼센트 이상이나 증원된 규모로 다음 12개월 동안에 보내달라고 기도하다니, 글쎄, 모든 사람은 너무나 터무니없다는 생각에 거의 숨을 죽이고 그저 상황을 바라볼 뿐이었다!

그러나 테일러 선교사가 영국으로 돌아오자 분위기가 확 바뀌었다. "굳건한 믿음으로 하나님께 영광을 돌리세!" 테일러 선교사는 영적 부흥을 일으켜서 중국내지선교회와 관련된 모든 사람에게 번져나가도록 했다. 중국에서 집중적으로 기도하던 세 가지 기도 제목은 이제 고국에서도 무수한 사람의 마음을 사로잡게 되었다. 첫째, 그것은 하나님이 친히 선발하셔서 100명의 선교사를 보내달라는 기도였다. 둘째, 전혀 후원 요청이나 모금 운동을 전개하지 않고서도 하나님이 중국 선교 사역에 꼭 필요한 5만 달러의 자금을 공급해달라는 기도였다. 셋째, 복잡하게 많은 서신 왕래를 하지 않고 최소한의 사무실 직원을 두고서도 한꺼번에 많은 액수가 들어올 수 있도록 도와달라는 기도였다.

그런데 1887년에 무슨 일이 일어났을까? 실제로 이 해에 600명의 남녀후보자가 중국내지선교회로 선교사후보자 지원신청을 하였고, 그 가운데 정확히 102명이 선발되어 훈련받았으며 최종적으로 파송되었다. 아무런 모금 운동을 전개하지 않고서도 단지 5만 달러가 아니라 5만 5천 달러가 실제로 모였으며, 모든 필요가 완전히 채워졌다. 이 많은 액수의 돈을 받았다고 확인하기 위하여 얼마나 많은 편지와 영수증을 발급해야 했을까? 단 11통으로 모든 걸 다 해결하였다. 이 일을 담당하는 직원을 별도로 둘 필요도 없었으며, 다른 여러 면에서도 가외로 무거운 부담을 질 필요도 없었다. 그리고 다른 무엇보다도 '100명의 이야기'가 전해지는 곳마다 새롭고 깊은 열망으로 믿음이 강해지고 마음을 각성시켰다.

한 가지 예상치 못한 결과는 한 젊은 미국 사업가의 런던 방문이었다. 이 사람도 역시 복음 전도자였는데, 테일러 선교사를 미국으로 초청하고 싶은 간절한 마음을 품고 있었다. 바로 헨리 프로스트 (Henry W. Frost)라는 젊은이는 이와 같은 목적을 띠고 영국을 방문하는 것이 하나님의 인도하심이라고 너무나도 강하게 확신하고 있었다. 그런데 테일러 선교사가 별다른 반응을 보이지 않자 굉장히 실망했다. 프로스트는 런던에서 보고 들은 모든 것을 통해 중국내지선교회와 특히 테일러 선교사에게 더욱 커다란 매력을 느꼈으나 자신의 임무가 수포가 되었다는 생각으로 굉장히 당혹스러워하면서 미국으로 돌아갔다. 그러나 이 문제에 관하여 하나님은 이제 막 일하시기 시작했다.

테일러 선교사는 이듬해 여름에 미국으로 건너갔는데, 복음 전도자 무디(D. L. Moody)를 비롯한 여러 다른 사람과 더불어 나이아가라 성경 수양회를 이끌던 지도자들의 따뜻한 영접을 받았다. 이곳과 노스필드에서는 기도 응답으로 놀라운 진전이 일어나고 있었다. 그것은 바로 영국에서 테일러 선교사를 초청하지 못하자 커다란 실망을 안고 돌아온 프로스트의 마음에서부터 드려진 기도였으며, 이제 그 자신이 구하거나 생각한 것을 훨씬 뛰어넘어 일하시는 하나님의 손을 바라보면서 기뻐하는 기도였다.

그리하여 3개월 후 테일러 선교사가 중국으로 돌아가려고 했을 때는 더는 혼자가 아니었다. 14명의 젊은 남녀가 테일러 선교사와 동행하였는데, 이 거대한 미국에서 중국내지선교회에 보내주시는 하나님의 소중한 선물이었다. 미국과 캐나다에서 다양한 교단을 대표하는 사람들이었으며, 너무나 뜻밖에 받게 된 선물과 기도 응답은 그때 이후로 중국을 향하여 끊임없이 흘러들어온 거대한 물줄기의 시작에 불과했다.

그 관심이 너무나 지대한 나머지 중국내지선교회 북미이사회가 설립되어야 했으며, 그 자신과 가족의 적지 않은 희생으로, 하나님께서 이 모든 일을 진행하기 위하여 사용하셔야 했던 젊은이 헨리 프로스트는 이 일을 대표하는 역할을 감당하게 되었다. 이것은 테일러 선교사의 사역과 관련하여 주님이 인도하셨던 가장 획기적인 발전 가운데 하나였으며, 그로부터 성장하는 데 필요한 모든 것을 계속 충족시켜주겠다는 무언의 약속이었다.

이때부터 전진을 위한 거대한 발걸음을 떼기 시작했으며, 항상 초교파적으로 활동했던 중국내지선교회는 이제부터 국제적인 선교 단체로 발돋움하게 되었다. 테일러 선교사의 생애 가운데 마지막 12년은 굉장히 활동적으로 섬기던 시기였으며, 전 세계적으로 사역을 펼치던 시기였다. 스칸디나비아반도를 방문해서는 스웨덴과 노르웨이 그리스도인들의 마음을 활짝 열게 하였으며, 독일에서도 중국내지선교회와 협력하여 일할 헌신적인 대표단을 보내주었고, 호주와 뉴질랜드에서도 마치 오랫동안 사귀던 사랑하는 친구를 맞이하듯 테일러 선교사를 환영해주었다. 그 결과 상하이에 위치한 중국 총회는 당초 설립자가 상상했던 것보다 훨씬 더 거대한 조직의 중추 세력으로 자리 잡게 되었다.

이 마지막 시절에는 최고의 영적인 은혜가 가득 흘러넘치는 시기였으며, 이제 그와 같은 축복의 물결이 세상 끝까지 굽이쳐 흐르고 있었다. 호주 멜버른에서 테일러 선교사를 초대했던 한 감독교회 목회자가 받은 인상은 이와 관련하여 굉장히 흥미롭다.

"테일러 선교사님은 은근히 교훈의 대상으로 자리 잡았습니다. 천국 은행에서 날마다 들어오는 소득을 하나도 남김없이 찾아 쓰시는 분이지요. '평안을 너희에게 끼치노니 곧 나의 평안을 너희에게 주노라. 내가 너희에게 주는 것은 세상이 주는 것과 같지 아니하니라. 너희는 마음에 근심하지도 말고 두려워하지도 말라'(요 14:27). 구세주의 마음을 움직이지 못하거나 그분의 성령을 거스르는 어떤 것도 테일러 선교사님의 마음을 흔들지 못했습니다. 어떤 문제에 관해서든 아무리 위급한 순간에도 우리 주 예수 그리스도의 평온함이 테일러 선교사님이 보여주는 이상적이고 실제적인 모습이었습니다. 테일러 선교사님은 절대 성급하거나 서두르는 법이 없었으며, 절대로 마음이 요동치거나 초조해하지 않았습니다. 모든 지각을 뛰어넘는 하나님의 평안이 있다는 사실을 잘 알고 계셨으며, 그것이 없이는 아무것도 할 수 없다는 사실도 잘 알고 계셨습니다.

마침내 제가 이렇게 말씀드렸습니다. '저는 좁다란 구석방에 있고 선교사님은 널찍한 객실에 있는 것 같습니다. 저는 겨우 수십 명을 생각할 뿐인데 선교사님은 수백만 명에 대한 생각으로 가득하십니다. 선교사님의 편지에는 대단히 절박하고 중요한 이야기가 담겨 있지만 제 편지는 비교적 사소한 내용을 다루고 있습니다. 저는 염려와 고민거리로 가득하지만 선교사님은 언제나 평온하십니다. 어떻게 그토록 놀라운 차이를 보일 수 있는지 말씀해 주세요.'

그러자 테일러 선교사는 이렇게 대답하셨죠. '친애하는 맥카트니 목사님, 목사님이 말씀하신 평안이란 제 경우에 단순히 기뻐하라는 특권을 그냥 누리는 수준을 훨씬 넘어서는 것입니다. 저에게 그건 없어서는 안 될 필수적인 요소입니다. 모든 지각에 뛰어난 하나님의 평강이 없이는 도저히 해야 할 일을 헤쳐 나갈 수 없습니다.'

그것이 바로 제가 경험한 테일러 선교사님에 대한 주요한 인상입니다. 혹시 조바심을 내거나 동요하거나 스트레스를 받고 있습니까? 하늘 위를 올려다보세요! 영광 중에 계신 인자를 바라보세요! 예수님의 얼굴이 당신에게 비취게 하십시오. 우리 주 예수 그리스도의 놀라운 얼굴이 비취도록 하십시오. 주님이 염려하거나 스트레스를 받으시나요? 주님의 이마에는 구김살이 없습니다. 조금도 근심의 그림자가 드리워지지 않습니다. 그러나 모든 일은 당신에게 중요한 만큼 주님께도 중요합니다.

소위 '케스위크 가르침'(Keswick teaching : 1875년 영국에서 시작된 일주일간의 집중적인 영성훈련방법 – 역주)이라고 하는 것도 제게는 전혀 새롭지 않았습니다. 저는 그에 관한 영광스러운 진리들을 체험하였으며, 다른 사람들에게도 열심히 전파하고 있었습니다. 그러나 여기에 제가 이전에는 전혀 꿈꾸지 못했던 케스위크 가르침의 현현, 곧 생생한 실재가 있습니다. 그것은 저에게 깊은 인상을 남겼습니다. 여기 엄청나게 무거운 짐을 짊어지고서도 절대적인 평안을 유지하면서 흐트러지지 않는 거의 60세에 이른 테일러 선교사가 있습니다.

와, 이 엄청난 편지 더미들! 그 가운데 어떤 편지에는 사망사건에 관한 소식이 담겨 있을 수도, 자금 부족에 관한 소식이 담겨 있을 수도, 폭동이나 심각한 문제에 관한 소식이 담겨 있을 수도 있었습니다. 그러나 모든 편지를 차례로 뜯어서 읽어보고 언제나 동일한 평정심을 가지고 답장을 씁니다. 그리스도께서 이 평안의 원천이시며 평온의 능력이 되십니다. 테일러 선교사님은 언제나 그리스도 안에 머물러 있으면서 문제가 되는 현안들에 관하여 주님의 존재 자체와 자원들을 계속해서 요청했습니다. 단순할 뿐만 아니라 지속적인 믿음의 태도로 그렇게 하셨습니다.

테일러 선교사님은 늘 기쁜 마음으로 자유롭고 자연스러운 영혼이었습니다. 저는 '하나님 안에서' 라는 성경적인 표현 이외에는 이것을 설명할 수 있는 다른 말을 찾지 못했습니다. 테일러 선교사님은 항상 하나님 안에 머물러 있었으며, 하나님은 선교사님 안에 머물러 계셨습니다. 그것이 바로 요한복음 15장에서 말씀하는 '참된 거하심' 이었습니다. 그러나 그 밑에 깔린 연인 같은 사랑 넘치는 태도란 정말 얼마나 놀라운 것이었는지요! 테일러 선교사님은 그리스도와 나누는 관계에서 아가서의 경험을 가장 풍부하게 누리고 있었습니다. 그것은 정말 놀라운 조화였습니다. 마치 재판석에 앉아 있는 판사처럼 무서울 정도로 몰입해 있으면서, 그 마음속에 화목한 가정 같은 따사로운 빛과 사랑을 지닌 사람의 힘과 부드러움이 조화를 이루고 있었습니다."

이 모든 과정 속에서도 테일러 선교사는 초창기에 가졌던 영적인 이상과 절박함을 그대로 변함없이 간직하고 있었다. 지상명령의 의미를 더욱 명확하게 깨닫게 되자, 우리 주 예수 그리스도의 마지막 명령에 순종해야 한다는 책임감은 사실상 훨씬 더 강렬해졌다. 1889년, 인생에서 아주 늦은 시기에 테일러 선교사는 이렇게 기록했다.

"부끄러운 마음으로 고백하건대 '너희는 온 천하에 다니며 만민에게 복음을 전파하라'(막 16:15)는 명령을 우리 주님이 정말 무슨 뜻으로 말씀하셨는지를 나는 한 번도 제대로 생각해본 적이 없었다. 다른 많은 선교사와 마찬가지로 나는 오랫동안 복음을 들고 아주 멀리 떨어져 있는 선교 현장을 이리저리 정신없이 누비고 다녔다. 중국에서 여전히 미전도 지역으로 남아 있는 모든 커다란 성과 그보다 더 작은 수많은 지역에 복음을 전하기 위해 온갖 계획을 세워왔다. 그러나 여전히 우리 구세주의 말씀에 담긴 명백한 뜻을 제대로 깨닫지 못하고 있었던 것이다."

'천하 만민에게?' 그런데 중국 개신교회를 다니는 그리스도인들의 숫자를 모두 합해도 겨우 4만 명 정도밖에 되지 않았다. 그 숫자를 2배, 3배로 잡고, 개신교를 지지하는 사람들의 숫자를 전부 포함하고, 각 사람이 8명의 중국 사람에게 복음의 빛을 전한다 하더라도 겨우 100만 명에 도달하게 될 것이다. "천하 만민에게!" 드디어 이 말씀이 테일러 선교사의 영혼 속 깊은 곳까지 아로새겨지고 있었다. 그러나 현실적으로 이 말씀이 교회와 얼마나 멀어져 있단 말인가! 이 말씀을 문자 그대로 받아들이지 못하고, 원래 말씀하신 의도대로 받아들이지 못하고, 테일러 선교사 자신도 지금까지 이 말씀에서 얼마나 멀어져 있단 말인가! 테일러 선교사는 커다란 죄책감을 가지고 이렇게 기록했다.

"이 마지막 명령과 관련하여 우리는 주 예수 그리스도를 과연 어떻게 다루고 있는가? 마땅히 그분에게 붙여야 할 '주님'이라는 이름을 명백하게 배반하고 있는 게 아닌가? 우리가 구세주를 단지 죄에 대한 형벌을 해결해주신 분으로만 인정하고 받아들이겠는가? 그러면서도 우리 자신을 '값 주고 사신' 사실과 우리에게 절대적인 순종을 요구하시는 그리스도를 인정하지 않아도 된단 말인가?

도대체 얼마나 소수의 사람만이 그리스도께서 만유의 주님이시거나 전혀 주님이 아니시거나 둘 중의 하나라는 진리를 실제로 인정해 왔단 말인가! 만약 우리가 하나님의 말씀으로 판단받는 대신에 오히려 그 말씀을 판단하는 자리에 선다면, 만약 우리가 원하는 만큼만 자신을 하나님께 드린다면, 우리가 주인이 되고 오히려 주님이 우리에게 빚진 자가 되고, 주님이 우리가 베푸는 은혜에 감사해야 하며, 우리가 그분의 소원대로 들어주어야 하는 까닭에 그분이 우리의 친절에 감사해야 하지 않겠는가? 그러나 반대로 만약 그리스도께서 주님이라면 우리는 마땅히 그분을 그렇게 대접해야 한다. '너희는 나를 불러 주여 주여 하면서도 어찌하여 내가 말하는 것을 행하지 아니하느냐'(눅 6:46)."

그리하여 너무나도 뜻밖에 허드슨 테일러는 '천하 만민에게'라는 자기 인생에서 가장 폭넓은 관점을 갖게 되었으며, 그것이 바로 활동적인 지도력을 발휘했던 말년의 시기를 특징짓는 목적으로 자리 잡게 되었다. 주님이 말씀하신 그대로 실행하기 위하여 분명하고도 체계적인 온갖 노력을 다 기울이게 되었다. 중국 전역에 걸쳐 남녀노소 할 것 없이 '천하 만민에게' 그리스도의 대속적인 사랑이라는 기쁜 소식을 전하기 위하여 온 힘을 다 기울였다. 테일러 선교사는 오직 중국내지선교회가 모든 일을 감당해야 한다고는 생각하지 않았다. 그러나 선교 현장을 적절히 배분한다면 전 세계 교회의 선교적인 역량을 동원하여 다 같이 이 명령을 잘 감당할 수 있을 것이라고 믿었다.

그러나 테일러 선교사는 생전에 이 지상명령이 실현되는 모습을 바라보지는 못했다. 중국내지선교회의 적극적인 협력을 바탕으로 광시(廣西)를 시작으로 모든 중국 선교 현장에서 전진을 위한 계획이 점차 완성되고 있었다. 그러나 하나님의 섭리에서는 깊은 고난의 세례가 먼저 찾아와야 했다. 1900년에 의화단사건의 광풍이 중국 전역을 휩쓸었으며, 중국내지선교회는 다른 어떤 단체보다 더 많이 이 소동에 고스란히 노출되어 있었다. 이때 테일러 선교사는 심각한 건강 쇠약으로 말미암아 영국에 막 돌아와 있었다. 그래서 남편의 건강 문제를 몹시 우려하다 못한 테일러 부인은 몇 년 전에도 거기서 건강을 회복한 적이 있었던 스위스의 조용한 휴양지에서 편안히 쉬도록 남편을 설득했다.

그런데 거기에서도 험난한 바람이 몰아쳤으며, 중국 곳곳에 있는 중국내지선교회의 선교본부에서 꼬리에 꼬리를 물고 전보를 보내와 각종 폭동, 대학살, 피난민 색출 소식을 알려주었다. 주님 앞에서 이처럼 사랑하는 동료 사역자들을 오랫동안 적극적으로 뒷받침해주었던 테일러 선교사의 마음은 이제 더는 견딜 수 없었다. 거의 심장이 멎을 지경이었다. 중국에서 들려오는 각종 소식을 어느 정도 차단할 수 있었던 깊숙한 골짜기(스위스 다보스)에 머물지 않았더라면 허드슨 테일러도 그리스도와 중국을 위하여 자기 목숨을 내놓았던 사람들과 마찬가지로 그해 여름에 날아드는 온통 공포스러운 소식에 훌쩍 세상을 떠났을지도 모르는 일이었다. 여느 때와 마찬가지로 테일러 선교사는 거기에서도 하나님께 매달리면서 하루하루를 살아냈다.

사태가 최악으로 치닫자 "들어오는 소식을 더는 읽지 못하겠구나. 하나님께 기도할 기력조차도 없구나. 거의 생각할 힘조차도 없지만 그래도 하나님을 믿어야지"라고 고통스러운 심정을 토로하기도 했다.

의화단 사건의 위기가 지나가자 산시성(山西省)에 있는 백발의 중국인 목사의 차분한 말이 현실로 나타났다. 이 목사는 마지막 숨을 거두면서 이렇게 말했다. "세상 나라들은 멸망해도 그리스도의 교회는 절대 멸망할 수 없습니다."

이와 같은 확신을 통하여 이 목사와 함께 죽어간 수백 명의 다른 중국인 그리스도인들은 피로써 자기 간증을 증명해 보였다. 이와 같은 확신을 통하여 아직 살아남은 신실한 그리스도인들의 증거는 다시 시작되었다.

테일러 선교사가 후계자로 임명한 호스트(D. E. Hoste) 선교사는 모든 상황을 너무나 지혜롭게 처리할 수 있었기 때문에 심지어 원수들도 친구로 변했으며, 오히려 중국 당국에서도 문자 그대로 그리스도의 명령을 수행하는 일에 대하여 감사를 표현하는 일에 주저하지 않았다. 중국 사람들의 입장에서 보았을 때도 이것은 이전에 전했던 온갖 복음 전파보다 훨씬 더 많은 의미를 내포하고 있었다.

그리고 테일러 선교사는 중국에서 새로운 기회의 문이 열리는 날을 보기까지 살아 있었다. 자기가 너무나 사랑하고 기도하던 땅으로 다시 한번 돌아올 수 있을 때까지 살아남았다. 오랜 세월 사랑하는 동반자로서 마지막 순례의 나날들을 너무나 환하게 밝힌 아내는 최후의 보금자리로 남아 있던 스위스 제네바의 호수 곁 비베이 언덕에서 영원히 안식하게 되었다. 테일러 선교사는 이 책의 저자인 아들과 며느리를 데리고 다시 한번 중국 땅을 향하여 떠났다. 이제 73세의 나이로 생애 가운데 가장 의미 있고 놀라운 순회 여행을 떠난 것이다.

각 지역의 선교본부를 지나갈 때마다 테일러 선교사를 사랑하고 존경하는 수많은 그리스도인이 '중국의 은인'으로, 그토록 험난하고 구석진 성까지 복음을 전해준 사람이라고 곳곳에서 환영해주었다! 양쯔강을 따라 올라가서 한커우(漢口)까지 다다른 후 북부지역의 허난성(河南省)에서 몇 주일을 보내고서 테일러 선교사는 한 번 더 여행을 감행하기 위하여 힘을 내고 있었다.

후난성(湖南省)까지 갈 생각은 전혀 없었다. 이곳은 아직 미전도 지역으로 남아 있는 9개의 성 가운데 하나로써 조만간 중국내지선교회의 개척 선교사들이 들어가야 할 성이며, 지금까지 가장 힘든 지역이라고 널리 알려진 곳이었다. 그러나 8년 이상의 수고와 고생 끝에 머물 집도 없이 핍박당하다가 결국 폭도에 의해 순교한 아담 도워드(Adam Dorward) 선교사가 소망 가운데 목숨을 내어준 덕분에 오늘날 우리는 거기서 풍성한 열매를 보고 있다.

테일러 선교사는 이 후난성을 위하여 30년 이상 기도하면서 마음에 품고 있었는데, 후난성의 회심자들이 보여주는 사랑 넘치는 환영에 복받쳐 오르는 기쁨을 어찌할 수 없는 건 당연한 일이었다. 이곳의 그리스도인들은 이 성에서 최초로 항구적인 거주 허가를 받은 프랭크 켈러(Frank Keller) 박사의 집이 위치한 성도(省都)에서 열성적으로 모였다. 드디어 그토록 많이 말로만 들어왔던 사랑하는 지도자와 함께 드리는 주일예배를 모두 너무나 학수고대했다. 먼 곳에 사는 사람들은 아예 일찍부터 와서 토요일에 테일러 선교사를 만났으며, 이때에는 그 도시에서 사역하던 다른 선교사들도 저마다 켈러 박사 부부가 극진하게 준비한 환영 만찬에 두루 참여하고 있었다.

그러나 바로 이날 저녁에 주님이 테일러 선교사를 부르셨다. 아니, 그것은 이 세상의 마지막 순간이 아니라 영생의 문턱으로 재빨리 들어서는 기쁨의 행진이었다. 그래서 온 방 안에는 이루 다 형언할 수 없는 평안이 가득 차 있는 것처럼 보였다.

"내 아버지여 내 아버지여 이스라엘의 병거와 그 마병이여!"(왕하 2:12).

여전히 흘러넘치는 한없는 은혜의 강물

주님이 내게 찬란하게 빛나는 강물에 관해 말씀하셨지. 주님께로부터 내게로
흘러넘치는 은혜의 강물을. 주님이 흐뭇한 눈빛으로 바라보실 수 있도록,
거기서 아름다운 열매를 가득 맺는 나무가 되라고 나에게 말씀하셨지.

하나님이 중국의 심장부에서 아무런 고통 없이 너무나 사랑하는 주님의 임재 가운데로 테일러 선교사를 데려가셨을 때 많은 사람의 마음에 조금씩 불안이 감돌기 시작했다. "이제 중국내지선교회는 도대체 어떻게 되는 것인가?" 겉으로 드러내놓고 말하지는 않았지만 이게 사람들이 마음속에 품고 있던 공통된 질문이었다. 허드슨 테일러는 이처럼 비범한 믿음의 사람이었다! 테일러 선교사가 살아 있어서 기도하는 동안에는 아무런 탈이 없었다. 그런데 이제는? 그런 생각은 자연스러운 것이었으나 오랜 세월이 흐르면서 증명된 사실은, 물론 중국 선교 사역의 아버지이자 오랫동안 사랑받던 지도자는 이 세상을 떠났지만 바로 그 사람에게 온갖 확신을 불어넣어 주던 하나님은 여전히 중국에 계신다는 것이었다.

이번 장의 첫머리에 등장하는 시구는 테일러 선교사의 애송시였으며, 테일러 선교사가 누렸던 영적 비밀의 본질을 잘 표현해주고 있다. 테일러 선교사는 이렇게 기록했다.

"비록 간단한 진리이기는 하지만 하나님이 우리를 생명수가 흐르는 강가에 심으시고, 주님이 흐뭇한 눈빛으로 바라볼 수 있도록 주님의 백성이 아름다운 열매를 풍성히 맺도록 하신다."

허드슨 테일러의 삶에서는 하나님이 가장 첫 번째였다. 어떤 사역도, 중국의 필요도, 중국내지선교회의 필요도, 그 자신의 경험도 첫째가 될 수 없었다. 테일러 선교사는 "여호와를 기뻐하라. 그가 네 마음의 소원을 네게 이루어 주시리로다"(시 37:4)는 약속의 말씀이 진리임을 잘 알고 있었다. 그런데 이 약속은 오늘날 우리에게도 역시 진리가 아니겠는가? 중국내지선교회의 여러 지도자 가운데 한 사람이 체험한 것은 나머지 다른 많은 사람에게도 좋은 교훈이 될 것이다. 솔타우 선교사는 이렇게 고백했다.

"선교 사역은 언제나 분주하게 움직여야 하지요. 그러므로 그리스도께서 제 생명이라는 의식이 없다면 단 한 시간도, 단 한 순간도 저는 살아갈 수가 없어요. 그러나 주님은 날마다 채워주시는 은혜에 관한 영광스러운 교훈을 저에게 가르쳐주고 계시며, 그런 까닭에 하루하루 아무런 긴장감이나 두려움, 실패할지도 모른다는 염려 없이 지낼 수 있게 되지요."

은혜의 강물은 여전히 흘러넘치고 있었다. 그 이후로 크게 확장되고 계속해서 성장하고 있는 중국내지선교회의 사역을 통하여 그것이 얼마나 변함없는 진리인지 충분히 입증되었다! 테일러 선교사가 이 세상을 떠난 이후로 지난 30년 동안 이루어진 발전에 관한 주요 사실들을 에필로그에서 간략하게 소개하고 있는데, 이 모든 것이 얼마나 놀라운 사실인지 모른다. 그러나 여기에서는 테일러 선교사의 영적 비밀에 관해 단지 실제적인 측면을 과거에서부터 현재까지 간략히 살펴보고자 한다.

테일러 선교사는 하나님에 관한 사실들을 언급하면서 오스왈드 챔버스가 심오하게 표현한 진리를 잘 알고 있었다. "하나님은 우리에게 간단히 승리하는 삶을 허락하시지 않는다. 오히려 우리가 땀 흘려 수고하여 승리를 거둘 때 우리에게 참된 생명을 허락하신다." 테일러 선교사에게 언제나 승리하는 비결은 날마다, 시간마다, 순간마다 하나님과 교제하는 데 있었다. 그리고 이것은 오직 은밀하게 끊임없이 기도해야지만 계속 유지될 수 있다는 사실도 테일러 선교사는 잘 알고 있었다. 또한 간절히 기다리는 영혼에게 자기 자신을 계시하심으로써 하나님이 그분의 말씀을 먹이시도록 해야 가능하다는 사실도 잘 알고 있었다.

변화무쌍하고 분주한 일상생활 속에서 테일러 선교사가 이처럼 기도와 성경 공부에 많은 시간을 할애한다는 것은 그다지 쉬운 일이 아니었다. 우리는 아버지 테일러 선교사와 함께 중국 북부지역으로 수레와 인력거를 타고 다니며 가장 허름한 숙소에서 밤을 지새우면서 여러 달을 여행했던 시절을 너무나도 또렷이 기억한다. 가끔 커다란 방 하나에서 날품팔이꾼과 다른 여행객들이 다 함께 잠을 청하기도 했는데, 그런 날이면 테일러 선교사는 아무리 피곤하더라도 어김없이 한쪽 구석에다 자리를 마련하여 휘장을 쳐서 칸막이를 만들고는, 마침내 모든 사람이 잠들어 조용해지고 나면 촛불에 불을 붙인 다음 손에 든 조그만 성경책을 골똘히 들여다보곤 하였다.

대개 새벽 2시에서 4시까지가 기도하는 시간이었다. 이 시간이야말로 확실히 아무런 방해도 받지 않은 채 온전히 하나님을 기다리며 바랄 수 있는 때였다. 이 책의 저자인 나는 기도의 비결에 관하여 지금까지 읽고 들은 어떤 책이나 이야기보다도 이처럼 새벽녘에 켜진 촛불을 보면서 훨씬 더 많은 것을 배웠다. 그건 이처럼 생생한 현실이었으며 실행 없이 공허한 메아리만 남는 변변치 못한 설교가 아니었다.

테일러 선교사가 생각하기에 선교활동 중에서 가장 어려운 부분은 개인적으로 날마다 기도하는 심정으로 성경 공부 시간을 유지하는 것이었다. 그래서 테일러 선교사는 입버릇처럼 이렇게 말했다. "사탄은 항상 무엇이든 할 일을 찾아다니게 만들 것입니다. 아무런 할 일이 없으면 하다못해 창문 커튼이라도 내리게 만듭니다." 테일러 선교사는 앤드류 머레이의 다음과 같은 이야기에 전적으로 동의했다.

"시간을 내십시오. 하나님이 당신에게 그분 자신을 계시하도록 시간을 내어드리십시오. 하나님 앞에서 고요하고 조용한 시간을 보내면서 성령님을 통하여 하나님이 당신에게 임재하신다는 확신을 받기까지, 당신 안에서 일하시는 하나님의 능력을 받기까지 자기 자신을 내어드리십시오. 하나님의 임재하심 안에서 하나님의 말씀을 읽는 데 시간을 내어드리십시오. 그 과정을 통해 하나님이 당신에게 무엇을 요구하시는지, 무엇을 약속하시는지 알 수 있을 것입니다. 하나님의 말씀이 당신 주변에서, 그리고 당신 내면에서 거룩한 분위기, 거룩한 하늘의 빛을 조성하도록 하십시오. 그러면 당신의 영혼이 일상생활에서 벌어지는 여러 가지 일을 충분히 감당할 만큼 소생하는 힘을 얻을 수 있을 것입니다."

허드슨 테일러의 인생이 하나님의 은혜로 말미암아 기쁨과 능력으로 충만했던 것은 바로 이처럼 기도와 말씀생활을 놓지 않았기 때문이다. 70세가 넘은 나이에도 성경을 손에 들고 스위스 로잔에 있는 응접실을 거닐다가 발걸음을 멈추고는 자녀 가운데 한 명에게 이렇게 말했다. "난 지금 막 지난 40년 동안 40번째 성경 통독을 마쳤단다." 그런데 테일러 선교사는 단지 성경을 읽었을 뿐만 아니라 성경대로 살았다.

허드슨 테일러는 어떤 희생을 치르고서라도 예수 그리스도를 따르는 발걸음을 멈추지 않았다. 그러면서 중국에서 선교 사역으로 수고하는 동안에도 이렇게 말했다. 그런데 테일러 선교사가 오늘날 지금 우리에게도 역시 이렇게 말할 수 있다면 그건 다른 모든 열망 중에서 가장 고차원적인 것으로 우리를 부르는 것이 아니겠는가?

"십자가를 사랑하는 사람들이 필요합니다. 그래야 우리가 지극히 사랑하는 주님을 알고, 주님이 부활하신 능력을 알고, 주님이 당하신 고난에 동참하는 법을 알 수 있게 됩니다."

아래와 같은 테일러 선교사의 조용한 목소리가 다시금 우리 귀에 은은히 울려 퍼지도록 해야 하지 않겠는가?

"이 세상 사람들의 생명을 살리기 위하여 우리는 자신을 내어줄 준비가 되어 있어야 합니다. 자기를 부인하지 않는 안이한 삶은 절대 능력을 발휘하지 못합니다. 열매 맺는 삶은 십자가를 지는 삶입니다. 그리스도는 두 분이 아닙니다. 안이한 그리스도인에게는 안이한 그리스도께서 계시고, 특별한 성도만을 위해서 고난과 시련을 당하신 그리스도께서 계신 것이 아닙니다. 오직 한 분의 그리스도만이 계실 뿐입니다. 당신도 그분 안에 거하면서 많은 열매를 맺고 싶지 않습니까?"

　　1900년, 그러니까 본향으로 부르심을 받기 5년 전, 허드슨 테일러가 중국내지선교회의 총책임자 자리를 내려놓았을 때 이 단체에 소속된 선교사들의 숫자는 750명이었다. 그로부터 30년도 넘게 지난 오늘날(1931년) 그 숫자는 1,285명으로 늘어났다. 테일러 선교사가 중국내지선교회를 이끌고 오직 기도로만 지원하던 시기의 수입은 하나님 이외에는 아무에게도 요청하지 않았는데도 이미 4백만 달러를 넘어서고 있었다. 1900년 이후로 총수입은 역시 오직 하나님 한 분에게만 구했는데도 거의 2천만 달러에 이르고 있었다. 그리고 이전까지 빚이 하나도 없었으며, 지금도 빚이 전혀 없다.

　　테일러 선교사의 기도에 대한 풍성한 응답으로 700명의 중국인 사역자들이 중국내지선교회와 관련을 맺고 있었으며, 처음부터 세례를 받았던 회심자의 숫자는 13,000명에 달하게 되었다. 1900년 이래로 세례받은 회심자는 총 10만 명에 이르고 있으며, 오늘날 중국내지선교회와 관련하여 사역하고 있는 중국인 사역자만 해도 3~4천 명에 이른다. "여호와여 영광을 우리에게 돌리지 마옵소서. 우리에게

돌리지 마옵소서. 오직 주는 인자하시고 진실하시므로 주의 이름에
만 영광을 돌리소서"(시 115:1).

테일러 선교사는 중국내지선교회와 아주 독특한 관계를 맺고 있
었다. 창립자이자 최고책임자였으므로 이와 같은 의미에서 어느 누
구도 그 자리를 대신할 수 없었다. 그러나 테일러 선교사를 이어서
하나님이 세우신 지도자에게도 테일러 선교사 못지않은 독특한 은사
를 허락해주셨다. 1900년 이후로 훨씬 더 늘어난 온갖 책임을 감당
하면서 호스트 선교사는 중국내지선교회의 엄청난 축복으로 자리 잡
은 기도생활을 지속적으로 유지해 왔으며, 호스트 선교사의 인도 아
래 온갖 폭풍우가 몰아치는 가운데서도 중국 선교 사역은 꾸준히 더
욱 강력하게 진행되어 왔다.

물론 극심한 시련과 겉으로 보기에 명백한 퇴보의 시간도 있었
다. 공산혁명이 일어나 중국이 거의 하룻밤 사이에 공산주의 공화국
으로 바뀌자 어떤 지역에서는 공포정치가 만연하게 되었으며, 중국
내지선교회에도 다시 한번 순교자 숫자를 엄청나게 더하는 폭풍우가
몰아쳐 왔다. 한때 이 제국의 수도이기도 했던 시안(西安)이라는 도
시에서는 베크만 여사와 선교사 가족 중에서 6명의 어린이가 무법자
폭도들에게 무참히 살해되었으며, 이 사람들을 보호하려고 노력했던
배트네 선교사 역시 죽임을 당했다.

적지 않은 선교사들이 훨씬 더 안전한 장소를 찾아 각 지역의 선
교본부를 어쩔 수 없이 떠나야 했다. 또한 피신하지 않고 남아 있던
다른 선교사들은 주변에서 공포에 떨고 있는 많은 사람을 보호해주
었으며, 특히 피신처를 찾아 선교사 집으로 도망쳐온 사람들을 보살

펴주었다. 그 당시에 사람들에게 안전하게 생활할 수 있는 공간을 제공할 뿐만 아니라 피신한 사람들에게 복음을 들을 소중한 기회를 제공했기 때문에, 내륙 지방에서 선교사들에 대한 우호적인 감정은 대단히 놀라울 정도였다.

그러나 학생들 사이의 조직화된 동요뿐만 아니라 불법 행위와 잔학한 무리가 두루 횡행하고 있어서 선교사와 중국 그리스도인들은 다같이 커다란 위험에 점점 더 노출될 수밖에 없었다. 그럼에도 놀라운 것은 그렇게 엄청난 변화가 더 커다란 유혈사태와 파동으로 번져나가지 않았다는 점이다. 과거의 온갖 부패를 일소하고 더 나은 국가를 세우려는 열망을 가지고 몸부림치고 있었지만 무기력한 중국 사회는 도적 떼의 손에 넘어가고 있는 것이나 마찬가지였다. 공산주의와 과격주의의 결사적인 행동이 곳곳에 만연하여 현존하는 잔악상에 더해 이루 다 말로 표현할 수 없는 도발로 이어졌으며, 최근 이웃 나라들의 가차 없는 침략행위는 사태를 더욱 악화시켰다. "엎친 데 덮친 격"이라는 속담이나 "무엇인가를 완성하려면 100년도 모자라지만, 그걸 파괴하는 데에는 하루아침이면 족하다"는 격언 그대로였다.

이 모든 혼란 속에서도 하나님의 보호하시는 손길이 중국 선교 사역 위에 있었으며, 그리하여 중국내지선교회의 복음 전도 프로그램에 따라 꾸준히 선교 사역이 전진하고 있었다. 선교 사역의 성격이 제도적이라기보다는 복음주의적이라는 사실이 사람들에게 상당히 큰 호감을 샀으며, 여러 가지 복음의 권면을 들을 만한 마음의 준비를 갖추게 하였다. 역사상 중국에서 오늘날처럼 기독교 서적이 잘 팔리고, 그리스도의 구원하시는 능력에 관하여 사랑 넘치는 심령들의 간증이 이처럼 활발했던 적은 없었다. '그리스도의 한결같은 옷으로 치유하시는 은혜'가 중국에 필요한 치유였으며, 절망적인 상황 속에서도 생명과 소망을 얻기 위하여 주님께로 돌아오는 상처 입은 심령이 아주 많았다.

이러한 시기는 선교 사역에서 후퇴란 있을 수 없다는 사실을 환경보다는 '하늘을 올려다보는' 하나님을 바라보는 모든 사람에게 명백히 드러내야 할 때였다. 이것이 바로 기다리면서 관망하는 정책에서 벗어나 가장 최근에 테일러 선교사가 품었던 거대한 비전을 그대로 따라서 영광스럽게 전진해 나가도록 중국내지선교회를 향한 부르심이었다. "천하 만민에게 두루 다니며 복음을 전파하라"고 당부하신 우리 주님의 분명한 위임명령이 명백하게 의미하는 바에 대해 전혀 새롭게 깨달을 것과 관련하여 테일러 선교사는 이렇게 기록했다.

"이 중국 선교 사역은 어떤 희생을 치르고서라도 주님의 명령을 수행하겠다는 마음의 준비를 갖춘 십자가 고난과 성별 없이는 이루어지지 않을 것이다. 그러나 이렇게 준비된 마음만 있다면 그 일은 얼마든지 이루어질 수 있다고 내 영혼 깊은 곳에서 믿고 있다."

만약 지금까지 내 생애 가운데 하나님의 인도하심을 생생하게 의식하면서 행한 일이 있다면, 그것은 바로 「천하 만민에게」라는 글을 써서 출판해낸 일이다.

비록 그것이 땅에 떨어져 죽을지언정 살아 있는 씨앗은 언젠가 열매를 맺게 될 것이다. 1927년, 중국에서 두 번째 고난의 세례가 엄청난 격동의 회오리를 몰고 왔을 때 테일러 선교사는 이미 이 세상을 떠난 지 오래였다. 600여 명의 중국내지선교회 사역자들이 이 비극적인 해에 각자의 선교본부에서 어쩔 수 없이 철수할 수밖에 없었다. 이때 서방 정부들은 새롭게 반외국인 소요가 거세게 일어나자 놀란 나머지 자국민들에게 곧바로 내륙에서 철수하라고 명령했다.

현재 중국내지선교회의 북미지역 책임자인 로버트 글로버(Robert H. Glover, 의사이자 목사인 로버트 글로버 박사는 1929년 말에 헨리 프로스트가 42년 동안 헌신적이고 성공적으로 지도력을 발휘하다가 내려놓은 각종 책임을 떠맡게 되었다. 관련된 모든 사람에게 감사하는 마음으로, 프로스트 박사는 명예 국내 책임자로서 중국내지선교회와 계속해서 귀중한 관계를 맺고 있다 – 편집자 주) 박사는 이렇게 기록하고 있다.

"이와 같은 소요 사태는 모스크바에 있는 소련 정부에서 선동한 결과로 일어났다. 소련 정부는 중국 군대와 학생 단체들에게 폭력행위를 일으키도록 사주했다. 특히 선교사와 다른 외국인들을 목표로 삼도록 고무했다. 그리하여 중국 전역의 대다수 선교사가 각자의 선교본부, 사랑하는 회심자들, 다년간의 사역 현장을 어쩔 수 없이 떠나 해안지방으로 향할 수밖에 없었다. 그러니까 자신들도 거의 의식하지 못하고 있는 사이에 다른 선교사들과 더불어 중국내지선교회의 수백 명에 이르는 선교사들은 중국 내륙 지방을 떠나왔으며, 이렇게 하여 중국 선교의 문은 다시 서서히 닫히게 되었다."

그렇지 않아도 사람들이 밀집된 외국인 정착지에서 이러한 피난민들을 수용하는 것은 중국내지선교회의 재정에 커다란 부담을 주었다. 상하이 한 곳에서만 14채의 집을 임대해야 했고, 이런저런 가구를 배치해야 했으며, 빠듯한 재정에서 모든 여행경비도 충당해야 했다. 그런데 엎친 데 덮친 격으로 영국에서 중국내지선교회를 후원하던 많은 사람이 중국 선교 사역이 한동안 정체상태에 빠지게 되었다는 사실을 알고서 선교사 후원금을 다른 통로로 돌리기 시작했다. 만약 중국내지선교회가 살아계신 하나님을 의지하기보다는 후원자들에게 의지했더라면 그 결과는 현재 모습과는 굉장히 많이 달라졌을지도 모른다. 그러나 테일러 선교사가 자기 자신과 다른 사람들에게 자주 상기시켰던 것처럼 "우리가 어떤 위기를 당하더라도 하나님은 언제나 동일하신 분"이시며, 1927년의 재정위기를 다루면서도 하나님은 지금까지 그래왔던 것처럼 가장 믿기 어려운 기적적인 기도 응답 가운데 하나를 또다시 만들어내셨다.

그 자세한 내막은 다음과 같은 이야기이다.

"그해 중국내지선교회의 재정 형편은 몇천 달러가 아니라 몇만 달러 단위로 감소하였다. 선교 자금은 훨씬 더 많이 필요해졌으나 억지로 공공연히 재정지원을 호소하지 않을 뿐만 아니라 절대로 빚을 지지 않는다는 원칙을 엄격하게 고수하고 있었으니, 도대체 어떻게 이처럼 어려운 재정 상황을 충족시킬 수 있었겠는가? 재정 수입이 114,000달러나 부족한 상황이었다.

그러나 정말로 '우리가 어떤 위기를 당하더라도 하나님은 언제나 동일하신 분'이셨다. 그해에도 역시 하나님은 전혀 예상하지 못한 방법으로 역사하셔서 중국 선교 사역에 활력을 불어넣으셨다. 본국에서 중국으로 송금한 돈은 항상 변동하는 환율에 따라 중국 돈으로 환전해야 했다. 그런데 바로 그해에 환율 변동은 이상할 정도로 중국내지선교회에 유리한 방향으로 꾸준히 상승했던 것처럼 보였다. 환율이 점점 올라 본국에서 보낸 돈을 점점 더 많은 중국 돈으로 환전할 수 있게 되었으며, 그해 말에 결산해 보니 이전 해보다 적은 114,000달러 이하의 액수가 중국으로 송금되었지만, 중국내지선교회는 환율 차이로 이익을 보면서 115,000달러에 이르는 돈을 환전할 수 있게 되었다. 그리하여 모든 필요가 채워졌으며, 특별한 시련의 해는 오히려 찬양이 흘러넘치는 해로 바뀌었다."

중국 선교의 문이 닫힌 것에 대하여 로버트 글로버 박사는 계속해서 이렇게 기록하고 있다.

"그 당시는 참으로 슬픈 시간이었다. 인간적인 관점에서 볼 때 어둡기 짝이 없는 시절이었다. 선교적인 기회의 문이 다시 열릴 수 있을까? 이 질문에는 다양한 대답이 있었다. 회의적인 시각을 가진 사람, 세상적인 지혜를 바탕으로 대답하는 사람, 좌절에 빠진 사람 등 제각각이었다. 그러나 중국에는 여전히 선교사들이 머물고 있었으며, 다른 사람들보다 행복하게 머물고 있던 중국내지선교회의 선교사들은 기름부음 받은 눈으로 이 상황을 전혀 다른 시각으로 바라보고 있었다."

물론 이처럼 심각한 타격이 직접 사탄으로부터 비롯되었으며, 중국 선교 사역을 망가뜨리려는 의도를 품고 있다는 것에는 추호도 의심의 여지가 없었다. 그러나 성경 말씀 어디에서 사탄의 공격으로 말미암은 패배를 그대로 인정해야 한다고 가르치는 구절을 찾아볼 수 있단 말인가? 전혀 그렇지 않다. 어느 시대에 사탄이 핍박을 통하여 그리스도의 대의를 좌절시키는 데 성공한 적이 있는가? 절대 그렇지 않다.

위대한 선교사인 바울은 자신에게 닥친 박해가 오히려 도움이 되었다고 고백하면서 "형제들아 내가 당한 일이 도리어 복음 전파에 진전이 된 줄을 너희가 알기를 원하노라"(빌 1:12)고 권면하는 동시에 "이는… 무슨 일에든지 대적하는 자들 때문에 두려워하지 아니하는 이 일을 듣고자 함이라. 이것이 그들에게는 멸망의 증거요 너희에게는 구원의 증거니 이는 하나님께로부터 난 것이라. 그리스도를 위하여 너희에게 은혜를 주신 것은 다만 그를 믿을 뿐 아니라 또한 그를 위하여 고난도 받게 하려 하심이라. 너희에게도 그와 같은 싸움이 있으니 너희가 내 안에서 본 바요 이제도 내 안에서 듣는 바니라"(빌 1:27-30)고 동료 사역자들에게 권고했다.

신약성경에 등장하는 선교적인 기록 가운데 어떤 것도 하나님이 대적들의 반대와 핍박을 거듭 되풀이하여 선교 사업을 진전시키는 적절한 수단으로 삼는 방식보다 더 인상적인 것은 없다. 그러므로 오늘날 역시 그러한 대적들의 모든 공격은 새로운 확장과 진전된 결과를 낳는 발전적인 움직임으로 이어질 수밖에 없게 된다.

그것이 바로 중국내지선교회가 직면했던 적대적인 상황과 관련하여 하나님이 인도하신 방식이었다. 중국 선교 사역이 정말로 끝장났단 말인가? 그리스도의 지상 위임명령이 아직도 철회되지 않은 상황에서, 중국의 수많은 사람에게 복음을 전하는 과업이 여전히 완수되지 않은 상황에서 도대체 어떻게 그런 일이 일어날 수 있겠는가? 어떤 희생을 치르더라도 중국 선교 사역은 계속되어야 한다. 그리하여 중국내지선교회는 중국 선교의 문을 다시 열어달라고, 그리고 장래 계획에 관하여 명확하게 인도해달라고 열심히 기도하면서 하나님 앞에서 그분의 얼굴을 구하고 있다.

글로버 박사는 계속해서 증언한다.

"이 시절은 열심히 기도할 뿐만 아니라 깊이 성찰하는 때였다. 그런데 하나님이 거대한 전진에 대한 비전과 확신을 주신 것이 바로 이때, 곧 엄청난 시련을 겪고 있던 도중이었다. 왜냐하면 중국내지선교회 전체 선교 현장에 관한 광범위한 조사를 바탕으로, 선교회의 지도자들이 강력한 복음 전도 운동을 다시 일으킬 수 있는 발전적인 동력을 얻기 위하여 하나님과 그분의 백성들에게 호소하도록 새롭게 인도받아야 한다고 강하게 느꼈던 것도 바로 이때였다."

이 소식을 접한 중국내지선교회의 영국 후원자들은 그 어느 때보다 더 기뻐하면서 감탄했다. 모두들 수많은 기도에 대한 응답의 결과로 하나님이 인도하셨다고 인식하고 있었다. 그리하여 즉각 새로운 생명의 기운이 중국 선교 사역의 모든 영역에서 느껴지기 시작했다. 새로운 선교사 200명을 보내달라고 간절히 기도했을 뿐만 아니라 그렇게 기대하고 있었던 3년 동안(1929-1931)은 굉장히 빠르게 지나갔고, 비록 여러 가지 방식으로 믿음이 시험을 받았으며, 특히 중국에서는 대적들의 거센 반격이 감행되기도 했으나 그에 관한 이야기는 대단한 격려와 축복으로 가득했다.

1931년에는 200명의 선교사 중에서 마지막 일행이 중국으로 떠나는 모습을 목격할 수 있었을 뿐만 아니라 그 가운데 91명은 북미 출신이었다. 중국에서 이 사람들을 영접하기 위한 준비도 역시 그와 마찬가지로 놀라운 것이었다.

상하이에 위치한 중국내지선교회 총회본부는 이미 상당히 오랫동안 선교 사역의 다양한 필요에 대처하기에는 부적당한 상태였으나 바로 그해에 돈을 한 푼도 들이지 않고 하나님이 예비해주신 훨씬 더 널찍하고 적절한 장소로 옮기게 되었다. 수많은 기도에 대한 응답으로 상하이 선교본부를 원래 가격의 60배에 달하는 금액에 매각할 기회가 찾아왔던 것이다. 이것도 역시 이제는 주님과 함께 하늘나라에 있는 중국내지선교회의 회원 가운데 한 명이 기증한 선물이었다.

그리하여 40년 후에는 새로운 선교본부가 너무나 절실히 필요하던 바로 그 시기에 성장하는 중국 선교 사역을 위해 사용할 건물을 구하는 데 충분한 종자돈을 마련해주었다. 때마침 중국내지선교회에서 은퇴한 미국 선교사 가운데 한 명이 추가로 제공한 선물 덕분에 중국인 사역자와 손님들을 위하여 굉장히 필요했던 훌륭한 부속 건물까지 마련할 수 있게 되었다. 결국 지난 가을, 한 달이라는 짧은 기간 동안에 중국내지선교회에서 일하기 위하여 100명의 새로운 사역자들이 도착했을 때 이 새로운 건물들은 멋진 일행을 영접하기에 안성맞춤으로 준비되어 있었다.

그와 같은 놀라운 예비하심에는 중국내지선교회의 가장 현명한 지도자들이 예상할 수 있었던 것보다 훨씬 더 많은 게 내포되어 있었다. 왜냐하면 아주 최근에 일본군은 아무도 생각하지 못한 시간에 느닷없이 상하이를 침공했다. 이 전투는 대부분 중국내지선교회의 예전 본부가 있던 바로 그 지역 주변에서 집중적으로 벌어졌다. 아주 적절한 시간에 하나님의 인도하시는 손길이 중국 선교본부를 거기에서 5km나 떨어진 훨씬 더 안전한 외국인 정착지 안으로 옮기는 변화를 끌어내신 것이었다. 하나님이 아니라면 도대체 누가 이토록 놀라운 방법으로 전혀 예상치 못한, 굉장히 괴로운 전쟁 상황을 적절히 피하도록 예견하고 예비할 수 있었단 말인가?

그렇다. 하나님은 여전히 그분의 일에 필요한 것들을 변함없이 돌보고 계신다. 중국내지선교회가 창립 당시에 세웠던 오래된 원칙들 위에 지금도 든든히 서 있다는 것은 전혀 놀라운 일이 아니다. 중국내지선교회는 올해 1932년(이 책을 쓴 연도 – 역주)에도 역시 그 믿음과 순종을 통하여 이 선교회를 만든 지도자, 곧 하나님 안에서 이 선교회의 아버지인 허드슨 테일러 탄생 100주년을 감사함으로 기념한 것도 전혀 놀라운 일이 아니다. 오늘날 중국내지선교회 소속 1,285명의 선교사 중에서 창시자 허드슨 테일러의 신념을 즐거운 마음으로 되풀이할 수 없거나 그렇게 하지 않는 사람은 단 한 명도 없다는 사실을 하나님께 감사한다.

살아계신 하나님은 지금도 여전히 살아계시며, 하나님의 살아 있는 말씀은 지금도 여전히 생명의 말씀이다. 우리는 이 고백을 날마다 의지하고 있다. 우리는 하나님이 말씀하시고 성령의 감동하심으로 기록된 약속의 말씀을 언제나 굳게 붙잡고 있다.

| 허드슨 테일러 연보(年譜) |

1832. 5. 21.	제임스 허드슨 테일러, 영국 요크셔 지방 반슬리에서 태어나다.
1849. 6.	회심, 일평생 섬김으로 부르시는 소명을 따르다.
1850. 5.	로버트 하디 박사의 조력자로서 헐에서 의학공부를 시작하다.
1853. 9. 19.	중국복음선교회에서 파송하여 중국으로 향하다.
1850-1864.	태평천국의 난
1854. 3. 1.	허드슨 테일러, 상하이에 도착하다.
1854-1855.	10번의 전도 여행.
1855. 10-11.	최초로 내륙에 본거지를 마련하다 : 충밍섬 6주간 여행.
1855-1856.	윌리엄 번스 목사와 함께 7개월 동안 동역.
1856. 10.	닝보에 정착하다.
1857. 6.	중국복음선교회를 사임하다.
1858. 1. 20.	마리아 다이어와 결혼하다.
1859. 9.	닝보에 있는 파커 박사의 병원을 인수하다.
1860. 여름.	처음으로 휴가를 보내기 위해 영국으로 돌아오다.
1860-1865.	중국을 떠나 영국에서 조용히 보낸 기간
1865. 6. 25.	브라이튼 해변에서 하나님께 순종하여 중국 내지선교를 위해 24명의 동료 사역자를 보내달라고 기도하다.
1866. 5. 26.	라머무어 호를 타고 중국내지선교회 최초의 선교사 일행과 함께 중국으로 떠나다. 4개월 동안 항해 여행.
1866. 12.	라머무어 일행이 항저우에 정착하다.
1867. 8. 23.	큰딸 그레이시가 죽다.
1868. 8. 22.	양저우 폭동 사태가 일어나다.
1869. 9. 4.	내적으로 완전히 변화된 삶을 살기 시작하다. "하나님이 나를 새로운 사람으로 만드셨다!"
1870. 6. 21.	톈진 대학살 사건이 발생하다.
1870. 7. 23.	갓난아기 노엘에 이어 허드슨 테일러 부인(옛 이름은 마리아 다이어)이 죽다.
1872. 3.	버거 씨가 사임하다.
1872. 8. 6.	중국내지선교회 영국 이사회가 설립되다.
1872. 10. 9.	두 번째 테일러 부인(옛 이름은 제니 폴딩)과 함께 중국으로 돌아오다.

1874. 1. 27.	아직 미전도 지역으로 남아 있는 9개 성에 개척 선교사를 보내달라는 기도를 성경 여백에 기록하다.
1874. 6.	주드 선교사와 함께 우창에다 중국내지선교회 서부 지역 선교본부를 열다.
1874. 7. 26.	혼자 영국에서 아이들을 돌보면서 영국 선교본부 일을 감당하던 에밀리 블래췰리 선교사가 사망하다.
1874-1875 겨울.	침체기 : 테일러 선교사가 영국에서 병석에 눕다. 하반신 마비가 오다.
1875. 1.	미전도 지역인 9개 성에 18명의 개척 선교사를 파송하기 위해 기도해달라고 영국 교회에 호소하다.
1876. 10. 13.	체푸협정 체결로 선교의 문이 열리다.
1876-1878.	중국 내륙 지방 전역으로 광범위하게 복음 전도 여행을 다니다.
1878. 가을.	허드슨 테일러 부인이 여성 선교사 선발대를 이끌고 내륙 깊숙한 지방으로 전도 여행을 떠나다.
1879. 가을.	조지 니콜 부인과 클라크 부인이 중국 서부 지역에서 여성 사역을 위한 길을 개척하다.
1881. 5.	한중에서 조지 킹 부인이 죽다.
1881. 11.	우창수련회에서 70명의 사역자를 보내달라고 호소하다.
1885. 2. 5.	케임브리지 선교단 일행이 중국으로 떠나다.
1886. 11.13-26.	안칭에서 중국내지선교회 제1차 중국 총회를 개최하다. 100명의 사역자를 보내달라고 호소하다.
1887. 12.	헨리 프로스트가 영국을 방문하여 테일러 선교사를 미국으로 초청하다.
1888. 여름.	테일러 선교사가 최초로 미국을 방문하다.
1889. 10.	테일러 선교사가 생애에서 가장 폭넓은 깨달음을 얻다. "천하 만민에게 두루 다니며."
1889. 11.	최초로 스웨덴, 노르웨이, 덴마크를 방문하다.
1890. 8.	처음으로 호주를 방문하다.
1900. 5.	의화단 사건이 발생하다.
1900. 8.	호스트 선교사가 총책임자 권한대행으로 임명되다.
1902. 11.	테일러 선교사가 중국내지선교회 총책임자 자리를 사임하고 호스트 선교사에게 모든 책임을 넘겨주다.
1904. 7. 30.	스위스에서 테일러 부인(옛 이름은 제니 폴딩)이 사망하다.
1905. 2.	테일러 선교사가 마지막으로 중국을 방문하기 위해 돌아오다.
1905. 6. 3.	후난성에서 본향으로 부르심을 받다.